BASTEI
LÜBBE
TASCHENBUCH

Elisa Buberl ist 25 Jahre alt. Sie wandert, liest, liebt Tee, Katzen, bunte Kleider und gutes Essen. Trotz ihrer Vorliebe für wilde Pfade und ungewöhnliche Abenteuer schafft sie es immer wieder zurück in ihre Heimatstadt Köln. Dort schreibt, malt und studiert sie – je nachdem, worauf sie gerade Lust hat. SCHÖN HIER! ist ihr drittes Buch.

Isabella Roth hat ihre Leidenschaft zum Beruf gemacht und an der Hochschule der Künste in Berlin Kommunikations-Design studiert. Seit 1994 arbeitet sie als Illustratorin, Zeichnerin und Kommunikationsexpertin für diverse Verlage, Werbeagenturen und Unternehmen. Als überzeugte Rheinländerin lebt sie mit Kindern, Kater und Mann in Düsseldorf. Mehr auf: www.rothbild.de

Elisa Buberl

Schön hier!

365 Abenteuer, die direkt vor deiner Haustür beginnen

Mit Illustrationen von Isabella Roth

BASTEI
LÜBBE
TASCHENBUCH

BASTEI LÜBBE TASCHENBUCH
Band 60964

Dieser Titel ist auch als E-Book erschienen

Originalausgabe

Copyright © 2017 by Bastei Lübbe AG, Köln
Projektleitung und Textredaktion: Ramona Jäger
Titelillustration: Isabella Roth
Umschlaggestaltung: © Sandra Taufer, München unter Verwendung
von Motiven von © shutterstock: Eisfrei | Mary Frost | fotosutra | fet
und Illustrationen von Isabella Roth
Satz: two-up, Düsseldorf
Gesetzt aus der Apollo
Druck und Verarbeitung: Appel & Klinger, Schneckenlohe
Printed in Germany
ISBN 978-3-404-60964-2

1   3   5   4   2

Sie finden uns im Internet unter www.luebbe.de
Bitte beachten Sie auch: www.lesejury.de

VOM GLÜCK DER KLEINEN DINGE

Dir gehört etwas Großartiges und sehr Wertvolles: ein ganzer Tag! Alles ist offen, du kannst viele Minuten oder Stunden gestalten, wie nur du es möchtest. Das macht dich zugleich glücklich und etwas ratlos – ein bisschen wie ein Kind, das eine Münze gefunden hat und nicht weiß, was es sich davon kaufen soll. Zeit ist kostbar, und es gilt, sie gut einzusetzen. Dieses Buch wird dir dabei helfen. Es versammelt all die schönen, einfachen Dinge, die glücklich machen. Dabei musst du weder viel Geld ausgeben noch auf Reisen gehen: Die kleinen Abenteuer beginnen in deiner Wohnung und gehen direkt vor deiner Haustür weiter. Du findest vieles, wenn du achtsam und mit offenen Augen durch deinen Alltag gehst: Wissen, Tipps, Rezepte, Ideen, spannende Erlebnisse und noch viel mehr – all das bietet dieses Buch. Es ist ein Reiseführer für die ganz nahen Ziele und für die glücklichen Momente zwischendurch.

Übrigens: Die im Buch genannten Vorschläge sind nur Anregungen für Aktivitäten, die sicher auch an einem anderen Tag funktionieren.

Carpe diem – nutze den Tag!

Elisa Buberl

HIGHLIGHTS

Naturerlebnisse
Tierspuren im Schnee (10.1.)
Bunte Schmetterlinge (14.3.)
Kleine Baumkunde (25.4.)
Heimische Vögel (6.5.)
Fröhliche Blumenwiese (1.7.)
Sternschnuppennächte (16.8.)
Pilze sammeln (25.9.)
Gefiederte Wintergäste (14.12.)

Wohlfühlküche
Gemütliches Wintergrillen (5.1.)
Küchenkräuter anpflanzen (24.3.)
Picknick verschenken (18.5.)
Marmeladentraum (7.6.)
Spritzige Sommerlimonade (2.7.)
Frozen Yogurt machen (1.8.)
Endlich Quittenzeit (15.9.)
Hühnersuppe für die Seele (9.11.)

Kreativwerkstatt
Ein Vogelhäuschen bauen (27.1.)
Licht aus Konserven (22.4.)
Bunte Blüten pressen (26.7.)
Straßenkreide machen (6.8.)
Drachen steigen lassen (20.9.)
Kleine Igel schützen (7.10.)
Mit der Laterne laufen (8.11.)
Deko aus Zuckerglas (3.12.)

In Bewegung bleiben
Lauf dich glücklich (1.3.)
Die Kunst des Jonglierens (20.4.)
Urban Golf spielen (25.5.)
Auf zur Kajakfahrt (15.6.)
Stressfreies Campen (12.7.)
Die Kunst des Flanierens (13.7.)
Kleine Angelkunde (24.8.)
Pilgerrouten (10.9.)

Gemeinsam feiern
St. Patrick's Day (17.3.)
Walpurgisnacht feien (30.4.)
Mittsommernachtsfest (21.6.)
Dein Freiluftplanetarium (25.6.)
Gruseliges Halloween (30.10.)
Verrücktes Karneval (11.11.)
Wunderwelt des Weins (17.10.)
Weihnachten anders (24.12.)

Lustige Kindersachen
Entdecke Schneeflocken (28.1.)
Stockbrot backen (14.2.)
Sachen aus Eis machen (15.2.)
Peter-Pan-Gedenktag (9.5.)
Steine flitschen (21.5.)
Bastle einen Papierflieger (26.5.)
Im Baumzelt schlafen (1.6.)
Lerne einen Zaubertrick (26.9.)

WINTER

Januar

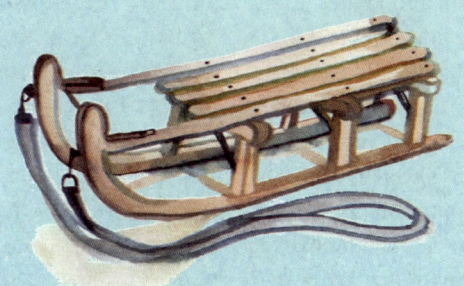

1. Januar

MACH DIR EIN LECKERES KATERFRÜHSTÜCK

Nach den Feierlichkeiten zum Jahreswechsel fühlt man sich oft ein wenig ausgelaugt und bleibt schon deshalb gern länger liegen. Gehe daher den ersten Tag des Jahres gelassen an. Schlafe gut aus und gönne dir ein kleines Frühstück im Bett. Manche reden ja von einem Katerfrühstück, aber es ist zu hoffen, dass du – wenn schon einen Kater – einen auf vier Pfoten hast. Unser Vorschlag für dein Neujahrs-Frühstück, das deinem Körper neue Kraft gibt und die Anstrengungen der Silvesternacht vergessen hilft:

Knuspriges Omelett mit Feta und Erbsen

Das Tolle an diesem Rezept ist, dass sich die Zutaten in jedem gut gefüllten Vorratsschrank finden. So geht's: Heize den Backofen auf 180 °C Umluft vor. Verquirle 6 Eier mit 100 ml Milch und würze das Ganze mit Salz und Pfeffer. Rühre dann 150 g tiefgefrorene Erbsen unter. Nun erhitze 1 Esslöffel Olivenöl und gieße die Eier-Milch-Mischung in die Pfanne. Zerkrümele 150 g Feta und verteile die Stücke auf das Omelett. Im Ofen 10 bis 15 Minuten stocken lassen. Wer Lust hat, ergänzt die Eierspeise mit einigen Streifen kross angebratenem Speck. Und trinkt dazu eine aufmunternde Tasse Kaffee. Das Rezept reicht für zwei Personen oder für eine – je nachdem, wie groß dein Heißhunger ist.

Nutze die freie Zeit und notiere dir gute Vorsätze fürs neue Jahr – so vergisst du sie nicht so schnell:

_____

_____

_____

_____

_____

2. Januar

DAS WALDMÄNNCHEN SUCHEN

Schon möglich, dass es dir noch nie begegnet ist, aber der 2. Januar ist sein Tag. Zumindest in manchen Regionen Deutschlands, etwa im hessisch-thüringischen Grenzgebiet, ist heute Waldmännchentag. Eine heidnische Tradition verbietet in diesen Gebieten am 2. Januar jede Art von Arbeit im Wald. Auch die Bergleute legen Hammer und Schlägel aus Tradition nieder.

Schwarze Magie in Rauhnächten

Doch wer an Faulheit denkt – weit gefehlt! Es scheint gute Gründe für die Arbeitsniederlegung zu geben. Denn wer dieses Verbot nicht beachtet, macht Bekanntschaft mit einem unangenehmen Kobold. Das Waldmännchen fühlt sich durch Menschen in seiner Winterruhe gestört. Obwohl es in modernen Darstellungen eher einem Gartenzwerg gleicht, soll es ein richtiges Biest sein, das uns sogar nach dem Leben trachtet. Lust auf Abenteuer? Dann ab in den Wald.

3. Januar

DRAUSSEN KALT, IM AQUARIUM WARM

Fast in jeder größeren Stadt gibt es neben einem Zoo auch ein begehbares Aquarium. Heute könnte der ideale Tag sein, um in einem dieser Wassertempel tropische Fische zu bestaunen und ein wenig Sommergefühle zu tanken. In ihrem Ökosystem spielt unser Winter nämlich keine Rolle. Im Gegenteil: Du profitierst sogar von dem Wärmebedürfnis, das Clownfische und Co. haben.

Keine Winterjacke nötig

Die leuchtenden Farben beglücken deine Seele, die das eintönige Grau der kalten Jahreszeit traurig gemacht hat. Hier im Aquarium kannst du in verborgene Wasserwelten eintauchen. Die eleganten Bewegungen von Kaiserfischen oder Riffbarschen bewundern oder bunte Korallen und lustige Seepferdchen beobachten. So träumst du dich an den Strand eines sonnigen Meeres, und wenn du nach Hause kommst, fühlt sich das wie die Rückkehr aus dem Sommerurlaub an.

ES SCHNEIT – WO IST EIGENTLICH DER SCHLITTEN?

Der Schlitten ist das typische Winterfahrzeug und wurde und wird dort benutzt, wo man mit Rädern nicht mehr weiterkommt. Menschen reisen auf Hundeschlitten durch die Arktis, der Postschlitten bringt Nachrichten und Pakete, und sogar der Weihnachtsmann ist auf einem Schlitten unterwegs. Der Schlitten, auf dem du gleich vielleicht einen Berg hinunterrodelst, heißt – wie auch anders – Rodelschlitten, und vermutlich wartet er im Keller oder auf dem Dachboden oder ganz hinten in der Garage auf seinen Einsatz.
Du hast gar keinen Schlitten?

Was man tun kann, wenn gerade mal kein Schlitten zur Verfügung steht

Es gibt witzige Vorschläge für das Rodeln ohne Schlitten:

- Mülltüte mit einem Kissen darin (gegen die Stöße und die Kälte)
- Windelhöschen anziehen und auf Mülltüte rodeln (sieht sehr lustig aus)
- Plastikbadewanne oder Waschschüssel als Schlitten
- aufgeblasener Schlauch aus einem Autoreifen (beim Reifenhändler, nicht mehr einfach zu bekommen)
- Bobbycar (man kann sogar spezielle Kufen dafür kaufen)
- Skateboard ohne Räder
- Kinderwagen, auf alte Skier gesetzt (schöne Bastelarbeit für Papa)
- alte Luftmatratze (sie hält möglicherweise nicht sehr lange, je nach Gelände)
- Backblech (sehr schnell) oder Wok (sehr schlecht zu lenken)
- und sehr skurril: eine alte Klobrille

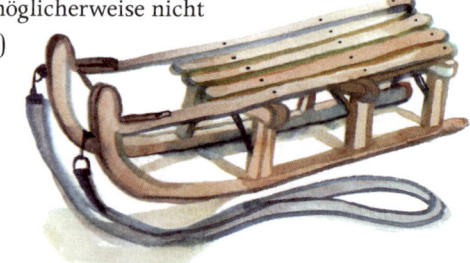

5. Januar

GEMÜTLICHES WINTERGRILLEN

Du sehnst dich nach einem sommerlichen Grillabend? Barbecue im Winter macht auch Spaß. Damit dein winterliches Grillevent gelingt, musst du allerdings ein paar wichtige Dinge beachten:

Ein Pavillon – Regen, Schnee und vor allem Wind können ein erfolgreiches Grillereignis ganz schön behindern. Ein Pavillon schützt gegen Niederschläge, ein Gartenzelt hält auch eisige Windböen von dir und deinen Gästen ab. Und drinnen kommt dieses kuschelige Iglu-Gefühl auf. Ach ja: Decken in ausreichender Anzahl sollten auch bereitliegen.

Der Grill – Wärmende Energie ist doppelt gefragt – einmal für dich und deine Gäste, zum anderen für das Grillgut. Ein Heizstrahler wärmt die Gliedmaßen, glühende Grillkohle die leckeren Delikatessen, die zubereitet werden sollen. Grillkohle ist im Winter unter Umständen schwer zu bekommen. Falls du im Keller nichts mehr stehen hast, frage Freunde, ob sie noch Reste vom Sommer haben. Am besten besorgst du dir dann gleich etwas mehr Kohle – wenn Fleisch und sonstige Lebensmittel gegrillt sind, kann der Grill als Heizung dienen.

Speisen und Getränke – Beilagen zum Grillgut sind nicht dieselben wie im Sommer. Kartoffeln, in Folie gegrillt, sind eine gute Alternative zum Kartoffelsalat. Neben dem Gegrillten kommt eine Suppe oder ein deftiger Eintopf wie Chili con carne oder Erbsensuppe gut an. Auch regionales Gemüse wie Kürbis, Rosenkohl und Lauch passen auf den Speiseplan. Dazu kannst du Klassiker wie Bratapfel und Stockbrot anbieten. Als Getränk werden die meisten Gäste Glühwein eiskaltem Bier vorziehen. Auch Kaffee und Kakao sorgen für Wärme von innen heraus.

6. Januar

EINE RUNDE SCHLITT-SCHUHLAUFEN

Ein Wintertraum: über eine strahlend weiße Eisfläche gleiten, fast schwerelos geradeaus und in großen Kurven, umgeben von winterlicher Natur … Der Januar ist ein Frostmonat – aber ist es kalt genug für das Schlittschuhlaufen auf einem Naturgewässer? Dieser Sport ist auf Teichen und Seen nicht ganz ungefährlich. Daher unbedingt Hinweisschilder und Warnungen beachten!

Sicher aufs Eis kannst du im Eisstadion gehen
Oder in Holland. Denn unsere Nachbarn sind eislaufverrückt. Es gibt über tausend Eislaufbahnen auf den Grachten in den Städten und in der freien Landschaft. Ein berühmter Wintersportevent ist seit 1909 (!) die Elfstädtetour durch Friesland, niederländisch Elfstedentocht. Sie findet aber nur statt, wenn das Eis auf der 200 Kilometer langen Strecke tragfähig genug ist. Kalt muss es also sein, sehr kalt …

7. Januar

EINE URIGE BURG BESUCHEN

Na ja, könnte man denken, auf so einer Burg drängeln sich die Touristen, man muss Eintritt zahlen und kriegt alte Blechbüchsen zu sehen, in denen die Ritter gegeneinander kämpften. Und außerdem muss man endlos weit fahren, bis man so eine Burg oder ein Schloss erreicht. Und die zwei oder drei ganz in der Nähe kennst du ja schon, oder? Es ist aber ganz anders:

Geh auf Entdeckungstour
Es gibt unglaublich viele wenig bekannte Burgen und Schlösser ganz in der Nähe nahezu jeder Stadt: das Jagdschloss Falkenlust südlich von Köln, Burg und Schloss Sayn im nördlichen Rheinland-Pfalz, Schloss Kaltenberg kurz vor München, die Marksburg am Mittelrhein, Burg Rabenstein in Brandenburg, die Mühlburg in Thüringen oder Burg Hohnstein in Sachsen, um nur einige zu nennen. Im Internet findest du Burgen und Schlösser ganz in der Nähe auch deines Wohnortes.

8. Januar

PHILOSOPHISCH SPAZIEREN GEHEN

Wenn du über die Welt, in der du lebst, nachdenkst – was stellst du dir vor? Eine große Kugel, auf der endlos viele kleine Lebewesen, auch sehr viele Menschen herumwuseln? Und diese Kugel schwebt in einem unendlichen finsteren Raum, in dem zum Glück auch unsere Sonne leuchtet. Unternimm einen Spaziergang, vielleicht schon im ersten Licht dieser Sonne, und betrachte das Leben um dich herum.

Du im Zentrum

Alles ist in Bewegung: die Zweige der Bäume im Wind, die Tiere der Nacht auf dem Weg zu einem Schlafplatz, die Vögel begrüßen den Tag. Betrachte dich selbst als ruhenden Pol und schaue zu, wie die Menschen zur Arbeit streben, zu Fuß und mit ihren vielen Fahrzeugen gegen Raum und Zeit kämpfen. Freue dich darüber, dass du heute nicht einer von ihnen bist. Wenn du kalte Füße bekommst, gehe nach Hause und wärme dich mit einer Tasse Kakao.

9. Januar

FEIERE EINE TEEPARTY

Eine Tasse heißer Tee schmeckt im frostigen Januar besonders gut. Zumal es wunderbar duftende Winterteesorten gibt. Wenn du die richtigen Gäste einlädst – vielleicht kennst du ja einen Hutmacher oder einen Märzhasen –, geht es bei dir so magisch zu wie bei »Alice im Wunderland«. Lass dich aber nicht durch hübsche Verpackung und klingende Namen dazu verlocken, künstlich aromatisierten Beuteltee zu erwerben.

Stell deinen eigenen Wintertee her

Nimm dazu einen nicht zu kräftigen schwarzen Tee (z. B. Darjeeling) und gib echte Aromaträger dazu: Hibiskus- oder Malvenblüten, getrocknete Äpfel oder Hagebutten, Brombeerblätter, Orangen- oder Zitronenschalen (natürlich ungespritzt), Zimt oder ein paar Tropfen eines dafür geeigneten Duftöls, zum Beispiel Bergamotte. Das Öl dieser Zitrusfrucht macht aus ganz gewöhnlichem schwarzen Tee »Earl Grey«, einen Aromatee-Klassiker.

10. Januar

WAS SPUREN IM SCHNEE VERRATEN

Wenn draußen Schnee liegt, ist es Zeit für einen idyllischen Winter-spaziergang, aber warm eingepackt! Wenn du dabei auf dem Land oder in der Nähe von Wäldern oder auch in Parks unterwegs bist, schau vielleicht mal etwas genauer auf den Boden vor dir: Wer war schon vor dir hier?

An den Wegrändern oder etwas abseits menschlicher Verkehrswege mitten auf Feldern und Wiesen findest du gerade jetzt besonders schöne Spuren von Wildtieren, zum Beispiel:

Hasen haben ganz eige-ne Spuren, die gut zu erkennen sind.

Wenn du so eine Spur findest, waren ein Reh oder Hirsch vor dir hier.

Notiere hier, wann
du welche Spuren ent-
deckt hast:

_____
_____
_____
_____
_____

Waschbären hinterlas-
sen kleine Abdrücke,
die fast aussehen wir
Kinderhände.

Die Pfotenabdrücke
von einem Fuchs ähneln
sehr denen von kleine-
ren Hunden.

So sehen Abdrücke von
Wildschweinen aus.
Hoffentlich sind sie
nicht mehr in der
Nähe.

Winzige tapsige Hände
und Füßchen weisen
auf den Besuch von
Eichhörnchen hin.

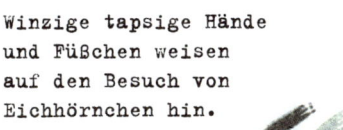

VORGESCHMACK AUF DEN SOMMER

Mitten im kalten Winter übermittelt der Sommer dir einen Gruß. Er ist rund, knackig und duftet verführerisch: der Apfel. Warum gerade der 11. Januar zum Tag des Apfels erkoren wurde, ist unklar. In jedem Fall soll er dich inspirieren, die Vielfalt der süßen Frucht zu erkunden. Allein in Deutschland wachsen Hunderte Sorten. Klar, du kannst auch Supermarkt-Äpfel kaufen, die Sorten Elstar (saftig, süß, feinsäuerlich), Jonagold (fest, süß, feinsäuerlich), Braeburn (für Kuchen und Apfelmus) und Gala (süß, nicht fest) werden das ganze Jahr über angeboten.

Die alten, heimischen Apfelsorten findest du oft auf dem Wochenmarkt, die Goldparmäne mit festem weißen Fruchtfleisch und einem leicht nussigen Geschmack zum Beispiel oder den Berlepsch, der schädlingsresistent ist und somit von Haus aus ein Bioapfel ist, den man nicht mit Giften behandeln muss. Probiere sie doch mal!

Das beste Winterdessert der Welt: Ein Bratapfel

Wenn du keine alten Apfelsorten finden konntest: Als Bratäpfel eignen sich auch sehr gut Früchte der Sorte Gala. Dazu nimmt man pro Person einen Apfel, wäscht ihn und sticht das Kerngehäuse mit einem Apfelausstecher heraus. In das Loch in der Mitte des Apfels füllt man dann eine Mischung aus Marzipan, klein gehackten Walnüssen, Honig und etwas Zimt. Diese Zutaten zuvor in einer Schüssel vermengen. Wer mag, kann auch Rosinen zugeben. Für 35 Minuten bei ungefähr 175 °C in den Backofen, den ausströmenden, unwiderstehlichen Duft genießen und fertig ist der perfekte Nachtisch für einen kalten, gemütlichen Winterabend!

12. Januar

PRIVATER WELLNESSTAG

Der lange Winter macht es deinem Körper schwer, fit zu bleiben. Tue etwas, um ihn zu unterstützen. Ob dies nun ein Tag in der Sauna oder im Dampfbad ist oder gleich eine komplette Beauty-Party mit gemeinsamer Schönheitspflege, entscheidest du selbst. Wenn du Gäste einlädst, bitte jeden, sein persönliches Wellness-Rezept mitzubringen. Für deine von Kälte und Wind strapazierte Haut:

Avocado-Gesichtsmaske mit Frühlingseffekt
Zerdrück das Fruchtfleisch einer reifen Avocado. Vermisch es mit einem Teelöffel Honig, etwas Naturjoghurt, saurer Sahne oder Vollmilch und trage die grüne Masse auf die Gesichtshaut auf. Der Honig beruhigt die Haut und reinigt sie, Joghurt, Milch oder saure Sahne spenden Feuchtigkeit und Pflege. Besonders gut wirkt die Gesichtsmaske, wenn sie von vielen guten Freundinnen gleichzeitig aufgetragen wird. Eine Viertelstunde einwirken lassen, dann abwaschen!

13. Januar

ST.-KNUTS-TAG FEIERN

In Schweden, Norwegen und Finnland gilt dieser als der letzte Tag der Weihnachtszeit. Es ist gleichzeitig der allerletzte Termin für den Weihnachtsbaum. An diesem Tag werden Kerzen und Schmuck von den Bäumen genommen, und die Kinder dürfen die Süßigkeiten räubern, die noch als Baumschmuck an den Ästen hängen. Danach fliegen die Bäume – ganz wie im Werbespot mit dem Elch – aus Wohnung oder Haus.

Der Weihnachtsbaum ist schon verschwunden?
In Deutschland werden die Bäume oft schon früher entsorgt. Aber das macht nichts. Dann entwickeln wir einfach unseren eigenen St.-Knuts-Tag. Wie wäre es mit einem Spaziergang im Wald? Nimm ein paar Süßigkeiten und ein paar nette Menschen mit (deine Freunde, deine Kinder ...). Dann sucht ihr euch eine schöne Bank unter einer Tanne, verteilt die Süßigkeiten untereinander und genießt die frische Luft.

14. Januar

ZEIT, MAL WIEDER TANZEN ZU GEHEN

Der Winter ist lang, die Tage sind kurz, und es gibt so viele bleierne Momente, an denen du es nicht bis vor die Haustür schaffst. Viel zu kalt, viel zu schlechtes Wetter: Bewegungsmangel! Schlechte Laune ohne Ende. Hier ist die Lösung: Bewegung und menschliche Wärme sind die besten Antidepressiva.

Sich mit Freunden so richtig austoben

Alles klar, du hast Lust auf Tanzen! Frag doch einfach mal bei deinen Freunden und Bekannten nach, ob es denen nicht vielleicht genauso geht … Volltreffer! Bleibt nur noch zu klären: Club oder Party? Und dann los: Outfit im angesagten Style, die Szene ruft, der Dancefloor wartet!

Notiere hier, zu welchem Song du mal wieder tanzen möchtest:

———————————————
———————————————
———————————————

15. Januar

HAT ES GESCHNEIT? PERFEKT FÜR EIN SCHÖNES SCHNEE-FOTO

Der Winter ist eine Jahreszeit voller Fotomotive: Haustiere toben im Schnee, Kinder fahren Schlitten oder veranstalten eine Schneeballschlacht. Dazu Fußspuren im Schnee. Und dann auch noch das: vor dir eine unglaubliche Schneelandschaft – strahlendes Weiß, glitzerndes Eis und komplett blauer Himmel. Das musst du einfach fotografieren! Klick – o, wie hässlich …!

Tipps für das Fotografieren im Winter

Der einfachste Weg: Bei der Digitalkamera Schneemodus einschalten – wenn vorhanden, dann sehen die Bilder deutlich besser aus. Wenn nicht: Damit der Schnee auf dem Foto weiß wird, muss das Bild um ein oder zwei Blenden überbelichtet werden, also eine kleinere Blendenzahl wählen. Bei vielen Digitalkameras und auch bei guten Smartphones lässt sich das einstellen, und man kann das Ergebnis vor oder während des Fotografierens sehen.

16. Januar

BRETTER, DIE DIE WELT BEDEUTEN

Alle treiben jetzt Wintersport – du auch? Gleichgültig, ob du Anfänger bist oder bereits häufiger auf den Brettern gestanden hast: Eine bessere Jahreszeit findest du nicht. Für einen ersten Schnupperkurs Ski alpin reicht vielleicht ein Ausflug in das nächste Mittelgebirge – Schwarzwald, Harz oder Sauerland haben einiges zu bieten, auch wenn es nicht die Alpen sind.

Langläufer brauchen nicht unbedingt Berge

Wir wünschen viel Vergnügen auch im Flachland. Alpine Skifahrer können, wenn die Alpen gerade nicht greifbar sind, vielleicht auch auf einen Skisimulator im nahe gelegenen Fitnessstudio ausweichen. Wedeln und weite Schwünge vor dem Bildschirm trainieren den Körper genauso gut wie auf echtem Schnee. Und wenn du das Glück hast, Skilifte und Pisten in großer Zahl gleich vor der Haustür zu haben – worauf wartest du noch?

17. Januar

INS MUSEUM GEHEN

Der Januar zeigt sich heute vielleicht von seiner unsympathischen Seite – nass und kalt. Warum also nicht mal wieder etwas für den Geist tun und den Kulturspeicher auffüllen? Kunst, Geschichte, Völkerkunde? Sicher gibt es auch in deiner Stadt viele Möglichkeiten. Für alle, die bereit sind, einen kürzeren oder längeren Anfahrtsweg in Kauf zu nehmen, hier einige Tipps:

Verrückte Sammlungen

In Sierksdorf in der Nähe von Lübeck gibt es ein Bananenmuseum. Im Buddelschiffmuseum in Neuharlingersiel haben sie 100 Schiffe in Flaschen gesteckt. Das Schweinemuseum im alten Stuttgarter Schlachthof finden sicher manche zum Grunzen. Ein Giraffenmuseum vermutet man irgendwo in Afrika, es ist aber tatsächlich in Dortmund. Und ziemlich brutal geht es manchmal im Mäusefallenmuseum in Harzgerode zu. Wer nicht persönlich anreisen kann: Die meisten Museen haben unterhaltsame Internetseiten.

EINEN SCHNEEMANN BAUEN

Vielleicht gibt es dieses Jahr ja mal wieder einen ordentlichen Winter – sobald eine angemessene Menge Schnee vom Himmel fällt, muss das jedenfalls ausgenutzt werden! Geh in deinen Garten oder einen Park oder auf eine andere schneebedeckte Fläche und baue einen richtig guten Schneemann – so einen aus drei dicken Schneekugeln. Dazu solltest du unbedingt eine Möhre für die Nase mitnehmen und vielleicht auch eine nette Kopfbedeckung oder eine Krawatte. Richtig cool ist ein Schneemann mit Sonnenbrille – mit dem richtigen Outfit sieht Mr. Snow einfach besser aus. Abgebrochene Äste von Bäumen eignen sich zudem super als Arme, und du und dein Schneemann, ihr seid ein perfektes Selfiemotiv.

Noch ein paar eiskalte Tipps

- Schneemänner werden am besten, wenn der Schnee etwas feucht ist. Bei zu großer Kälte mit Pulverschnee hält das Baumaterial nicht genug zusammen. Auch frisch gefallener Schnee sollte feucht genug sein.
- Dicke Kugeln für den Schneemann stellt man am besten her, indem man mit einer kleinen Kugel beginnt und diese durch den Schnee rollt. Wird sie nicht dicker, so ist der Schnee nicht feucht genug.
- Wenn die Kugeln für den Schneemann aufeinandergetürmt sind, sollte man die Zwischenräume zwischen ihnen mit Schnee »verputzen«. Dadurch wird der Schneemann standfester.
- Wenn man den fertigen Schneemann mit Wasser besprüht – am besten mit einer Sprühflasche, wie man sie für Pflanzen oder beim Bügeln verwendet –, bekommt er einen glänzenden Panzer aus Eis, wenn es draußen kalt genug ist.

19. Januar

EINE FALKNEREI BESUCHEN

Raubvögel haben etwas Faszinierendes. Schon der Blick ihrer messerscharfen Augen sagt, dass sie besonders erhabene Wesen sind. In ihrem Flug erleben sie die Welt aus einer höheren Perspektive. Wenn du eine Falknerei oder eine Greifvogelstation besuchst, kannst du Falken, Bussarde, Adler und Habichte aus nächster Nähe beobachten.

Eine Flugschau erleben
Sei hautnah dabei, wenn die stolzen Jäger der Lüfte ihre Schwingen ausbreiten und mühelos durch den Himmel gleiten. Möglichkeiten, diesen einmaligen Tieren zu begegnen, findest du vielerorts in Deutschland und sicher auch ganz in deiner Nähe. Zum Einstimmen gibt es tolle Fotos auf ingoundelse.de.

Welche Vögel haben dich besonders beeindruckt?

_____
_____
_____

20. Januar

SPIELEABEND IN EINER KNEIPE

Du spielst gern und du gehst gern mal in eine Kneipe? Dann kannst du jetzt beides kombinieren. Es ist ein neuer Trend, der immer mehr Freunde findet: das Spielen in der Kneipe. Das kann ja heiter werden! Etwas Gutes zu trinken, ein kleiner Imbiss zwischendurch und dazu kurzweilige Beschäftigung mit netten und lustigen Menschen. Und es wird nicht nur gewürfelt – die Palette der Spieler reicht von Mau-Mau bis zu Schach und Go.

Organisierte Events
Manche Gastwirte veranstalten gut vorbereitete und entsprechend auch gut besuchte Spieleabende. Aber sicher hat niemand etwas dagegen, wenn du an einem ganz gewöhnlichen Tag in einer ganz gewöhnlichen Kneipe mit deinem Brettspiel oder deinen Karten erscheinst und auch noch ein paar Mitspieler mitbringst. Schließlich hat das Spielen in der Kneipe Tradition – von Skat bis Dart.

WAS KNOSPEN VERRATEN

Was für ein kahler Wintermonat, der Januar! Auf dem Boden liegt womöglich Schnee, und von den Pflanzen der wärmeren Jahreszeiten ist außer totem Geäst und abgestorbenen Blättern nicht viel zu sehen. Halt, doch, da sind immerhin ein paar Knospen an den Enden der Äste – und wenn du genauer hinschaust, stellst du fest: Knospe ist keineswegs gleich Knospe! Tatsächlich, jede Pflanzenart hat ihre ganz eigene Triebspitze, sodass Menschen mit gärtnerischer Erfahrung am Aussehen der Knospe viele der zahlreichen Strauch- und Baumarten erkennen können. Hier einige Beispiele:

- Es gibt die kleinen runden Blütenkätzchenknospen der Hasel.
- Die Knospe des Hartriegels zeichnet sich durch rosa Härchen aus.
- Die Knospen der Kirsche erkennt man daran, dass sie in großer Anzahl dicht gedrängt am Ast sitzen.
- Die Knospen des Weißdorns wiederum sind sehr fest und wachsen ebenfalls dicht gedrängt.

- Durch Stacheln an den Ästen schützen sich die Knospen der Heckenrose.
- Und ein besonderer Hingucker sind die dunkelroten Hüllblätter an den Knospen des Schneeballs.

EINEN TAG LANG FRANZOSE SEIN

Oui, oui, heute ist der deutsch-französische Tag! Die Gelegenheit, einmal einen Tag lang Franzose zu sein. Weil du vermutlich nicht mal eben nach Paris reisen kannst, feiere diesen Feiertag doch einfach zu Hause: gestreiftes T-Shirt, Baskenmütze, ein Baguette und eine Flasche Cabernet Sauvignon unter dem Arm? Zu viel Stereotyp? Dann lege eine Platte von Edith Piaf oder Jacques Brel auf und fange an zu kochen. Als Nachtisch empfehlen wir einen Film mit Catherine Deneuve oder noch besser: eine Partie Boule.

Ein französischer Rezeptklassiker: Coq au Vin

1 Hähnchen (ca. 1 bis 1,2 kg) vierteln, 100 g durchwachsenen Speck in Streifen schneiden. 400 g Kartoffeln und 300 g Möhren schälen, Kartoffeln vierteln, Möhren in dicke Scheiben schneiden. 2 Stangen Lauch säubern und in breite Ringe schneiden. 150 g Zwiebeln und 1 Knoblauchzehe schälen. Zwiebeln in große Stücke, Knoblauch in dünne Scheiben schneiden.

2 Esslöffel Öl im Bräter erhitzen, Speck darin auslassen, Speck herausnehmen und Hähnchenviertel in dem so gewonnenen Fett anbraten. Fleisch herausnehmen, im selben Fett Zwiebeln glasig dünsten, dann Möhren, Kartoffeln und Lauch hinzugeben und ebenfalls kurz dünsten. Mit 500 ml trockenem Rotwein und 250 ml Hühnerbrühe ablöschen, das Fleisch ein zweites Mal in den Topf geben. Einige Zweige frischen Thymian und 2 Lorbeerblätter zugeben, mit Pfeffer und Salz würzen. Bei mittlerer Hitze für 45 Minuten zugedeckt schmoren lassen.

Zum Schluss die Sauce binden, mit Salz und Pfeffer abschmecken und die Speckstreifen hinzugeben.

Et voilà! Bon appétit!

23. Januar

LOTTO SPIELEN UND REICH WERDEN

Oder auch nicht, ganz wie man es betrachtet: Insgesamt 222 Spieler jubelten am 23. Januar 1988 lautstark, denn sie hatten sechs Richtige auf ihrem Lottoschein – die höchste Anzahl von Gewinnern in der Gewinnklasse 1 im Lotto 6 aus 49, die es jemals gab. Ihre Begeisterung erhielt einen Dämpfer und schlug bei manchen von ihnen in Enttäuschung um, als die Gewinnquoten feststanden: Jeder Lottokönig erhielt damals eine Summe, die heute umgerechnet 43.359,55 Euro wären.

Mach es besser!

Trau dich an diesem »Glückstag« und fülle einen Lottoschein aus. Zahlreiche Hilfsorganisationen, hilfsbedürftige Kinder und Behinderte freuen sich darüber, denn – das darf man nicht vergessen – mit dem »Zocker«-Geld wird viel Gutes getan. Und wenn du dann sechs Richtige hast, bist du hoffentlich einer von wenigen oder sogar der Einzige …

24. Januar

MAGST DU JAZZ? ZEIT FÜR EIN KONZERT

Musik aus der Konserve mag perfekter klingen – ein Live-Konzert gerade im Jazz ist unübertroffen direkt und persönlich. Nichts geht nach Schema F, alles ist überraschend und neu. Wer schon mal das Glück hatte, einen großen Jazz-Musiker live auf der Bühne zu erleben, weiß das. Am 24. Januar 1975 spielte der Jazz-Pianist Keith Jarrett sein heute weltberühmtes »Köln Concert« in der Kölner Oper unter widrigsten Umständen.

Ein einmaliges Ereignis

Du könntest den heutigen Tag nutzen und nach einem besonderen musikalischen Erlebnis suchen. Es gibt Details im Ablauf eines Live-Konzertes, die keine Tonkonserve einfangen kann: die unmittelbare Nähe zu den Musikern, der Austausch mit dem Publikum, die spontanen Improvisationen, die nur ein einziges Mal – nämlich gerade im Augenblick – zu hören sein werden und dann nie wieder in dieser Intensität …

25. Januar

MACH HEUTE MAL DAS GEGENTEIL

Heute ist der Gegenteiltag. Er ist sozusagen der Feiertag der Rebellion. Erfunden hat den Gegenteiltag der amerikanische Kongressabgeordnete Alexander Kerr Craig im Januar 1872. Egal, was heute jemand sagt: Das Gegenteil davon ist richtig! Und alles, was gesagt wird, bedeutet genau das Gegenteil wie an ganz gewöhnlichen Tagen. Ich liebe dich – ich hasse dich! Na, was ist denn nun richtig?

Einen Tag lang alles anders machen

Selbstredend, dass du auch das Gegenteil von dem tun solltest, was du sonst macht. Nutze die Chance, aus deinem Alltagstrott herauszukommen und Dinge zu tun, zu denen du sonst nie die Zeit findest. Arbeitstiere dürfen heute also faulenzen statt zu schuften, während Couchkartoffeln sich die Joggingschuhe anziehen und eine Runde um den Block drehen.

26. Januar

BRIEF AN DEIN 16-JÄHRIGES ICH

Weißt du noch, wie du dich mit 16 Jahren gefühlt hast? Bestimmt hast du damals einige Dinge anders gesehen als heute. Vielleicht warst du rebellischer, vielleicht zögerlicher oder sogar ängstlich. Was würde dein Teenager-Ich von deinem heutigen Leben halten? Erkläre es ihm doch einfach – und denke dabei in besonderer Weise über dein heutiges Leben nach: was du bist und noch werden möchtest, was du brauchst, was dir noch fehlt und wie du die Welt und deine Mitmenschen siehst. Fang gleich hier an.

Halte fest, was du deinem früheren Ich mitteilen möchtest:

_____
_____
_____
_____
_____
_____

27. Januar

BAU EIN VOGELHÄUSCHEN

Vogelhäuschen unterscheiden sich wie die Häuser von Menschen: Von der Hütte bis zum Palast ist alles möglich. Dabei hängt es vom Geschick des menschlichen »Architekten« ab, welches Vogelhaus entsteht. Der Fantasie sind fast keine Grenzen gesetzt, viele Materialien bieten sich an: Holz in Form von ausgehöhlten Baumstämmen, Zweigen und Ästen oder Restholz aus dem Baumarkt, gebündeltes Stroh oder ziemlich wetterfester Kunststoff. Unbedingt beachten solltest du aber auf jeden Fall folgende Dinge: Das Futter muss trocken bleiben, und die Vögel dürfen die Futterstelle nicht als Toilette benutzen können.

Was du brauchst

Für alle, die nicht zu den begnadeten Heimwerkern gehören, hier unser Vorschlag für ein einfaches Vogelhaus, das auch Bastelanfängern gelingt. Man benötigt etwas Restholz, z. B. Reste von Dachlatten oder Kanthölzer oder Abfallstücke aus dem Baumarkt, ein paar kräftige Schrauben, ein Stück Dachpappe für das Dach und die üblichen Heimwerker-Werkzeuge.

So wird's gemacht

- Auf einem Bodenbrett in der gewünschten Größe (zum Beispiel 40 × 40 cm) werden mit langen Schrauben durch das Bodenbrett vier oben angeschrägte Eckpfeiler befestigt. Sie tragen später das Dach.
- Von der Höhe der Eckpfeiler hängt es ab, wie groß die Vögel sein können, die in das Futterhaus hineinkönnen. Wenn du Krähen, Eichelhäher oder Tauben nicht im Futterhaus haben möchtest, baust du dein Vogelhaus etwas niedriger.

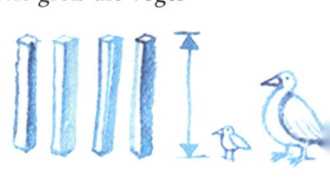

- An der Vorderseite wird unten als Abschluss ein passend zugeschnittenes dünnes Brett angebracht. Es soll verhindern, dass nachher Futter herausfällt.
- Für das Giebeldach musst du zwischen den Eckpfeilern noch eine Trägerkonstruktion anbringen, wie sie auf der Abbildung zu sehen ist: je ein quer angebrachtes Brett mit einer Art Stützsäule. Das Dach sollte einen ausreichenden Neigungswinkel haben, damit das Regenwasser gut ablaufen kann.

sind alle Pflanzen, die nicht viel Wasser brauchen und flache Wurzeln haben wie die Steingartengewächse. Je nach deinen Möglichkeiten, kannst du das Vogelhaus auf dem Balkon aufstellen oder einen geeigneten Ständer aus Kanthölzern dafür bauen, wenn es frei im Garten stehen soll.

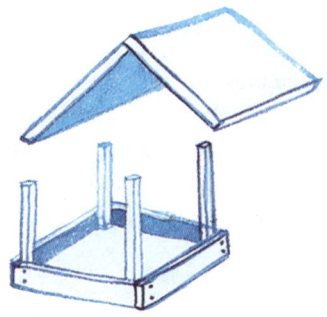

- Damit dein Vogelhaus mehr als nur einen Winter übersteht, deckst du das Dach mit Dachpappe und streichst das Holz mit einem geeigneten Öl, das es wetterfest macht.
- Wenn du magst, kannst du das Dach auch begrünen. Geeignet

Welche Vögel haben dein Häuschen besucht? Und was haben sie am liebsten gegessen?

————————————
————————————
————————————
————————————

28. Januar

ENTDECKE SCHNEEFLOCKEN

Schau mal genauer hin, zum Beispiel mit einer Lupe. Oder auf einem Foto mit einem Smartphone – einfach fotografieren und vergrößern. Was bekommst du zu sehen? Alle Schneeflocken sind sechseckig, aber keine gleicht der anderen. Schneeflocken sind einmalige Einzelstücke.

Wie die weißen Sterne entstehen

Ihre Formen verdanken Schneeflocken den Temperaturzonen, die sie beim Schneefall durchqueren. Mehrteilige Sterne bilden sich nur zwischen minus zwölf bis minus sechzehn Grad Celsius. Darüber und darunter entstehen Plättchen und Prismen, die die ebenfalls sechseckige Grundstruktur aufweisen.

Schnee ist nicht gleich Schnee

Die deutsche Sprache kennt viele Bezeichnungen für Schnee – vom nur wenige Stunden oder Tage alten *Neuschnee* über den pappigen *Altschnee*, den lockeren *Pulverschnee*, den überfrorenen *Harsch* bis hin zum *Schneematsch* oder *Faulschnee* und dem viele Jahre alten, immer wieder überfrorenen *Firnschnee*.

Schnee auf Isländisch

Es ist übrigens ein Gerücht, dass die Sprache der Inuit besonders viele Ausdrücke für Schnee kennt. Die isländische Sprache liegt mit sechzehn Ausdrücken für Schnee deutlich vorn, und es macht Spaß, den Schnee auf Isländisch zu benennen: Der gewöhnliche Schneefall heißt *fannkoma*. Schneefall mit großen Flocken, aber ohne viel Wind nennt sich *hundslappadrífa*. Der Pulverschnee hört auf den Namen *lausamjöll*, und wenn es stürmt und schneit, spricht man von *ofanbylur*.

29. Januar

BUCHE EIN SOMMERFESTIVAL

Summer Jam, Rock am Ring, Wacken? Sind die Sommer-Festivals schon gebucht? Jetzt ist es nämlich erheblich billiger, eine Eintrittskarte zu kaufen. Deshalb wird es Zeit, die Festivals, Konzerte und eventuell auch den Urlaub fürs kommende Jahr zu planen. Je näher das Ereignis, desto höher die Preise!

Es gibt viel zu erleben! Große musikalische Erlebnisse mit deinen Freunden, Menschen, die die gleiche Musik lieben wie du, abenteuerliche Übernachtungen im Zelt, Tropennächte und Gewitter, feiern, bis der Arzt kommt, und epische Sonnenaufgänge – Dinge, von denen du noch deinen Enkeln berichten wirst.

Vielleicht probierst du diesen Sommer mal etwas Neues aus. Notiere deine Ideen:

_____

_____

_____

30. Januar

MIT SÜDSEEBILDERN INS GLÜCK

Oft sind es Bilder, in denen unsere Wünsche Raum finden. Was könnte an einem trüben, nasskalten Wintertag ein traumhafteres Ziel für unsere Wunschvorstellungen sein als ein Bild von einem Sonnenstrand mit Palmen und Menschen, die dieses Paradies genießen? Nutze so ein Bild für eine besondere Art der Meditation – du findest es im Netz der Netze.

Dein kostenloses Paradies

Was darf es sein? Sonne, Sand, Palmen? Oder auch etwas mehr? Wähle das Ziel deiner Traumreise sorgfältig – du selbst bestimmst, wo du verweilen willst. Spüre die Wärme der Sonnenstrahlen auf deiner Haut, rieche den Duft exotischer Blüten und Gewürze, lausche den Stimmen von großen bunten Vögeln und den Lebewesen des Dschungels, deren Namen du nicht einmal kennst. Spüre den Sand unter deinem Körper und das warme Wasser des Meeres unter der Sonne.

HUNDESCHLITTEN ODER SCHNEEMOBIL?

Winter, eine inaktive Jahreszeit? Bewege dich auf neue Weise durch winterliche Landschaften und gewinne der Jahreszeit dadurch neue Aspekte ab. Wie wäre es mit einer beschaulichen Fahrt auf dem Pferdeschlitten durch einen winterlichen Wald? Du brauchst mehr Action? Wie wäre es mit einem Schneemobil oder einem Hundeschlitten?

Motorisiertes Wintererlebnis

Schneemobil fahren kannst du nicht nur in Norwegen, Schweden und Finnland, sondern zum Beispiel auch in Sachsen in der Nähe von Chemnitz, aber auch in Hamburg, Bad Reichenhall oder Ruhpolding – Adrenalin und Action pur, wenn es genug Schnee gibt.

Kraftvolle Pfoten auf eisigen Pfaden

Husky-Trekking wird vielerorts im Mittelgebirge, aber auch im Flachland angeboten. Du kannst wählen, ob du nur eine oder gleich mehrere Stunden mit den Schlittenhunden unterwegs sein möchtest. Ausrüstung: feste Winterkleidung. Apropos Winter: Touren mit dem Hundeschlitten kannst du auch für andere Jahreszeiten buchen.

Wer hat den schnellsten Schlitten ...

... und die stärksten Hunde? Als Zuschauer beim Hundeschlittenrennen bist du hautnah am Geschehen. Aber es geht nicht nur um den Platz auf dem Siegertreppchen – du kannst auch im Fahrerlager erleben, wie liebevoll Menschen und Hunde miteinander umgehen. Deinen eigenen Hund lass aber lieber zu Hause – ein Rudel Schlittenhunde könnte ihn als Eindringling sehen, was sehr unangenehm enden kann.

Februar

1. Februar

EIN IGLU BAUEN

Draußen liegt jede Menge Schnee? Worauf wartest du noch? Die
Gelegenheit, ein Iglu zu bauen! Dazu musst du eine runde, ebene
Grundfläche aus Schnee vorbereiten. Plane nicht gleich für eine ganze
Eskimo-Großfamilie, sondern fange mit einem Ein-Personen-Iglu an.
Mit ein paar alten Decken und warmen Jacken wird das der perfekte
Ort für eine außergewöhnliche heiße Tasse Kakao.

Den richtigen Platz gefunden? Los geht's

Mithilfe einer kleinen Holzkiste oder eines ähnlich aussehenden Gefäßes formst du zunächst rechteckige »Bausteine« aus Schnee. Ideal für
die Schneeziegel könnte ein rechteckiger, etwa 25 bis 30 cm langer
Plastikcontainer sein.
Deine Bausteine aus Schnee reihst du rund um einen Kreis auf. Die
zweite Reihe platzierst du dann genau einen halben Stein versetzt
auf die erste, sodass sie die unteren Steine verbindet usw. Jede Reihe
musst du ein kleines bisschen weiter nach innen setzen, damit sich
die Wand deines Iglus zu einer Halbkugel formt. Nach einigen Fehl-
versuchen – die wird es sicher geben – hast du den Dreh heraus. Die
Tür nicht vergessen!
Wenn du alle Steine aufgesetzt hast – oben darf es ruhig ein Loch geben, schließlich brennt ja in so einer Schneeunterkunft manchmal sogar ein Feuer –, kannst du das Iglu von außen vorsichtig mit Schnee
abdichten. Besonders haltbar wird es, wenn du das »Gebäude« mit
Wasser aus dem Gartenschlauch einsprühst, das über Nacht zu einer
schützenden Eishülle gefriert.

2. Februar

NOSTALGISCHES KINO-ERLEBNIS

Früher war der Kinobesuch ein Highlight: Der Vorhang vor der Leinwand und die Sitze waren aus rotem Plüsch. Ein Mann mit einem Bauchladen ging durch die Zuschauerreihen und verkaufte Eiskonfekt. Und heute? Überall im Land gibt es alte Kinopaläste, die wieder zum Leben erweckt wurden.

Vintage mit Charme

Da wäre das »Metropol« aus den Zwanzigern in Bonn, das »Atrium« in Nürnberg mit dem Charme der Vierziger, das »Caligari« in Wiesbaden oder das »Babylon« in Berlin-Kreuzberg. Die »Lichtburg« in Essen besitzt den größten Kinosaal Deutschlands. Auch schön: das »Tivoli« in München, das »Apollo« in Hannover, eines der ältesten Kinos überhaupt, die »Schauburg« in Karlsruhe mit einem prachtvollen Kronleuchter, das »Scala« in Hof, mit Art-déco-Atmosphäre, »Streit's Filmtheater« am Jungfernstieg in Hamburg und das »Rundkino« in Dresden.

3. Februar

EINE ZEITREISE GEFÄLLIG?

Du stehst auf Zeitreisen? Mit der Zukunft ist das so eine Sache, die Angebote sind nicht wirklich seriös, aber die wichtigen Augenblicke in der Vergangenheit kannst du ziemlich mühelos erreichen. Wo? Entweder gibt es da einen Schuhkarton oder eine Mappe oder ein nostalgisches Album voller alter Fotos. Nicht nur Kinder sind von solchen Blicken in längst vergangene Zeiten fasziniert.

Lade Freunde ein

Du hast die Vergangenheit nicht mehr auf Papier – eigentlich schade. Aber auf deinem Computer gibt es einen Ordner, den du zwar immer mitgesichert, aber jetzt schon lange Jahre nicht mehr angeschaut hast. An so einem Februartag findest du sicher Zeit, mal wieder einen Blick hineinzuwerfen. Um alten Bekannten zu begegnen und dich an großartige Ereignisse zu erinnern. Übrigens: Zu zweit oder mit Familie und Freunden macht es noch mehr Spaß!

4. Februar

BESUCH EINEN NACHTFLOHMARKT

Nichts vor heute Abend? Du kannst die tollsten Entdeckungen machen, wenn du in diesen Tagen einen Nachtflohmarkt besuchst. Es gibt sie überall, sie heißen Schwarzmarkt, Nachtkonsum oder Mondscheinbasar. Ein wichtiger Vorteil: Wenn du auf einem herkömmlichen Flohmarkt ein Schnäppchen machen willst, musst du früh aufstehen und läufst verschlafen und möglicherweise auch verkatert an deinen größten Entdeckungen vorbei. Das kann dir nachts nicht passieren, denn du bist ja hellwach.

Im Dunkeln entdeckst du besondere Schätze

Außerdem kannst du weitaus besser sehen in der dunklen Tageszeit, weil du deine gesuchten Sammlerstücke im Schein einer Taschenlampe oder deines Mobiltelefons für dich neu entdeckst und weil du dich viel besser auf die Gegenstände konzentrieren kannst. Und sieht bei dieser Beleuchtung nicht auch alles viel wertvoller aus? Klar, dass du so Antiquitäten und Designerstücke gleich im Dutzend findest ...

Nachts trödeln ist Kult!
Deshalb gibt es mittlerweile auch Nachtflohmärkte von Augsburg über Chemnitz, Cottbus, Düsseldorf, Köln, Magdeburg, Leipzig, Mannheim, München und Nürnberg bis Wuppertal. Wann und wo du einen nächtlichen Trödelmarkt in der Nähe deines Wohnortes finden kannst, siehst du im Netz auf www.nachtfloh-maerkte.de oder www.nachtkonsum.com.

Schreib auf, auf welchem Flohmarkt du warst und was du gefunden hast:

_____
_____
_____
_____
_____
_____
_____

5. Februar

EISKALTES VERGNÜGEN: DAS WINTERPICKNICK

Verführerisch duftende Erbsensuppe, wärmender Glühwein, Fackeln, die die Nacht erleuchten, dazu genau deine Musik und ein paar rieselnde Schneeflocken – so schön kann ein Winterpicknick sein.

Am besten funktioniert es, wenn draußen Schnee liegt. Da ist schon der Weg zum Picknickplatz ein winterliches Vergnügen – und man kann Essen und Trinken auf einem Schlitten hinter sich herziehen. Natürlich sollten alle Teilnehmer warme, winterfeste Kleidung tragen. Der richtige Platz für ein Winterpicknick ist eine Stelle in der Natur, an der man ein Feuer entzünden kann, also vielleicht ein Picknickplatz, den man sonst im Sommer besuchen würde. Dort gibt es auch Sitzgelegenheiten. Für Wärme von unten sorgen Isomatten, wer mag, kann sich in eine warme Decke einkuscheln.

Wenn das Picknick mitten in der Wildnis stattfinden soll, leistet ein Campingkocher gute Dienste. Sitzgelegenheiten können mitgebrachte Faltstühle, ein paar Schlitten und vielleicht der eine oder andere Baumstumpf sein.

Essen und Trinken nicht vergessen

Eine gehaltvolle Suppe lässt sich wunderbar auf der Feuerstelle oder auf dem Campingkocher aufwärmen. Wer nicht selbst kochen mag, kann auf eine »Suppe im Schlauch« zurückgreifen – Fleischereifachgeschäfte und Supermärkte bieten sie häufig an, und man kann sie gut transportieren. Dazu gibt es heißen Tee aus der Thermosflasche oder Glühwein nach eigenem Rezept und in einem Topf über dem Feuer erwärmt.

6. Februar

IN WINTERLEKTÜRE SCHMÖKERN

Der Winter mag ja seine dunklen, ungemütlichen Seiten haben, aber er ist immer noch die beste Jahreszeit für eine Sache: ein gutes Buch. Vielleicht für einen Thriller? Die frühen Abende sind perfekt, um sich ein bisschen zu gruseln. Geh auf die Suche nach besonderer Winterlektüre, damit nicht jeden Abend der Fernseher läuft!

Bewährte »Winterbücher«
Es gibt mehrere Möglichkeiten, lesend durch den Winter zu kommen. Eine ist es, den Winter in der Lektüre besonders zu genießen. Hierfür eignen sich z. B. Claudie Gallay: »Ein Winter in Venedig«, C. L. Wilson: »Der Winter erwacht« oder Rolf Lappert: »Über den Winter«. Wenn dir der Winter schon zu lange dauert, kannst du ihn auch ausblenden und vom Sommer träumen, z. B. mit Anja Saskia Beyer: »Erdbeeren im Sommer«, Anne Freytag: »Mein bester letzter Sommer« oder Hermann Hesse: »Klingsors letzter Sommer«.

7. Februar

SCHAU »MANCHE MÖGEN'S HEISS«

Schleicht gerade die Winterdepression durch dein Leben? Vertreibe sie konsequent, und zwar mit einigen unschlagbar witzigen Komödien aus der Mitte des zwanzigsten Jahrhunderts. Ob auf Kassette, DVD oder online in der Mediathek: »Manche mögen's heiß«, eine Persiflage auf Gangsterfilme von Billy Wilder aus dem Jahr 1959 mit Marylin Monroe in der Hauptrolle, holt jeden aus dem Stimmungsloch.

Aufmunternde Klassiker
Und wenn das nicht hilft, gleich eine weitere Komödie nachschieben: »Blondinen bevorzugt« (1953), »Eins, Zwei, Drei« (1961) und »Is' was, Doc?« (1972) haben denselben Effekt.

Schreib auf, welcher Streifen dir gute Laune bringt:

_____

_____

_____

8. Februar

EINEN WINTERSONNEN-AUFGANG BEOBACHTEN

Muss man dann nicht irrsinnig früh aufstehen? Nein, das ist ja das Schöne an dieser Jahreszeit, denn noch geht die Sonne ziemlich spät auf, so etwa gegen 8:00 Uhr. Und auf den Ort kommt es an: Wenn du nicht viel Zeit hast, ist es vielleicht der eigene Balkon. Oder mach ein paar Schritte in den Garten. Am besten lässt sich das Urereignis Sonnenaufgang allerdings dort beobachten, wo du einen freien Blick auf den Horizont genießen kannst, etwa am Meer, auf einem hohen Gebäude oder auf dem Hügel vor der Stadt.

Jeder Tagesbeginn sieht anders aus

Warm anziehen muss man sich allerdings, und man muss sich auf ein besonderes Ereignis einstellen: Kein Sonnenaufgang im Winter ist wie der andere. Du kannst das Glück haben, dass die Sonne in einen klaren Nachthimmel steigt. Vielleicht muss sie auch Nebel durchdringen oder gegen Wolken kämpfen.

Frühstücken mit der Sonne

Eine Tasse Tee oder Kaffee in den Händen macht das Ereignis noch perfekter. Oder darf es vielleicht ein kleines Frühstück sein, das du für dich und deinen Lieblingsmenschen schon am Vorabend vorbereitet hast? Einfach großartig, wie du dann einen neuen Tag beginnen kannst. Du wirst dich am Spiel von Licht und Farbe erfreuen – und womöglich magst du das Erlebnis teilen: Weck deine Freunde mit einem Foto. Du und die Sonne …

9. Februar

EIN PAPIERTHEATER BAUEN UND FREUNDE ZUR PREMIERE EINLADEN

Papiertheater haben sich zu einer eigenen Kunstform entwickelt. Überall auf der Welt spielen begeisterte Theaterfreunde großartige Stücke in ihren im Vergleich zu den Brettern, die die Welt bedeuten, winzig kleinen Bühnen. Möchtest du es auch einmal versuchen?

Für den Anfang: Bastle dein eigenes Kartontheater

Du kannst bereits mit einem kleinen Karton große Wirkung erzielen und dabei viel Spaß haben. Nimm einen Schuhkarton (oder einen anderen Karton ähnlicher Dimension) und schnitze seitlich Öffnungen hinein, durch die man etwas durchschieben kann.
Die Spielfiguren werden auf dickeres Papier gezeichnet, bunt bemalt

und dann ausgeschnitten; sie sind flach und werden an ein Stückchen Holz (zum Beispiel ein Schaschlikspieß aus der Küchenschublade) geklebt und durch die Schlitze am Karton geführt. Das Bühnenbild entsteht auf dem Boden des seitlich liegenden Kartons. Du kannst es zeichnen oder ein Bild aufkleben: wilde Berglandschaft, mittelalterliche Gasse, wogender Ozean je nach Theaterstück.

Ach ja, gespielt werden die ganz großen Stücke der Papiertheater-Literatur. Der Publikumsliebling: Ritter rettet Prinzessin vor fürchterlichem Drachen. Weitere Sujets: Der Held kämpft gegen die Räuberbande, der Bauernjunge heiratet die Prinzessin und wird zum König. Überhaupt eignen sich Märchen als Quelle für kurze Kartontheater-Dramen.

Für Fortgeschrittene: Eine Theaterbühne aus Holz

Auf dem Weg zum professionellen Papiertheater machst du dich, wenn du dir selbst ein Papiertheater mit einer Rahmenkonstruktion anfertigst. Alles ist möglich, wenn du dein Können und deine Zeit investieren magst. Bei dieser Variante ist das Theater nach oben offen und hat einen echten Schnürboden – von oben werden Kulissen in verschiedenen Ebenen eingehängt. Für die effektvolle Beleuchtung deiner Bühne bietet sich LED-Licht an. Natürlich braucht dein Theater auch einen Vorhang, der sich mit einer Schnur öffnen und schließen lässt. Für die Fassade deines Theaters und die Figuren gibt es historische Vorbilder – mit etwas Geschick und Einsatz kannst du einen wahren Theaterpalast gestalten.

Werde dein eigener Theaterregisseur

Nun kommt es nur noch auf deine Qualitäten als Theaterregisseur und auf das Theaterstück an, das du vorführen möchtest. »Ein Sommernachtstraum« von William Shakespeare wird außerhalb deiner Möglichkeiten liegen. Versuche es mit einfachen und kurzen eigenen Theaterstücken oder mit witzigen Zusammenfassungen des großen Theaters. Deine Kurzversion von Goethes »Faust« wird dein Publikum schwer beeindrucken. Weniger ist hier wie überall mehr.

10. Februar

GEOCACHEN: SCHATZSUCHE IM 21. JAHRHUNDERT

Weltweit laufen Millionen Menschen auf Schatzsuche durch Städte und Landschaften. Sie sind auf der Suche nach Dingen, die eigentlich wertlos sind: Beim Geocachen (Geo = Erde, cache = Versteck, geheimes Lager) geht es darum, mithilfe von moderner Technik kleine »Schätze« zu finden, die andere Spieler versteckt haben. Wie das geht? Der Ort der Verstecke (»Geocaches«) wird anhand geografischer Koordinaten im Internet veröffentlicht. Außerdem gibt es dort Informationen darüber, wie schwierig es ist, das Versteck zu erreichen. Manchmal sind artistisches Können oder Kletterkünste nötig, denn die Caches werden äußerst fantasievoll an den unglaublichsten Orten versteckt. Gesucht wird mit einem GPS-Empfänger oder einer Smartphone-App.

Wie sieht so ein Schatz aus?

Ein Geocache ist ein wasserdichter Behälter. Darin finden sich Tauschgeschenke – Münzen, Plastikfiguren, kleine Schmuckstücke – und ein Logbuch, in das sich der Finder eintragen kann. Der »Schatz« darf nicht mitgenommen, sondern nur gegen einen anderen Gegenstand eingetauscht werden. Der Finder dokumentiert seinen Erfolg auf einer Internetseite. So kann jeder verfolgen, was mit einem Geocache oder Cache geschah.

Wandernde Kostbarkeiten

Rund um das Geocachen hat sich eine ganz eigene Kultur entwickelt. Es gibt zum Beispiel Trackables oder Travel Bugs, die mitgenommen und in einen anderen Cache gelegt werden. Ihre Reise wird mit Eintragungen auf einer Art Hundemarke dokumentiert. Manchmal wandern sie Tausende Kilometer um die Welt.

ENTDECKE DIE KALLIGRAFIE

Nein, dazu musst du nicht erst umfangreiches Werkzeug anschaffen. Kalligrafie heißt nichts anderes als Schönschreiben, und dazu brauchst du am Anfang bloß ein paar Stifte (in verschiedenen Farben) und einen Text, den du besonders schön schreiben willst, dein Lieblingszitat zum Beispiel.

Wenn du magst, kannst du es im zweiten Schritt auch noch mit einer kleinen schlichten Zeichnung oder mit Ornamenten illustrieren. Und dann folgt möglicherweise noch Schritt drei: Du verschenkst dein Meisterwerk (vielleicht in einem schönen Rahmen) an einen Menschen, den du gernhast.

Schön, schöner, Handlettering

Wenn du Spaß am Zeichnen findest, kannst du dein Werkzeug verbessern. Du könntest dir anschaffen:

- eine oder mehrere Kalligrafie-Federn oder einen Kalligrafie-Füllfederhalter mit verschiedenen Spitzen
- spezielle Kalligrafie-Tinte, schwarz und/oder farbig
- unterschiedliche Papiere mit spezieller Oberfläche

Übrigens: Immer mehr Menschen finden Gefallen am sogenannten Handlettering. Das ist ein neuer Name für die traditionelle Kunst der Kalligrafie. Hierzu gibt es zahlreiche Bücher, in denen du etwas über Schriften lernst und Vorlagen zum Nachzeichnen bekommst.

12. Februar

EIN KERZENFEST IN DER BADEWANNE

Du sehnst dich nach wohliger Wärme an diesem Tag? Verständlich, wenn draußen Eis und Schnee regieren. Ein sicherer Rückzugsort ist die eigene Badewanne. Fülle sie mit warmem Wasser und gib einen passenden Badezusatz hinzu – Lavendelöl, Sheabutter, etwas Meersalz oder eine Kräutermischung mit Heublumen und Rosmarin.

Bringe Licht in die Sache!

Nun das Wichtigste: Besorge dir ein paar Schwimmkerzen oder stelle einfach viele Teelichter auf den Rand deiner Wanne. Es dürfen Duftkerzen darunter sein. Auch ein paar Kerzenleuchter aus dem Esszimmer können dir beim Baden zusehen. Ein Glas Rotwein oder leckerer Traubensaft und genau deine Musik machen das Szenario komplett: Tauche in das wohlig warme Wasser ein und genieße das sanfte Kerzenlicht. Und draußen hat der Winter die Welt fest in der Hand. Winter? Welcher Winter?

13. Februar

WINTERLICHER STERNENHIMMEL

Wirf unbedingt einen Blick auf den Wintersternenhimmel, wenn es eine klare Frostnacht gibt, denn in diesem Monat bietet sich uns dort ein besonders großartiger Anblick. Zu keiner Zeit des Jahres sind mit dem bloßen Auge so viele helle Sterne und Sternbilder gleichzeitig zu sehen. Das Wintersternbild Orion, der Himmelsjäger, mit seinem Sterngürtel ist besonders leicht zu finden. Der Große Hund, mit dem hellen Stern Sirius, steht südwestlich davon.

Diese Sterne beherrschen den Winterhimmel

Sechs helle Sterne, der Astronom sagt Sterne erster Größe, bilden das Wintersechseck: Capella im Sternbild Fuhrmann, Aldebaran im Stier, Rigel im Orion, Sirius im Großen Hund, Prokyon im Kleinen Hund und Pollux im Sternbild Zwillinge. Kannst du alle sechs hellen Sterne finden? Falls nicht, nimm eine Sternkarte für Einsteiger zu Hilfe.

AM VALENTINSTAG: STOCKBROT IM FEUERKORB BACKEN

So ein Feuerkorb ist eine großartige Erfindung. Er macht eine Feuerstelle unabhängig von der Beschaffenheit des Bodens möglich – auch dort, wo Flammen sonst Schaden anrichten würden, zum Beispiel auf einer Terrasse. Ein Feuerkorb ist ein mobiles Lagerfeuer und verströmt für diese Jahreszeit angenehm kuschelige Wärme. Das ist perfekt für Verliebte, die sich heute am Valentinstag auch ohne teure Blumen zeigen wollen, wie sehr sie sich lieben. Und für Kinder ermöglicht er auch im Winter eine Spezialität, die sie besonders schätzen: knuspriges Stockbrot!

So machst du den Teig für das Stockbrot

- Einen halben Würfel Hefe zerbröseln, mit 1 gestrichenen Teelöffel Zucker und 2 Esslöffeln lauwarmem Wasser verrühren.
- 250 g Mehl mit der Hefe, etwas Salz und etwa 80 ml Wasser in einer Schüssel zu einem glatten Teig verkneten.
- Die Schüssel mit einem angefeuchteten Tuch abdecken, eine Stunde gehen lassen.
- Den Teig noch einmal durchkneten, dann in gleich große Stücke teilen.
- Diese Portion ausrollen und um einen Stock wickeln. Später über das Feuer halten, bis das Brot von allen Seiten gleichmäßig braun ist.
- Für spannende Geschmacksvarianten gebe dem neutralen Teig verkleinerte Olivenstückchen, Chilischoten, Speck- oder Schinkenwürfel, zerkleinerte Zwiebel oder Knoblauch bei.

15. Februar

TOLLE SACHEN AUS EIS
SELBST MACHEN

Es ist schon großartig, wenn man die Kälte draußen für Bastelarbeiten nutzen kann! Schau dir zum Beispiel die Eiszapfen an, die über Nacht an der Regenrinne des Gartenhauses gewachsen sind: Sehen die nicht aus wie Kunstwerke? Du könntest dir die schöpferischen Kräfte der Natur zunutze machen und aus Eis und Schnee selbst Neues erschaffen – wenn du es verstehst, dich in Einklang mit ihren Kräften zu bringen.

Bunte Eiszapfen

So seltsam es klingen mag: Dafür brauchst du nichts weiter als ein paar längliche Luftballons. Man bekommt sie in Bastelgeschäften, und sie werden eigentlich gebraucht, um lustige Luftballon-Tiere zu basteln. Im Winter sind sie allerdings das ideale Material für die Herstellung von überraschend andersartigen Eiszapfen.

Fülle nacheinander mehrere von diesen Luftballons mit etwas Wasser, das du vorher mit (Lebensmittel-)Farbe gefärbt hast. Nimm nicht zu viel Wasser, damit die Ballons nicht »aufblasen«, denn dann würde das Gefrieren zu lange dauern. Verschließe jeden Ballon mit einem

Stück Bindfaden oder einem Gummiband und hänge sie über Nacht draußen auf, zum Beispiel an einer Dachrinne oder einem Balkongeländer.

Wenn es draußen knackig friert, hast du schon am nächsten Morgen farbige Eiszapfen. Die stecken allerdings noch in den Luftballons, die du beispielsweise mit einer Schere entfernen kannst. Besonders geschickte Bastler bekommen den Eiszapfen auch aus dem Ballon, ohne ihn zu beschädigen.

Das eiskalte Händchen

Wenn du statt eines Luftballons einen kleineren Gummihandschuh, der nicht mehr gebraucht wird, mit (gefärbtem) Wasser füllst, erhältst du – wenn der Handschuh lange genug draußen war und es wirklich sehr kalt gewesen ist – ein richtig eiskaltes Händchen: sehr gruselig. Allerdings ist es nicht ganz einfach, so ein kompliziertes Objekt aus Eis aus dem Handschuh herauszubekommen.

Selbstgemachtes Eiskonfekt

Besorge dir einige Gefäße aus Plastik oder Silikonkautschuk,

wie sie im Kühlschrank für die Herstellung von Eiswürfeln verwendet werden. Nur: Du füllst sie nicht mit simplem Wasser, sondern zum Beispiel mit Joghurt oder mit einer von dir selbst hergestellten Spezialmischung. Wenn es draußen kalt genug ist, brauchst du den ohnehin knappen Platz im Kühlschrank nicht zu beanspruchen. Stelle die Gefäße einfach nach draußen, etwa auf den Balkon oder auf das Fensterbrett. Du musst allerdings dafür sorgen, dass ungebetene Gäste sich nicht bedienen können – du glaubst gar nicht, wie viele Lebewesen in einer klaren Frostnacht draußen unterwegs sind! Gut, wenn dich die kleinen Fußabdrücke von Mäusen nicht stören … Also deine besonderen Eiswürfel besser abdecken oder in ein größeres, verschlossenes Gefäß stellen.

Vorschlag für eine »Gefriermischung«

Verrühre einen Becher Joghurt Natur mit etwas Orangensaft und Honig, ins Gefäß einfüllen, auf jedes Würfelchen oben einen Klecks Nuss-Nougat-Creme. Fertig.

16. Februar

EIN LUSTIGER SCRABBLE-ABEND

Es ist wieder mal an der Zeit, das Gehirn zu trainieren. Auf dem Speiseplan könnte heute Buchstabensalat stehen, da kommen die grauen Zellen in Schwung. Erstaunlich, wie viele Wörter entstehen können, wenn du die sieben zuvor gezogenen Buchstaben genau an die richtige Stelle legst. Und wenn alle Gehirne am Spieltisch warmgelaufen sind, wird der Schwierigkeitsgrad erhöht: Scrabble in Englisch? Französisch? Fremdwörter-Scrabble?

Probiere auch Orakel-Scrabble
Eigentlich nicht in der Spielanleitung vorgesehen, aber eine ebenso spannende Unterhaltung: Du ziehst sieben Buchstaben und liest daraus das Wort oder die Worte, die dir etwas über deine Zukunft verraten. Deine fantasievollen Freunde werden dir sicher dabei helfen. Kein Scrabble-Spiel im Haus? Wie wäre es mit einer Runde Stadt-Land-Fluss?

17. Februar

AB IN DIE KLETTERHALLE

Sind es schon Frühlingsgefühle, die langsam in dir aufsteigen? Diese Lust, sich zu bewegen? Schlitten fahren hatten wir schon, Schneeballschlacht muss nicht sein. Du würdest lieber dort, wo es warm und trocken ist, nach Höherem streben? Ab in die Kletterhalle! Sich ohne Winterklamotten bewegen und gewagte Manöver am »Fels« riskieren: Jeder kommt bis zu seinem ganz persönlichen Gipfelkreuz.

Kletterfabrik, Bronx Rock & Co.
Du findest sie in jeder Großstadt und sogar auf dem platten Land, oft in alten Industriebauten oder luxuriös in einem eigens errichteten Gebäude. Höhenangst? Du musst nicht überall hoch die Wand hinauf: Beim Bouldern (engl. boulder = Felsblock) in der Halle kletterst du ohne Seil und Gurt über künstliche Felsblöcke und Kletterwände, du bleibst aber immer in Absprunghöhe, d.h., du kannst jederzeit ohne Verletzungsgefahr abspringen.

18. Februar

SCHAU »GARP UND WIE ER DIE WELT SAH«

Nichts los so mitten im Monat Februar? Hol dir das volle Leben aus der Videothek – auf DVD oder online. Schau einfach »Garp und wie er die Welt sah«. Das filmische Meisterwerk nach dem Roman von John Irving quillt über vor Leben. Die manchmal sehr schwarze Komödie über Leben, Liebe und Tod zeigt Menschen zwischen Heile-Welt-Romantik und Sinnsuche und bietet dir ein Wechselbad der Gefühle von heiter bis traurig.

Ein Film voller absurder Schicksalsschläge

Die verwickelte Lebensgeschichte eines Jungen, der ohne Vater aufwächst und äußerst ungewöhnliche Höhen und Tiefen erlebt, kann sowohl als Buch als auch als Spielfilm faszinieren. So wünschst du dir vielleicht dein eigenes Leben: im Bannkreis ungewöhnlicher Menschen und Ereignisse, voller Liebe und Leidenschaft, dramatisch und überraschend. Oder doch lieber eine Nummer kleiner …

19. Februar

SCHREIB EINE KURZGESCHICHTE

Irgendwann im Laufe seines jungen Lebens spürt jeder Jugendliche oder Erwachsene den Impuls, etwas aufzuschreiben, wenigstens ein paar von den unglaublichen Ereignissen festzuhalten, aus denen die Geschichte seines Lebens entsteht. Mancher schreibt dann Tagebuch, andere versuchen sich gleich an Romanen oder träumen davon, Schriftsteller zu werden.

Das kann doch nicht so schwer sein!

Man nimmt ein Blatt Papier und schreibt seine Gedanken auf. Oder man öffnet am Computer eine Textdatei und tippt ein Meisterwerk in die Tasten, auf das die Welt gewartet hat. So ein Winterabend wie der heutige ist genau der Augenblick, um auszutesten, wie nah du und das geschriebene Wort sich kommen können. Schreib doch einfach mal eine Kurzgeschichte! Eventuell erwachen ja literarische Figuren aus deinem Inneren zum Leben, die kennenzulernen sich lohnt …

20. Februar

IDEEN FÜR EINE UNTER-HALTSAME ZEIT IM WILDPARK

Nicht nur im Sommer bieten Wildparks echte Naturerlebnisse. Auch im Winter bei Eis und Schnee lohnt sich ein Besuch, zumal die Betreiber eines solchen Naturparks ja nicht einfach schließen können – denn es geht nicht nur um die Menschen in einem Wildpark. Das Wichtigste sind natürlich die Tiere, und davon gibt es überall viele der unterschiedlichsten Arten. Mancher Wildpark hat sogar seinen eigenen Schwerpunkt in der Auswahl:

- die Großtiere des europäischen Waldes: Rehe, Rothirsche, Damwild, Elche und Steinböcke, Wildschweine, Mufflons und Wisente
- die heimischen Raubtiere Wildkatze, Luchs, Fuchs, Wolf und Bär
- Raubvögel wie Steinadler, Mäusebussard, Schleiereule und Uhu
- Eichhörnchen und Fischotter, Kaninchen und Meerschweinchen, Murmeltier und Biber
- Haustiere wie Rinder, Schafe, Ziegen und Schweine, aber auch Federvieh – Enten, Gänse und Hühner

Weniger Tiere im Winter, dafür besondere Events

Warst du schon einmal bei einer Dunkel-Munkel-Nacht dabei? Von der Winterwanderung mit Grünkohlessen über die beeindruckende Erfahrung einer Wolfswanderung oder einer Winternacht mit Wolfsgeheul bis hin zu den ersten Tierkindern, die Ende Februar auf die Welt kommen – es ist was los in Feld, Wald und Wiese.

Weitere Tipps, um die Zeit im Wildpark zu genießen

Dass es im Winter etwas ruhiger zugeht, ist durchaus auch ein Vorteil: Dann kannst du Ruhe finden und in stillen Schneelandschaften zurück zu deinem seelischen Gleichgewicht finden. Und wenn es dir im Februar noch zu kalt ist: Warum meldest du dich nicht für einen Tag als Tierpfleger in einem Wildpark an? Mancherorts ist das möglich und sicher eine schöne Erfahrung.

Wildparks gibt es übrigens nahezu überall – von der Nordseeküste bis zu den Alpen. Sicher findest du auch einen in deiner Nähe, den es zu besuchen lohnt. Hier ein paar zur Auswahl:

Heidmühlen – Wildpark Eekholt

Güstrow – Wildpark-MV in Güstrow

Potsdam – Wildpark Potsdam

Nindorf-Hanstedt – Wildpark Lüneburger Heide (Schneeleopard, Polarfuchs, Moschusochse, Kodiakbär)

Leipzig-Connewitz – Wildpark Leipzig (Märchenspielplatz, Teehaus, Haustierfarm)

Mettmann – Eiszeitliches Wildgehege Neandertal

Gondorf – Eifelpark Gondorf (u.a. »Tal der Bären«)

Dillenburg – Wildpark Donsbach (mit Streichelzoo)

Schweinfurt – Wildpark an den Eichen (500 Tiere, Streichelzoo und Planschbecken)

Poing – Wildpark Poing

Göppingen – Tierpark Göppingen (unzählige Tierarten, darunter Affen und andere Exoten)

21. Februar

EIN BRANDENBURGISCHER ABEND

Du könntest heute Abend mal an den großen Komponisten Johann Sebastian Bach denken und die Brandenburgischen Konzerte hören. Diese Sammlung, bestehend aus sechs Instrumentalwerken, hat der Komponist dem Markgrafen Christian Ludwig von Brandenburg-Schwedt gewidmet. Diese Meisterwerke der Klassik bestechen durch Klarheit und eine hohe musikalische Vielfalt und dürften zu den am häufigsten aufgeführten Werken unserer Zeit gehören.

Wein aus Brandenburg
Dazu wäre vielleicht ein Wein aus Brandenburg das angemessene Getränk, gekeltert aus den Rebsorten Regent, Cabernet Blanc oder Phoenix. Ja, so etwas gibt es, und das schon seit dem 18. Jahrhundert vom Winzerberg in Potsdam Sanssouci und Weinberg am Klausberg. Jüngere Winzer in Brandenburg nutzen die Möglichkeiten, die ihnen der Klimawandel bietet. Sie vertreiben ihre Produkte online.

22. Februar

PROBIERE EIN NEUES RESTAURANT AUS

Dir fällt die Decke auf den Kopf? Hier ein paar Vorschläge für gastronomische Ausflüge: Im Dunkelrestaurant »Finster« in Essen kannst du Mehrgänge-Menüs in absoluter Dunkelheit genießen. Wenn du lieber ganz abtauchen möchtest, bietet das Unterwasser-Restaurant »La Mer« in Neuwied diese Möglichkeit. Solltest du eher nach oben streben, ist ein Besuch im »TreeTopDinner« angeraten; hier über dem Baumkronenweg Edersee werden erlesene Speisen serviert.

Kulinarische Zeitreise
Die Essgewohnheiten vergangener Tage erlebst du in der »Tafelrunde« in Berlin. Dort serviert man Speisen wie im Mittelalter; Braten, Suppen und des Klosterbruders süße Nachtzehrung. Du musst als Mittelalter-Fan allerdings nicht bis in die Hauptstadt reit… reisen: Ein Ritteressen wird auch auf den Burgen in Koblenz, Stollberg und auf zahlreichen anderen Burgen und Schlössern serviert.

23. Februar

ERKUNDE EINE SCHAUHÖHLE

Eine Höhle erforschen – wolltest du das nicht auch als Kind? Als Erwachsener weißt du heute, wie gefährlich das ist. Steinschlag, Wassereinbrüche, finstere Abgründe und die Gefahr, sich in endlosen Gängen zu verirren. Also keine Höhle? Doch: Höhlenforscher-Feeling bekommst du in einer Schauhöhle. Die ist für Besucherverkehr ausgebaut, es gibt Wege, Treppen und überall Licht – und die schönsten Stellen mit Stalagmiten und Stalaktiten sind effektvoll beleuchtet.

Wo sind Schauhöhlen?
Die Atta-Höhle in Attendorn im Sauerland ist eine der schönsten Höhlen Deutschlands. Ebenso die Teufelshöhle in Pottenstein bei Bayreuth in der Fränkischen Schweiz. Außerdem sind die Feengrotten in einem ehemaligen Bergwerk in Saalfeld-Rudolstadt (Thüringen) oder die Laichinger Tiefenhöhle auf der Schwäbischen Alb bei Ulm besonders sehenswert.

24. Februar

MIT PFERDESTÄRKE DURCH DEN WINTERWALD

Der Winter geht langsam zu Ende, der anstehende März bringt vielleicht schon erste Frühlingstage. Wäre es nicht schön, noch einmal etwas sehr Winterliches zu erleben? Angebote für Pferdeschlitten-Fahrten gibt es überall, besonders in den Wintersportgebieten der Mittelgebirge Schwarzwald, Sauerland und Harz. In den Alpen gibt es gratis ein beeindruckendes Bergpanorama dazu. Es kostet nicht viel und – dein Platz im Schlitten wartet schon auf dich!

Hoher Kuschelfaktor
Warm in eine Decke gehüllt, geht es vorbei an tief verschneiten Bauernhöfen durch eine stille Winterlandschaft. Für die innere Wärme sorgt heißer Tee und oft auch der eine oder andere Schnaps aus der Region. Um die Mütze für warme Ohren sollte man sich allerdings selbst kümmern. Du kannst auswählen: von der kleinen Dorfrundfahrt bis hin zu einer langen Tour durch den Winterwald.

KARNEVAL MIT GEISTERN

Es muss nicht immer der Rosenmontagszug sein: Plane Karneval doch einmal anders! Vielleicht gehst du am Karnevalssamstag zum Geisterzug in Köln, ein Karnevalszug und eine politische Demonstration (»organisierte Anarchie«) zugleich. Wer im Zug mitgeht, folgt dem Ähzebär, einer uralten Figur, die die Geister des Winters vertreibt und statt Kamellen Erbsen als Fruchtbarkeitssymbole verstreut.

Geisterzug in Blankenheim

Den Geisterzug durch das mittelalterliche Blankenheim in der Eifel führen die springenden »Jecke Böhnche« an. Ihnen folgt ein Karnevalsprinz hoch zu Ross, der »Obergeist mit Flügeln«. Das Fußvolk singt: »Juh-jah, Kribbeln in d'r Botz! Wer dat net hät, dä es nix notz!«

Was zieht man an?

Ob Zuschauer oder mit im »Jeisterzoch« in Köln: Fantasievolle Kostüme sind in diesem karnevalistischen Albtraum gefragt. Hauptsache schaurig und grotesk. Skelette, Zombies und Untote, Hexen und Zauberei, Höllenkreaturen aller Art, Werwölfe und andere Mischwesen sind höchst willkommen.

Kein Geisterzug in der Nähe?

Dann veranstalte einfach selbst einen. Trommel ein paar Freunde zusammen. Bastelt euch aus alten Bettlaken Geisterkostüme und marschiert im Dunkeln durch die Nachbarschaft. Bestimmt findet sich ein Bekannter, dem man einen ordentlichen Schrecken einjagen kann.

26. Februar

BESUCH EINEN BOTANISCHEN GARTEN

Alles so eintönig und trist draußen? Wie wäre es mit einem Besuch im botanischen Garten? In den Gewächshäusern dort ist vieles grün, und farbige Blüten vertreiben das Wintergrau. Viele botanische Gärten richten eigens Winterspaziergänge für ihre Besucher ein, auf denen Farbe und Duft die Hauptrollen spielen. In anderen Gärten wird auch der Außenbereich in magisches Licht gehüllt und so zu einer faszinierenden farbigen Winterlandschaft. Schau dich einmal um, was in deiner Nähe angeboten wird.

Wildes Wachstum bestaunen

Im Botanischen Garten in Berlin können ein 25 Meter hoher Bambus und ein 160 Jahre alter Palmfarn bestaunt werden. Der zu den Herrenhäuser Gärten gehörende Berggarten in Hannover ist einer der ältesten botanischen Gärten – er existiert seit 1666. Hier ist Europas größte Orchideensammlung zu finden. Die Wilhelma in Stuttgart ist zugleich Zoo und botanischer Garten und lockt Besucher mit exotischer Fauna und Flora. Klein, aber fein sind die Botanischen Gärten am Poppelsdorfer Schloss in Bonn und im Schlosspark in Münster. Der Botanische Garten in München-Nymphenburg zeigt über 16.000 Pflanzenarten. Gartenfreunde in Frankfurt besuchen gerne den Palmengarten. Bestimmt gibt es auch in deiner Nähe ein botanisches Schauparadies. Höre dich doch einfach mal um.

27. Februar

MACH DEIN FAHRRAD FIT

Die Tage werden länger und wärmer. Nicht mehr lange und die Fahrradsaison beginnt – oder bist du auf zwei Rädern durch den Winter gefahren? Wenn nicht, wird es jetzt Zeit, nach deinem Drahtesel zu sehen. Das Wichtigste: Ist noch genug Luft in den Reifen? Funktionieren Rücklicht und Frontbeleuchtung? Falls es quietscht und scheppert, sollte deine erste Fahrt zum Fahrradladen gehen.

Ab in die Werkstatt

Je weiter das Jahr voranschreitet, desto schwieriger wird es, dort einen Termin für anstehende Reparaturen zu bekommen. Übrigens: Reifenflicken war gestern. Fluchende Radfahrer mit schmutzigen Händen sieht man heute nur noch selten. Das liegt unter anderem daran, dass die Reifen von Fahrrädern entweder nahezu »unkaputtbar« sind oder mit einem speziellen Pannenspray durch das Ventil »repariert« werden können. Aber Vorsicht: Gebrauchsanweisung lesen!

28. Februar

EIN STÜCKCHEN WELT NEU ERFINDEN

Lass etwas in deiner alltäglichen Umgebung hinter dir und ersetze es durch etwas radikal Neues. Damit können die Kaffeemaschine oder der Toaster in der Küche gemeint sein oder etwas ganz anderes. Wirf die alten, angeschlagenen Tassen aus dem Geschirrschrank und kaufe dir ganz wunderbare neue. Ersetze die Toilettengarnitur im Bad. Tausche Tastatur und Maus an deinem Computer gegen neue Geräte. Richte Balkon oder Terrasse ganz neu für das Frühjahr ein.

Tauschgeschäfte in Mode bringen

Du möchtest nicht unbedingt etwas Neues kaufen? Dann tausch doch einfach mal mit einem Freund oder einer Freundin ein paar Kleidungsstücke. Der Kleiderschrank wartet förmlich darauf. Oder schau dich um, ob es in deiner Stadt ein Tauschevent gibt – Swap in the City! Es ist einfach toll, etwas Neues zu tragen – und das auch noch umsonst!

FRÜHLING

März

....

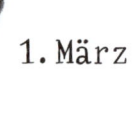

LAUF DICH GLÜCKLICH

Fit ins Frühjahr starten? Die ideale Lösung: laufen. Du brauchst nicht allzu viel Ausrüstung und kannst es überall tun – im Stadtpark oder Cross Country. Mit wenig Zeitaufwand wirst du körperlich fit und seelisch ausgeglichen. Die Ausrüstung? Nur ein paar Laufschuhe. Deine alten haben den Winter irgendwo in einem Schuhschrank verbracht und euer erstes Zusammentreffen war nicht überzeugend? Dann ist es Zeit für ein neues Paar. Gib ruhig etwas mehr Geld für gut verarbeitete Schuhe aus, die halten länger.

Also los – joggen mit Plan

Dein Trainingsplan für die nächsten Wochen ist ganz einfach, gleichgültig, ob du Wiedereinsteiger oder Anfänger bist. Du benötigst zwei bis drei Termine in der Woche, jeweils rund 15 bis 25 Minuten pro Tag:

- In den ersten Tagen abwechselnd eine Minute laufen, eine Minute gehen. Gesamtzeit: 15 bis 25 Minuten.
- Nach etwa einer Woche abwechselnd zwei Minuten laufen, eine Minute gehen. Gesamtzeit: 15 bis 25 Minuten.
- Nun steigere dich langsam: drei Minuten laufen, eine Minute gehen usw., bis du schließlich ohne Gehpause 20 Minuten am Stück joggen kannst.
- Auch ein schöner Weg: Schließ dich einer Laufgruppe an. So hast du Gesellschaft und profitiertst von den Kenntnissen erfahrener Läufer.

SUCHE EINEN MAGISCHEN ORT

Hattest du nicht auch schon einmal das Gefühl, an einem ganz speziellen Ort zu sein? Vielleicht hast du auf einem deiner Spaziergänge einen besonders achtsamen Moment erlebt, der dir diese Erfahrung ermöglichte. Viele einfühlsame Menschen schwören darauf, dass Orte eine gewisse Magie besitzen können. Manche erspüren besondere Kräfte in der Stille, nehmen eine Aura wahr, fühlen sich geborgen oder auf besondere Weise berührt und mit Energie aufgeladen.

Auch in deiner Nähe gibt es einen besonderen Platz

Magische Orte sind eine Sache der ganz persönlichen Wahrnehmung, und selbstverständlich kannst du sie auch dort entdecken, wo sie niemand sonst vermuten würde. Hier ein paar Tipps:

- Suche auf Bergspitzen und an anderen exponierten Orten.
- An einer Quelle, einem Brunnen oder an Flussmündungen kannst du die energetische Aufladung des Wassers spüren. Besonders Heilquellen verfügen über Kräfte, die manche Menschen wahrnehmen können.
- Inseln in Flüssen oder Seen werden im Empfinden vieler Menschen von intensiver Energie umströmt.
- Suche einen legendären alten Versammlungsort oder eine Kultstätte auf. In einem Steinkreis kannst du die konzentrierte Energie spüren.
- Alte Bäume, meist Eichen oder Linden, haben sich einen besonderen Standort ausgesucht oder ihn zu einem Kraftort gemacht.
- Du könntest auch in einer verlassenen Ruine, in der Stille einer Kapelle oder im Kloster innere Ruhe finden.

Wo ist dein eigener magischer Ort?

_____

_____

_____

3. März

TAG DES ARTENSCHUTZES

Welche schützenswerten Tiere gibt es in deiner Umgebung? Manche stehen auf der Roten Liste der gefährdeten Arten, aber oft ist es schon zu spät, wenn eine Tierart dort erst einmal aufgeführt wird. Viele Tiere, die rund um die menschliche Zivilisation leben, verdienen unseren Schutz – und werden doch häufig achtlos in Gefahr gebracht oder sogar verfolgt.

Das kannst du selbst tun

- Manche Schwalbenarten brauchen menschliche Behausungen für ihren Nestbau. Gib ihnen den Raum, den sie brauchen.
- Wespen und vor allem ihre größte Art, die Hornissen, sind keine aggressiven Schädlinge, sondern äußerst wichtig für unser Ökosystem. Lass ihnen ihre Nester, halte ein bisschen Abstand und das Zusammenleben gelingt.
- Bienen und viele andere Insekten leiden unter Spritzmitteln, die in Gärten angewendet werden. Verzichte darauf und mache deinen Garten zu einem natürlichen Lebensraum.
- Kröten, Frösche, Eidechsen und Schlangen brauchen Feuchtgebiete. Hilf ihnen mit einem Naturteich in deinem Garten.

Neue Einwohner für die Stadt

Es herrscht Landflucht auch unter den Tieren. Kaum zu glauben, aber es zieht sie in die Stadt. Auch für sie ist das Leben dort manchmal einfacher als auf dem flachen Lande. Schuld daran sind auch die »ausgeräumten Landschaften«– kein Baum, kein Strauch, keine wild wachsenden Gebüsche –, nichts als Felder und Anfahrtswege für die hochtechnisierte Landwirtschaft. Neue Stadtbewohner sind Wildschweine, Kaninchen, Eichhörnchen, Fuchs und Steinmarder.

4. März

BASTEL DIR EIN MINI-BIOTOP

Jetzt im Frühjahr wächst alles ausgezeichnet – die ideale Zeit für ein kleines Pflanzenexperiment: Manche nennen es Mini-Biotop, andere Flaschengarten oder Dschungel im Glas.

Du brauchst dazu

- ein möglichst großes, verschließbares Glas, zum Beispiel ein großes Gurkenglas, ein Goldfischglas oder ein Deckelglas mit Gummidichtung. Möglicherweise kannst du auch ein Vollglas-Aquarium benutzen, oben mit einer Glasscheibe abgedeckt
- Humuserde aus dem Garten, Pflanzensubstrat oder Bonsaierde aus dem Gartenhandel
- verschiedene Pflanzensamen, am besten von Sorten, die klein bleiben und in deinem Glas Platz finden können. Du kannst Grassamen aus dem Garten nehmen oder auch spezielle Samen kaufen
- vielleicht ein paar Kieselsteine als Dekoration

Und so wird es gemacht

Erde oder Pflanzensubstrat gut anfeuchten; das sollte nicht erst im Glas geschehen, weil die Wände sonst durch das Eingießen des Wassers zu stark verschmutzt werden. Erde vorsichtig in das Glas einfüllen. Samenkörner hineinstreuen, Glas verschließen und an einen ziemlich hellen Ort stellen. Abwarten …
Nach ein paar Tagen werden die Samen keimen und Jungpflanzen heraussprießen. Du brauchst sie nicht zu gießen, denn in deinem Mini-Biotop verdunstet Wasser, und es »regnet« – Wasser fließt an den Glaswänden in die Erde zurück. Wenn alles zueinander passt, hast du ein autonomes biologisches System geschaffen.

5. März

EINMAL HOCH HINAUS

Dein Blick weitet sich, wenn du es ganz nach oben schaffst – hinauf auf einen Kirchturm. Es müssen ja nicht gleich die 533 Stufen des Kölner Doms sein. Treppensteigen ist gut für deine Fitness, und oben gibt es zur Belohnung einen unvergleichlichen Panoramablick und eine große Stadt in Miniaturansicht. Kirchtürme sind nicht dein Ding, du siehst dich eher als Bergsteiger?

Der Berg ruft!

Mach deine persönliche Erstbesteigung zu einem magischen Erlebnis: du und der Berg! Auch wenn du dir nicht gleich einen Achttausender, sondern einen »kleinen« Berg ausgesucht hast: Bereite dich gut vor für dein Gipfelerlebnis! Kümmere dich um geeignetes Schuhwerk und wetterfeste Kleidung. Nicht nur in den Alpen wird man pitschnass, wenn es plötzlich zu regnen beginnt. Plane deinen Aufstieg genau, und achte darauf, rechtzeitig mit dem Abstieg zu beginnen.

6. März

GRÜNDE EINE FUSS-BALLMANNSCHAFT

Das Frühjahr bringt besseres Wetter – Zeit für eigene Fußball-Aktivitäten. Nein, nicht auf dem Sofa! Eine Mannschaft bekommst du schon zusammen. Dies ist ein guter Tag, den 1. FC Wadenkrampf oder die Spielvereinigung Schwimmring aus der Taufe zu heben, Freunde zu treffen, großartige Partien gegen gegnerische Mannschaften zu bestreiten, Siege zu feiern und Niederlagen zu betrauern.

Fitness gratis

Motiviere dich, deine Freunde und Freundinnen und werde topfit – beim Fußballspielen bemerkt man vor lauter Begeisterung die Anstrengungen gar nicht. Bei einem 90-Minuten-Spiel mit einer Freizeitmannschaft verbrennst du rund tausend Kalorien – allerdings bleibt die Bilanz nur dann positiv, wenn du den Durst danach mit Mineralwasser stillst. Übrigens: Am 6. März 1902 ließ sich der Fußballklub Real Madrid offiziell in das Vereinsregister eintragen.

7. März

FRISCHES GEMÜSE, JETZT AUF DEM MARKT

Frühjahrshunger auf Gemüse? Nach dem Frühjahrsputz ist die Küche startklar für neue kulinarische Großtaten – es kann losgehen! Du hast auf dem Wochenmarkt die Auswahl zwischen frischem jungen Spinat, saftigem Lauch und dem letzten Rosenkohl der Saison. Kauf dir einen Korb voller Frische – auf in den Gemüsehimmel! Es macht Spaß, wieder mit frischen Zutaten zu kochen. Hier ein magisches Auflauf-Rezept, das mit allen drei Gemüsesorten funktioniert, am besten aber mit Rosenkohl:

Rezept für einen unwiderstehlichen Auflauf

- 500 g Rosenkohl waschen und in einem Topf 10 Minuten vorkochen
- eine Tasse Reis waschen und mit etwas Salz im Kochwasser kochen
- Rosenkohl abgießen, in eine Auflaufform geben, etwas salzen, pfeffern
- den fertigen Reis darüberschichten
- 50 bis 75 g Schinkenwürfel oder klein geschnittene Salami darüberstreuen
- als letzte Schicht eine Lage Mascarpone, ersatzweise auch Frischkäse darübergeben
- 20 bis 25 Minuten im Backofen – der Auflauf ist fertig. Etwas abkühlen lassen, servieren!

Dasselbe funktioniert auch mit Lauchringen oder Blattspinat statt Rosenkohl. Einfach ausprobieren!

Übrigens: Seit 2007 ist der 7. März der Tag der gesunden Ernährung – aber natürlich isst du auch an allen übrigen 364 Tagen des Jahres gesund.

FEIER DICH UND DEINE FREUNDINNEN

Heute ist Internationaler Frauentag, 1997 ausgerufen durch die Vereinten Nationen. Aber eigentlich braucht frau gar keinen Grund für ein Treffen mit ihren Freundinnen – feiert euch einfach selbst!

Tut euch was Gutes

- Im Kühlschrank stehen Bionade, Prosecco, Weißwein und andere leckere Getränke. Für den kleinen Hunger gibt es Gemüsesticks mit Dip, Oliven, Chips mit Guacamole und andere Snacks sowie ganz viel Vanille- und Schokoeis.
- Alle Diätratgeber und Kalorientabellen werden verbannt. Etwaige Partner oder Hunde sollten außer Haus beschäftigt sein, miteinander nachtwandern oder ins Kino gehen.
- Die besten Spielfilme stehen bei Netflix oder Amazon Video in der Watchlist und sind startbereit. Eine kleine Auswahl: »Match Point«, »Cloud Atlas«, »Tatsächlich ... Liebe«, »Sommer vorm Balkon«, »Eat Pray Love«.
- Die Cocktail-Bar ist gut bestückt – mit einem Vorrat an Alkoholika und anderen Zutaten, ergänzt durch mitgebrachte Getränke. Jede mixt einen Cocktail, alle probieren mit Begeisterung.

Zwei schnelle Cocktailideen

Super erfrischend ist der sommerleichte Drink **Lillet Berry**. Pro Portion 5 cl Lillet (ein wiederentdeckter französischer Weinaperitif) mit 10 cl Schweppes Russian Wild Berry in ein bauchiges Weinglas mixen, mit Eiswürfeln auffüllen und einer Orangenscheibe dekorieren. Bis heute beliebt ist auch der Klassiker **Campari O**. In ein langes Glas 5 Eiswürfel geben, mit 4 cl Campari und 12 cl Orangensaft auffüllen, mit einer Scheibe Orange und einigen Blättern Minze dekorieren.

9. März

MIT DEM SCHACHBRETT IN DEN PARK

Vielleicht ist es noch etwas kalt, aber wenn dein Gehirn erst einmal so richtig arbeitet, dann wird dir schon warm. Irgendwie können Schachbretter eine magische Anziehung auf deine Mitmenschen ausüben und im Nu hast du einen Spielpartner gefunden, der alles tun wird, um dir seine Meisterschaft zu beweisen. Noch spannender wird es, wenn du eine Schachuhr mitnimmst und Blitzschach spielst.

Schach in XXL
In vielen Parks befinden sich Riesenschachbretter, und wenn du Glück hast, finden sich dort genug Mitspieler für ein richtiges Turnier. Vergiss die Thermosflasche mit Kaffee oder Tee nicht – diese Form von Doping ist beim Schach erlaubt. Wenn du besiegt wirst: Tröste dich damit, dass du wieder einen sehr intelligenten Menschen kennengelernt hast … Wenn du keinen Mitspieler findest? Tritt gegen dich selbst an! Einfach nach jedem Zug auf die andere Seite wechseln.

10. März

LUSTIGE STRASSEN-SCHILDER SUCHEN

Manchmal sucht man ein Ziel für einen Ausflug und findet einfach keines. Du hast das Gefühl, überall schon gewesen zu sein. Hier ein etwas ungewöhnlicher Vorschlag – an den folgenden Orten warst du sicher noch nicht: Suche nach lustigen Straßennamen – natürlich machst du sofort ein Selfie unter dem Straßenschild, wenn du es gefunden hast.

Vom Entenpfad bis zur Zornigen Ameise
Lohnende Ziele sind Straßen und Gassen mit Namen wie Hinter Lenchens Haus, Auf der Insel, Paradies, Am Baukloh, Am Nordpol, Froschloch, Holzweg, Höschenstraße, Im Funkloch, Jenseitsstraße, Lindenstraße, Mafiastraße, Mordkapellenweg, Selbsthilfeweg, Verlorenes Holz, Wasserloses Tal, Zornige Ameise – all diese Straßennamen sind keineswegs erfunden, sondern existieren tatsächlich. Google Maps sagt, wo und wie du hinkommst.

BRENNNESSELN SAMMELN

Jetzt beginnen sie zu sprießen, die ersten jungen Brennnesseltriebe. Keine Angst, du verbrennst dir nicht die Zunge, wenn du sie in der Küche verwendest. Nur beim Sammeln solltest du Handschuhe tragen. Die Brennhaare von Brennnesseln sitzen an den Blatträndern – wenn du mitten auf das Blatt fasst, spürst du nichts. Sammle nur frische Triebe – je weiter unten an der Pflanze die Blätter sitzen, desto bitterer schmecken sie.

Wo findest du das Grünzeug?

Brennnesseln wachsen vor allem an Waldrändern, an Bachufern, an Gräben und Zäunen, an Weg- und Straßenrändern und in der Stadt auf Ödland und Schuttplätzen.

Brennnesseln sind super gesund

Als Frühjahrsgemüse werden Brennnesseln wegen ihres hohen Gehalts an Flavonoiden geschätzt, Stoffe, die als Antioxidantien wirken und sogar Krebs vorbeugen sollen. Außerdem enthalten Brennnesseln Mineralstoffe wie Magnesium, Kalzium, Eisen und Silizium. Den Vitaminhaushalt stützen die Vitamine A und C – Letzteres sogar in etwa der doppelten Menge im Vergleich zu Orangen.

Leckerer Kräuter-Smoothie mit Brennnesseln

Du kannst die Brennnesseln als Gemüse zubereiten – oder aber die coole flüssige Form wählen. Der Vorteil: Wenn du die Brennnesselblätter pürierst, musst du keine Verbrennungen fürchten, die Brennhaare brechen bei dieser Zubereitung ab, die darin enthaltene Ameisensäure wird neutralisiert. So geht's: Püriere 1 bis 2 Hände voll Brennnesselblätter, eine Viertel Avocado, Bio-Orange mit Schale oder eine süße Birne, eine halbe kleine Banane, 200 ml Joghurt, etwas Wasser (bei größerer Kräutermenge) und Salz und Pfeffer je nach Geschmack.

12. März

LEIH DIR EINEN HUND

Zählst du auch zu den Menschen, die sich von frühester Kindheit an einen Hund gewünscht haben und sich immer wieder vorstellen, wie toll es sein muss, mit einem vierbeinigen Freund durch Feld, Wald und Wiese zu spazieren oder mit ihm am Strand herumzutollen? Du musst nicht gleich ein Tier anschaffen: Fast alle Tierheime freuen sich, wenn sich Freiwillige finden, die ihre Hunde regelmäßig ausführen.

Ganz so einfach ist das aber nicht ...

Nicht alle Hunde im Tierheim sind problemlose Kuscheltiere. Und mit dem Herumtollen ist das auch so eine Sache – meist müssen die Hunde an der Leine bleiben. Doch oft entsteht bei diesen Ausflügen eine Freundschaft zwischen Mensch und Tier, und ein Hund findet ein neues Zuhause. Ein echtes Abenteuer wartet ganz in deiner Nähe! Wenn du einen Hund hast, wirst du ihm vielleicht einen freundlichen Blick zuwerfen und über diesen Text lächeln.

13. März

BASKETBALLKÖRBE WERFEN

Wie wäre es mit einer Runde Basketball? Für regelmäßige Vereinstermine hast du aber keine Zeit. Selbst eine Basketballmannschaft gründen? Du kaufst ja auch keine Kuh, wenn du ein Glas Milch willst. Aber einen Basketballkorb und einen Ball bekommst du im Sporthandel oder online relativ günstig. Und mehr brauchst du auch erst einmal nicht.

Der Ball muss in den Korb

Bring den Korb irgendwo an, wo etwas Platz für ein paar Schritte ist – in der Einfahrt vor einer Garage zum Beispiel. Dann wirf einfach ein paar Körbe. Wie sieht es mit deiner Treffsicherheit aus? Probiere die optimale Handhaltung und Stellung deiner Füße zum Korb! Verbessere deine Wurftechnik, bis du den Ball mit einer flüssigen Bewegung in den Korb bringst. Warte ab, wer von deinen Nachbarn und Freunden den Ehrgeiz entwickelt, dich zu übertreffen. Spannende Wettkämpfe warten auf dich.

14. März

UNSERE HÄUFIGSTEN SCHMETTERLINGE

Schmetterlinge sind die zerbrechlichen Schönheiten im Reich der Insekten, ohne sie wären unsere Sommertage weniger heiter und bunt. Den Schmetterlingen, die über diese Seite flattern, wirst du in den kommenden Sommermonaten häufig begegnen. Kennst du ihren Namen? Trage heute, am Erfahre-mehr-über-Schmetterlinge-Tag, die korrekten Ziffern ein.

Kohlweißling __   __ Zitronenfalter
Monarchfalter __   __ Bläuling
Schachbrett __   __ Schwalbenschwanz
Blauer Admiral __   __ Roter Admiral
Tagpfauenauge __   __ Distelfalter

3

2

7

10

4

5

Ein schmetterlings-freundlicher Garten

Ein perfekt gemähter Rasen ist kein Ort, den Schmetterlinge lieben. Wer viele Schmetterlinge in seinem Garten möchte, kann einiges dafür tun:

- Rasen oder Wiese seltener mähen, Inseln mit Wiesenblumen stehen lassen
- Wildblumen aussäen, wenn der Boden es zulässt (magere Erde ist besser, nicht düngen!)
- Auf Gift zur Bekämpfung von Insekten verzichten
- Für abwechslungsreiche Randbereiche mit vielen Pflanzen sorgen!
- »Unkraut« wachsen lassen, Schmetterlingsraupen lieben sehr viele Wildkräuter, aber auch Brombeeren, Disteln und vor allem Brennnesseln!
- Alle Pflanzen blühen lassen!

Schmetterlings-garten Schloss Sayn

Wer einmal mitten unter bunten und riesengroßen exotischen Schmetterlingen sein und nicht gleich eine Weltreise unternehmen möchte, sollte den »Garten der Schmetterlinge« im Schlosspark von Schloss Sayn in Bendorf zwischen Koblenz und Neuwied besuchen. Hier kann man von März bis Ende November in zwei Glaspavillons frei zwischen den Besuchern umherfliegende Falter aus Südamerika, Afrika und Asien bestaunen, die sich auch schon einmal auf deine Hand setzen …

Schloss Sayn, Schloßstraße 100, 56170 Bendorf

9

Lösung:
Kohlweißling: 1,
Monarchfalter: 10,
Schachbrett: 9, Blauer
Admiral: 7, Tagpfau-
enauge: 3, Zitronen-
falter: 2, Bläuling: 4,
Schwalbenschwanz:
6, Roter Admiral: 8,
Distelfalter: 5.

1

6

15. März

MORGENGYMNASTIK
IM PARK

Mach es wie die Japaner: Alte und junge Menschen treffen sich dort morgens im Park, um etwas Gymnastik zu machen. Du musst aber nicht Tai-Chi lernen. Beginne doch einfach mit Dehnungsübungen, mach ein paar Kniebeugen und Liegestütze – nur eine Viertelstunde, und schon startest du voller Energie in den Tag.

Keine Angst vor Publikum
Wenn du früh genug aufstehst, leisten dir nur ein Eichhörnchen, die Enten am Teich oder ein Kaninchen Gesellschaft. Vergiss aber nicht: Die Menschen um dich herum geben dir keine Noten wie beim Eiskunstlauf. Sie haben dasselbe vor wie du: fit in den Tag starten. Vielleicht findest du auch einen Partner für die spielerische Version der Gymnastik, für Frisbee oder ein Ballspiel.

16. März

KAUF EINEN
STRAUSS TULPEN

Wusstest du, dass die Niederländer ihre Tulpen einmal so liebten, dass ein ganzer Abschnitt ihrer Geschichte Tulpenmanie heißt? Die farbenfrohen Blumen, die Mitte des 16. Jahrhunderts aus dem Orient nach Mitteleuropa kamen, wurden von den reichen und gelehrten Schichten gekauft, um ihre Gärten mit den exotischen Blüten zu schmücken. Zum Höhepunkt des Tulpenwahns, in 1637, zahlte jemand für drei Zwiebeln 30.000 Gulden – ein teures Haus in Amsterdam kostete nur ein Drittel davon.

Der reine Luxus
Dein Haus verkaufen musst du nicht: Glücklicherweise können sich heute auch Leute mit kleinerem Geldbeutel an den schönen Frühlingsblumen erfreuen. Selbst die teuersten Tulpenzwiebeln sind für ein paar Euro zu haben. Vielleicht gibt es noch Platz in einem Beet in deinem Garten. Oder in deinem Blumengeschäft findet sich ein Strauß Tulpen genau in deiner Lieblingsfarbe.

17. März

ST. PATRICK'S DAY: EIN TAG IN GRÜN

Heute feiern nicht nur die Iren den Gedenktag ihres Schutzpatrons, des heiligen Patricks.
In Dublin und vielen irischen Städten, aber auch in
München, New York und vielen anderen englischsprachigen
Orten auf der Welt gibt es Paraden oder zumindest einen Irish Pub,
der zum Feiern und Trinken von grünem Bier einlädt. Alles wird am
St. Patrick's Day von den Iren grün gefärbt: das Wasser der Flüsse,
die Springbrunnen und, ja, sogar das Bier … Vielleicht findest du ja
einen Irish Pub in deiner Nähe. Wenn nicht:

Bleib einfach zu Hause und genieß einen grünen Tag!

Kleide dich ganz in Grün, lege einen grünen Lidschatten auf, früh-
stücke einen grünen Smoothie, esse mittags einen grünen Salat, kaufe
für das Abendessen lauter grüne Lebensmittel ein – Avocados, Gurke,
Zucchini, Spinat oder Grünkohl –, trink nachmittags eine Tasse grünen Tee, genieße danach das Grün bei einem Spaziergang im Wald
und auf der Wiese und gönne dir abends ein Glas alkoholfreie Waldmeisterbowle, denn du kannst an deinem grünen Tag natürlich nicht
blau ins Bett gehen. Vergiss die grüne Bettwäsche nicht!

Ein Rezept für eine grüne Waldmeisterbowle

150 ml Waldmeistersirup mit dem Saft von zwei Zitronen, je 500 ml
Apfelsaft und Mineralwasser mischen und in grüne Gläser geben.
Ohne Zitronen kommst du aus, wenn du statt des Mineralwassers
Zitronenlimonade verwendest. Gut gekühlt oder mit einem Eiswürfel
servieren. Das ergibt etwa sechs Gläser Waldmeisterbowle.

18. März

FAHR MAL WIEDER BUS

Am 18. März 1895 wurde die erste Buslinie der Welt mit einem benzinbetriebenen Omnibus eröffnet. Die Netphener Omnibusgesellschaft im Kreis Siegen-Wittgenstein transportierte in einem von Carl Benz gebauten Bus Passagiere zwischen Deuz (heute ein Stadtteil von Netphen) und Siegen. Zehn Personen konnten mitfahren – allerdings saßen zwei von ihnen draußen auf dem Führerstand neben dem Fahrer – bei maximal elf Stundenkilometer.

Unterwegs ohne Stress

Heute bist du im Bus schneller und bequemer unterwegs. Vielleicht schaust du dir mal den Fahrplan der öffentlichen Verkehrsmittel an und planst einen Ausflug in den Vorfrühling – lass dich bequem durch die Gegend chauffieren, schaue zu, wie draußen Stadt und Land vorübergleiten, und genieße den Tag! Du fährst bereits regelmäßig Bus? Dann bleibe doch mal sitzen und schau dir die Endhaltestelle der Linie genauer an.

19. März

VERSCHICK EINE POSTKARTE

Eine Postkarte, das ist dasselbe wie eine E-Mail, nur analog auf Papier. Wenn du unter 20 Jahre alt bist, hast du vermutlich noch nie eine geschrieben, wenn du zur etwas älteren Generation zählst, spürst du bei dieser Aufforderung vielleicht nostalgische Gefühle und denkst an den Postboten, der immer schon genau wusste, wer dir auf einer Postkarte welche Grüße übermittelt hat.

Was könntest du auf eine Postkarte schreiben?

Zuerst die Adresse des Empfängers – nein, nicht die seiner E-Mail, sondern wie früher: Straße, Hausnummer, Postleitzahl und Stadt. Jetzt hast du es drauf. Grüße jemanden, mit dem du lange nicht gesprochen hast. Oder mache einen Ausflug, kaufe Ansichtskarten und verschicke sie an deine besten Freundinnen und Freunde. Die werden es kaum glauben, was sie da in ihrem Briefkasten finden. Ich höre sie schon rufen: Postkarte, o mein Gott, coool …

20. März

VERSUCHE GLÜCKLICH ZU SEIN

Jedes Jahr wieder am 20. März verkünden die Vereinten Nationen, wo auf dem Planeten Erde die glücklichsten Menschen leben – den Weltglückstag gibt es seit dem 28. Juni 2012. Mal ist das Glück im Himalaya-Staat Bhutan zu Hause, dann wieder macht Norwegen das Rennen. Deutschland liegt in der Regel im vorderen Mittelfeld der Glücklichen-Charts.

Hat dein Glück eine Heimat?

Bin ich glücklich? Unabhängig von allen offiziellen Feiertagen und Wettbewerben im Glücklichsein: Wie zufrieden bist du mit deinem Leben? Vielleicht magst du deine ganz persönliche Liste des Glücks zusammenstellen. Denke dabei an die Menschen, mit denen du lebst, an deinen Beruf und deine materielle Situation. Wie viel trägt der Ort, an dem du lebst, zu deiner Zufriedenheit bei? Hat dein Glück eine Heimat? Vergiss die Gesundheit nicht! Welche Seite gewinnt bei dir?

Was macht dich glücklich?	Was fehlt dir zum Glück?
-------------------------	-------------------------
-------------------------	-------------------------
-------------------------	-------------------------
-------------------------	-------------------------
-------------------------	-------------------------
-------------------------	-------------------------
-------------------------	-------------------------
-------------------------	-------------------------

FRÜHLINGSANFANG: ERFORSCHE DEN WALD

Es gibt ihn seit Menschengedenken und noch viel länger. Seit Millionen Jahren bedecken Wälder die Erde. Der Wald ist Teil unserer Märchen und Sagen, in ihm hausen Unholde, Räuber und Raubtiere, er kann zugleich schützendes Versteck und ein bedrohlicher Ort sein, und er fasziniert uns auf rätselhafte Weise. Nüchtern betrachtet, bietet der Wald Lebensraum für viele Pflanzen und Tiere. Er ist ein wichtiger Faktor im Klimaschutz, erzeugt Sauerstoff und reinigt unsere Luft, dient mit seinen saugfähigen Böden als Wasserspeicher, liefert Holz für Hausbau, Möbel und Papier und schützt vor Lawinen, Sturmschäden und Steinschlag. Ist das nichts? Schon, aber vor allem ist er Raum für Erlebnisse und Abenteuer. Und er tut unserer Seele gut.

Der Wald, das Haus für viele

Unser Wald ist aufgebaut wie ein Haus. Er hat viele Stockwerke, die du besuchen oder zumindest aus der Entfernung anschauen kannst.

Die Wurzelschicht des Waldes ist sozusagen das Fundament und der Keller. Von hier beziehen alle Pflanzen ihr Wasser und ihre Nährstoffe. Im Humus des Bodens leben unendlich viele Kleinlebewesen und auch die vergleichsweise großen Käferlarven, Tausendfüßler und Regenwürmer. In der kalten Jahreszeit beziehen viele Insekten und Amphibien wie Kröten und Frösche im Wurzelbereich ihr Winterquartier und überleben, vor strengem Frost geschützt.

- Ein wunderbarer Duft: Waldhumus. Buddle ein kleines Loch und genieße seinen Geruch!

Die **Moosschicht** ist sozusagen das Parterregeschoss. Hier leben die Staaten bildenden Insekten wie Ameisen und Termiten, aber auch Spinnen, Käfer und Kröten. In dieser Schicht wachsen auch Pilze und Moose, die ihr ihren Namen gaben.

- Streiche mit der Hand über ein besonders weiches Moospolster! Was fühlt sich besser an?

Im 1. Stock, der **Krautschicht**, herrschen die Pflanzen vor. Es ist der Lebensraum von Blütenpflanzen, Gräsern, Farnen und Kräutern. In dieser Schicht leben auch zahlreiche Bienen und Hummeln, aber auch Käfer und Glühwürmchen.

- Jetzt im Frühjahr findest du hier zahllose Buschwindröschen. Schicke jemandem, der jetzt nicht mit dir im Wald sein kann, ein Bild davon.

Die **Strauchschicht** ist der etwas höher gelegene 2. Stock des Waldes. Strauchpflanzen wie Himbeere, Holunder, Weißdorn und Haselnuss bieten zahlreichen Vögeln Platz für ihre Nester und manchen von ihnen auch Nahrung. Rehe und Wildschweine finden hier ihre Verstecke, und

deshalb sollten Wanderer sie darin auch nicht stören – ein Grund, auf den Wegen zu bleiben.

- Betrachte die wunderbare Farbe der neuen Blätter an Sträuchern und Bäumen. Sehen sie nicht aus wie kleine hellgrüne Wölkchen?

Die **Kronenschicht** ist das Dach des Waldhauses. Dieses Obergeschoss und seine Äste und Zweige bewohnen viele Singvögel, Uhu, Eichelhäher, Schwarz- und Buntspecht, aber auch Eichhörnchen und Baummarder.

- Lausche den Geräuschen des Waldes, dem Rauschen seiner Blätter im Wind, und achte vor allem auf die Stimmen aus dem Obergeschoss!

22. März

IDEEN ZUM
WELTWASSERTAG

Trinkwasser – du drehst den Hahn auf, und schon fließt es in Strömen. Für uns ist das selbstverständlich, aber wusstest du, dass ungefähr 660 Millionen Menschen auf der Welt keinen Zugang zu sicherem, sauberem Trinkwasser haben? Gut, wenn du spülst, wäschst du das Geschirr nicht unter laufendem Wasser ab, und beim Zähneputzen brauchst du kein fließendes Wasser als akustische Kulisse. Aber jeder Bundesbürger verbraucht durchschnittlich rund 120 Liter Wasser – am Tag!

Abenteuer Sparsamkeit
Um zu überleben, braucht ein Mensch ungefähr 2,5 bis 3 Liter Wasser am Tag. Ob du diesen einen Tag mit dieser Menge auskommen kannst? Zähneputzen? Mehr als einen Schluck Wasser brauchst du nicht. Die Hände reinigen? Das Gesicht waschen? Ein feuchtes Tuch muss genügen. Duschen, baden, den Rasen gießen? Das kannst du knicken! Halte durch – bis 24 Uhr!

23. März

WETTERTAG, GEH RAUS
UND ZÄHL DIE WOLKEN

Am 23. März 1950 begann die friedliche Zusammenarbeit von Meteorologen zahlreicher Nationen. Der Weltwettertag wurde ausgerufen, um dies zu feiern. Wetterdaten reisen heute im freien Austausch über alle Grenzen hinweg und sorgen für fast perfekte Wettervorhersagen.

Zeichen am Himmel
Dieses lustige Spiel hat eigentlich nichts mit Meteorologie zu tun, aber Kinder und Frischverliebte lieben es. Sucht euch einen gemütlichen Platz auf einer Wiese oder auf einer Bank im Park und schaut zum Himmel. Wer entdeckt als Erster einen Elefanten oder eine Schildkröte? Und ist das da drüben nicht ein Herz? Jetzt schiebt auch noch ein Segelschiff heran …

Schreib hier auf,
was du siehst:

_____

_____

_____

KÜCHENKRÄUTER ANPFLANZEN

Ob auf dem Balkon oder der Fensterbank – einige häufig verwendete Gewürze und Kochzutaten lassen sich ganz einfach in Töpfen selbst heranziehen. Und frisch schmecken sie mindestens doppelt so gut! Achte darauf, dass deine Kräuter an einem Ort stehen, an dem sie viel Licht abbekommen, und pflanze sie in einen großen Topf mit einem Loch im Boden, damit sie nicht zu nass stehen.

Folgende Kräuter eignen sich für Balkon oder Fensterbank

Basilikum: Perfekt für Tomaten mit Mozzarella. Es gibt verschiedene Sorten, die alle ein bisschen anders schmecken, zum Beispiel etwas nach Anis oder Zitrone.

Petersilie: Ein Klassiker – pflücke immer nur die äußeren Blättchen ab, so kann die Pflanze neu sprießen.

Rosmarin: Hierbei ist es wichtig, dass die Pflanze nie in komplett trockener Erde steht, aber auch nicht zu viel gegossen wird. Ansonsten ist sie pflegeleicht und duftet herrlich.

Salbei: Salbei wird viel zu selten in der Küche verwendet, dabei kann dieses Kraut eine ganz besondere Note zu vielen verschiedenen Gerichten beitragen. Es gibt eine besonders kleine Art, die sich wunderbar in der Küche heranziehen lässt.

Pfefferminze: Wunderbar, um einen strahlend grünen, frischen Tee zu zaubern. Minze am besten in einem eigenen Topf heranziehen, sie wächst wie verrückt und überwuchert sonst andere Pflanzen.

Majoran: Wächst hervorragend in Töpfen auf der Fensterbank – auch hier gibt es unterschiedliche Sorten. Eine schmeckt eher süßlich, eine andere süß und zugleich ein wenig scharf.

25. März

OSTEREIER BEMALEN

Ein Muss zu Ostern: Ostereier färben. Sie gehören einfach zur Oster-dekoration und eignen sich als lustige Mitbringsel. Färbe dieses Jahr doch mal Eier mit selbst gemachten Farben aus natürlichen Stoffen.

Farben, die du mit natürlichen Zutaten erreichen kannst

Pink	Rote Beete / Koschenille (Apotheke!)
Braun	Zwiebelschalen / Kaffee / Tee
Rot	rote Zwiebeln
Rotviolett	Rotkohl
Blau	Blaubeeren / Holunderbeeren
Orange	Gemüsezwiebeln
Gelb	Safran / Kamillenblüten / Kurkuma (ein Esslöffel in eine Tasse Wasser)
Grün	Spinat / Artischocken / Brennnesseln / Matetee

Und so wird gefärbt

Um deine natürlichen Färbemittel aus Pflanzenteilen oder Beeren herzustellen, solltest du jeweils deine klein gehackte »Farbquelle« in einem Topf mit Wasser für ungefähr 45 Minuten kochen. Gib genauso viel färbendes Material wie Wasser in den Topf. Die gewonnenen Farbflüssigkeiten abkühlen lassen und durch ein Sieb in Tassen gießen. Pro Tasse Farbe einen Esslöffel Essig zugeben. Nun kannst du gekochte Eier in die Farbe legen. Schaue ab und zu nach, ob der Grad der Färbung ausreicht. Auf jeden Fall lässt du die Eier für ein paar Stunden oder über Nacht in der Farbe. Für strahlende Farben verwendest du weiße Eier, braune Eier erzielen natürlich-warme Farbtöne. Übrigens: Mit Zitronensaft kann man auf dem gefärbten Ei schreiben – die Zitronensäure ätzt die Farbe weg, das Weiß des Eies kommt darunter wieder zum Vorschein.

26. März

EIN HOCHBEET ANLEGEN

Es ist Frühjahr und du willst gärtnern, hast aber keinen Garten? Kein Problem, bau doch einfach ein Hochbeet auf dem Balkon oder der Terrasse auf. Hochbeete sind pflegeleicht: Ungezieferbefall ist selten, Unkraut kannst du leicht entfernen, ohne dich bücken zu müssen. Natürlich kannst du selbst einen Pflanzkasten bauen. Einfacher ist es, sich einen im Garten- oder Baumarkt zu kaufen. Wenn du nur Blumen pflanzen willst, genügt Gartenerde.

Ein Hochbeet als Gemüsegarten muss mit mehreren Schichten befüllt werden:

- Wenn du dein Hochbeet auf den Boden stellst, sollte unten eine Schicht feiner Maschendraht liegen. Der Draht hindert Kleingetier daran, später deine Möhrchen oder andere Pflanzen anzuknabbern. Auf dem Balkon kann ein solcher Schutz entfallen.
- Ganz nach unten und direkt auf den Maschendraht kommt eine Schicht aus dünnen Ästen, darüber umgedrehte Grassoden oder Grasschnitt.
- Darauf kommt eine etwa 10 bis 15 cm dicke Schicht aus Grünschnitt, Laub oder anderen Pflanzenresten.
- Die nächste, ebenfalls etwa 10 bis 15 cm dicke Lage besteht aus Komposterde aus eigener Herstellung (Garten) oder aus Humuserde aus dem Gartenhandel.
- In den ersten zwei Jahren wachsen auf einem Hochbeet am besten Tomaten, Gurken und Zucchini.

Was soll in deinem Hochbeet wachsen?

_____

_____

_____

_____

_____

_____

27. März

GEH INS THEATER

Wann warst du zuletzt im Theater? Hast du vielleicht auf dem Sofa vor dem Fernseher einfach nur vergessen, wie toll Theater ist? Gemeinsam erleben Schauspieler und Zuschauer Fantasiereisen und Träume, du empfindest ungeahnte Gefühle, wirst positiv angesprochen und kritisch angemacht wie sonst nirgendwo in einem Medium. Theater ist ein großartiges gemeinsames Erlebnis.

Gänsehaut pur!
Die Schauspieler beeindrucken mit ihrer körperlichen Präsenz, ihrer erotischen Ausstrahlung – alles, was geschieht, geschieht direkt neben dir, quasi hautnah. Nirgendwo bist du als Zuschauer so wichtig, weil die Darsteller auf dich unmittelbar reagieren. Du selbst trägst als Teil eines Theaterstücks mit zu seiner Atmosphäre, seinem Erfolg bei. Egal, ob Volkstheater oder hohes Kulturgut: Nirgendwo sonst gibt es ein so großes Angebot wie bei uns in Deutschland.

28. März

ISS EIN EIS AM STIEL

Klar, heute kannst du gewaltige Eisbecher mit Eis in exotischen Geschmacksrichtungen, ausgesuchten Saucen und unglaublichen Toppings essen – so gut, wie dir das kleine Eis am Stiel als Kind geschmeckt hat, können sie gar nicht sein. Probiere doch einfach mal, ob das Geschmackserlebnis so geblieben ist, wie es früher war. Wie hieß noch dieses geniale bunte Ding, das es seit den Siebzigern zu kaufen gibt? Ach ja, Flutschfinger …

Eis am Stiel in Eigenproduktion
Stiele aus Holz oder Plastik und Gefrierformen gibt es für ein paar Cent im Supermarkt – Ideen für selbst gemachtes Eis am Stiel umsonst im Netz der Netze. Oder hier: Stiel durch die Alufolie in einen kleinen Joghurtbecher stecken, ab damit in den Tiefkühlschrank! Oder: Fruchtsaft oder Smoothie in Plastikform einfrieren. Oder: eine halbe Banane mit einem Stiel versehen, Schokostreusel drüber und einfrieren. Lecker!

29. März

AUF VIER RÄDERN INS KINO

Hier ist das Kino wichtiger als der Film. Du sitzt in den eigenen vier Wänden, die Lautsprecher hängen an den Seitenfenstern, auf dem Boden steht im Winter die kleine Heizung, in der Mitte zwischen all den Autos die Imbissbude, und dann gibt es noch den Verkäufer, der von Auto zu Auto geht und dir etwas aufzuschwatzen versucht. Du mit dem Bier aus dem Handschuhfach in der Hand, deinen Freund oder deine Freundin im Arm, ungestört ein bisschen knutschen – Erlebnis pur. Ach ja, auf der Leinwand ein Spielfilm – Action, Horror, Romantik – egal …

Autokinos – gibt es die eigentlich heute noch?

1960 hat in Neu-Isenburg das Autokino Gravenbruch seine Pforten geöffnet – das erste Autokino Deutschlands. Und es existiert immer noch! Ein Autokino, vielleicht auch in deiner Nähe, findest du im Netz bei www.autokino-deutschland.de oder www.autokino24.de.

30. März

MACH EINE FOTOTOUR DURCH DEIN VIERTEL

Erinnerst du dich noch an die Straße, in der du als Kind gewohnt hast? Vielleicht solltest du einmal vorbeischauen, ob noch alles so ist, wie es früher war. Nimm die Kamera mit – vielleicht wirst du dich später freuen, dass du die Reise in deine Vergangenheit dokumentiert hast. Außerdem sieht man durch das Auge einer Kamera anders, manchmal besser, oft auch realistischer.

Die richtigen Motive

Deine Straße, dein Haus von vorn und von der Gartenseite, die Haustür und der Balkon – jedes dieser Motive ist ein Foto wert. Gibt es den Kiosk noch, bei dem du deine Süßigkeiten gekauft hast? Den Nachbarn mit dem lustigen Dackel? Die Wiese hinter dem Nachbarhaus, auf der ihr immer gespielt habt? Mit deinen Fotos werden deine Erfahrungen gestern und heute auch für deine Familie und deine Freunde greifbar. So können sie sehen, worüber du so begeistert sprichst.

31. März

EIN OSTERFEUER BESUCHEN

Ostern ist eines der hohen christlichen Feste – wirklich? Wenn man möchte, können diese Festtage auch recht heidnisch gesehen werden. Ostara, die germanische Frühlingsgöttin, der Hase als Fruchtbarkeitssymbol und dann dieses riesige Feuer mitten in der Nacht. Nein, Irrtum, das Osterfeuer ist vermutlich ein christlicher Brauch, erstmals im Jahre 1559 dokumentiert, aber das macht eine Nacht mit hell in den dunklen Himmel aufsteigenden, lodernden Flammen nicht weniger magisch.

Informiere dich frühzeitig über die besten Plätze

Willst du dabei sein? Dann schau dich einige Tage vorher um, wo dieser Brauch in besonderer Weise gepflegt wird. Besonders beeindruckend lodert das Feuer, wenn das Holz auf einem Bergkamm oder Berggipfel aufgetürmt wurde. Und weil bei einem Osterfeuer fast immer gut gegessen und getrunken wird, steht einer großartigen Party unter freiem Himmel nichts im Wege. Vielleicht organisierst du mit Freunden, Nachbarn und Bekannten dein eigenes Osterfeuer?

Gleich dreimal Osterfeuer anzünden?

Wer mag, kann übrigens gleich dreimal Osterfeuer feiern: Vielerorts werden sie am Abend des Karsamstages entzündet, besonders in Westfalen auch erst am Abend des Ostersonntags. In manchen Städten, etwa in Marl im Ruhrgebiet, geht der riesige Holzstoß sogar auch noch am Ostermontagabend in Flammen auf. Wenn es schon brennt, kommt ein bisschen Brauchtum immer gut an: In einigen Gegenden wird im Osterfeuer eine Puppe oder ein Baumstamm verbrannt, der den Verräter Judas Iskariot darstellen soll. Andernorts wird einfach nur der Winter ausgetrieben – es wird ja auch Zeit …

FRÜHLING

April

1. April

SCHICKE JEMANDEN IN DEN APRIL

Die Geschichte der Aprilscherze enthält eine Menge Meisterleistungen: Am 1. April 1957 informierte die BBC ihre Hörer über einen Durchbruch in der Landwirtschaft: Schweizer Bauern sei es endlich gelungen, den gefährlichen Spaghetti-Käfer auszurotten, sodass dieses Jahr mit reicher Ernte von den Schweizer Spaghetti-Bäumen zu rechnen sei. Übertroffen wurde diese 1998 eigentlich nur von der Nachricht der Fastfood-Kette Burger King, sie werde künftig einen Whopper für die 32 Millionen Linkshänder in den USA anbieten. Alle Zutaten würden um 180 Grad gedreht. Zahllose Amerikaner stürmten die Filialen der Kette.

Aprilscherz-Klassiker
- Salz auf die Zahnbürste streuen
- Zucker in den Salzstreuer
- Alle Uhren im Haus verstellen
- Eiswürfel in die Schuhe
- Papier unter die Computermaus kleben
- Pralinen mit Senf füllen

2. April

LIES EIN ALTES KINDERBUCH

Geh auf Entdeckungsreise: Auf dem Dachboden deiner Eltern, in den eingestaubten Kisten unter deinem Bett oder in einer Buchhandlung – an einem dieser Orte findest du bestimmt eines der Bücher deiner Kindheit. Die Geschichten darin werden Erinnerungen wecken, die du längst vergessen hattest. Du weißt nicht mehr, wie diese Bücher hießen? »Wo die wilden Kerle wohnen«? »Die Raupe Nimmersatt«? »Der kleine Nick«? Wenn du dich nicht erinnerst, hilft dir sicher deine Mutter oder ein Geschwisterkind auf die Sprünge. Frohe Nostalgie am Internationalen Kinderbuchtag – der ist nämlich heute.

Bilderbücher im Museum
Wenn du im Rheinland wohnst oder gerne eine kleine Reise machst, gibt es eine weitere Möglichkeit, dich mit alten Kinderbüchern zu beschäftigen: Ein Besuch im Bilderbuchmuseum auf der Burg Wissem in Troisdorf lohnt sich immer.

3. April

FINDE EINEN REGENBOGEN

Ein Regenbogen braucht Regen und Sonne, damit er entstehen kann.
Regenbogensucher lieben deswegen den Monat April, denn zu keiner
anderen Jahreszeit treffen sich Sonne und Regen so häufig am Himmel
wie in diesen vier Wochen – die idealen Voraussetzungen für die
schönsten und buntesten Lichtbänder am Horizont.

Was soll das bedeuten?

Wenn du einen Regenbogen siehst, kannst du ihn ganz unterschied-
lich deuten: Du kannst nach dem Topf voller Gold am Ende des
Regenbogens suchen, den die irische Mythologie dort vermutet. Du
kannst dir die Regenbogenschlange vorstellen, die nach dem Glauben
der australischen Ureinwohner, den Aborigines, die Welt und alle
Lebewesen erschaffen hat. Oder du siehst das farbige Band als die
Brücke zwischen Himmel und Erde, welche die Welt der Götter und
der Menschen verbindet, so wie es die Griechen und Germanen taten.

Die Natur beobachten

Oder du nimmst dir die Zeit, über die Schönheit der Natur unseres
Planeten nachzudenken und dich als einen Teil davon zu fühlen, so-
lange der Regenbogen am Himmel steht.

4. April

IM KABARETT LACHEN

Heute könnte der perfekte Tag sein, um mal wieder ins Kabarett zu gehen. Du wirst begeistert sein, denn du kriegst beim Besuch einer Kleinkunstbühne weitaus mehr mit als auf dem Bildschirm. Schon der Veranstaltungsort ist ein Ereignis, und das Publikum schaut sich nicht nur die Kabarettisten an, sondern auch sich gegenseitig. Nicht nur auf der Bühne sind Typen dabei, da kann man nur staunen …

Kabarett ist Kult

Du könntest besuchen: Alma Hoppes Lustspielhaus, Hamburg, Bar jeder Vernunft, Berlin, Haus der Springmaus, Bonn, Herkuleskeule, Dresden, Kabarett Denkzettel, Magdeburg, Kabarett im Hofgarten, Aschaffenburg, Kabarett Leipziger Brettl, Kom(m)ödchen, Düsseldorf, Leipziger Pfeffermühle, Magdeburger Zwickmühle, Münchner Lach- und Schießgesellschaft, Renitenztheater, Stuttgart, Senftöpfchen, Köln, unterhaus – Mainzer Forum-Theater und viele mehr …

5. April

EINE KISSENSCHLACHT MACHEN

Der Frühling steckt voller Energie, und wahrscheinlich hast auch du mehr davon, als du im Alltag verbrauchen kannst. Möchtest du jetzt nicht auch manchmal herumtoben, aus lauter Lebenslust herumhopsen, und: Juckt es dir nicht auch manchmal in den Fingern, wenn du auf dem Sofa oder Bett auf einen Mitmenschen triffst, den du so gerne hast, dass du dir gut vorstellen könntest, ihm ein Kissen …?

Lass die Federn fliegen!

Such dir das beste Kissen aus: kompakt, nicht zu hart und nicht zu weich, flugstabil wie kein anderes. Warte nicht bis zum nächsten Mädelsabend oder bis zur Pyjama-Party! Tu es jetzt! Immer feste drauf! Nicht vergessen: immer sofort wegducken, Kissen auffangen und zurückwerfen, laut schimpfen, wenn du getroffen wirst! Mit den Kissen sausen dir sicherlich etliche Kindheitserinnerungen um die Ohren.

SUCHE DAS GROSSE IM KLEINEN

Unser Alltag zwingt uns bestimmte Gedankengänge auf, und wenn man die Zeit findet, einen Schritt zurückzutreten und über die Geschäfte des Tages nachzudenken, steht man leicht vor der Frage: Was mache ich hier eigentlich? Welche Bedeutung hat das alles? Verschwende ich nicht meine Zeit?

In einem solchen Augenblick tut es gut, sich als Teil einer größeren Ordnung zu sehen, Zusammenhänge zu begreifen, in denen der Terminkalender und die Nebenkostenabrechnungen keine Rolle spielen. Nur: Wo findest du diesen größeren Kosmos? Es ist paradox, aber das Große liegt im Kleinen.

Pflanzen

Betrachte eine Pflanze, und öffne deine Sinne für ihre Vollkommenheit – für ihren eleganten Wuchs, ihren Duft, die Entschlossenheit, mit der sie zum Licht strebt …

Steine

Wiege einen Kieselstein in deiner Hand, spüre sein Gewicht, seine Kühle, und folge seinem Weg von einem riesigen Gebirge bis zu deiner Hand hier am Bach …

Käfer

Lass einen Käfer über deine Hand laufen, und betrachte das winzige Wunderwerk in seiner Perfektion. Denke daran: Du könntest es zwar mit einem Finger zerstören, aber nie wieder neu erschaffen …

Was haben dir die kleinen Dinge erzählt?

—————————————
—————————————
—————————————
—————————————
—————————————
—————————————

7. April

SCHWALBEN SCHÜTZEN

Schwalben haben es schwer. Jeder mag die eleganten Flieger, wenn sie an einem Sommerabend über unseren Köpfen kreisen. Schließlich fressen sie ja auch Insekten, die uns sonst in der Nacht als Blutsauger begegnen würden. Jeder mag Schwalben – nur nicht am eigenen Haus. Während Schwalbennester an und sogar in Bauernhäusern und Stallungen niemand störten, scheinen sie heute nicht mehr in unsere glatte, durchgestylte Welt zu passen. Immer mehr Hausbesitzer nehmen den Schwalben die Nistmöglichkeiten, indem sie Netze oder Bretter unter ihren Dächern anbringen, oder sie zerstören bereits gebaute Schwalbennester – es könnte ja etwas von oben herabfallen und ihre wunderbare weiße Wand beschmutzen. Aber sie handeln illegal: Denn das Bundesnaturschutzgesetz verbietet es, Schwalbennester zu entfernen.

Nestbauhilfe durch eine Lehmpfütze

Mach du es anders: Hilf den Schwalben bei ihrer Vermehrung! Wenn du ein Haus besitzt: Lass ihnen ihre Nistplätze und schütze, was darunter liegt, mit einer Folie oder Zeitungspapier vor den Hinterlassenschaften der Vögel. Wenn es auch noch einen Garten gibt: Eine Wasserpfütze über lehmiger Erde liefert den Schwalben das ideale Baumaterial für ihre Nester. Du wirst deinen Spaß daran haben, wenn die kleinen Schwalben in ein paar Wochen über den Rand des Nestes schauen und nach ihren Eltern rufen.

8. April

MIT POPCORN AUF EINE PARKBANK

Mach mal was Verrücktes: Popcorn! Ob du deinen Popcorn-Mais nun im Topf poppst oder in der Mikrowelle, ob du es süß oder salzig machst – heraus kommt eine Tüte voller Leckerbissen, die du jetzt ganz alleine aufessen könntest – oder mit jemandem teilen. Was hältst du von der Idee, mit deinem Popcorn in den Park zu gehen, dich auf eine Bank zu setzen und davon zu naschen – und gleichzeitig abzuwarten, wer noch Appetit auf Popcorn bekommt.

Wer weiß ...
Vielleicht sind es nur die Spatzen oder die Eichhörnchen – auch ganz unterhaltend. Möglicherweise kommt aber auch jemand vorbei, der dann schon zweierlei von dir weiß: Du bist ein kommunikativer Mensch, und – ganz und gar nicht unwichtig – du kannst supergutes Popcorn machen! Das erkennst du daran, dass die Tüte hinterher bis auf das letzte Körnchen leer ist ...

9. April

ISS MIT GESCHLOSSENEN AUGEN

Was hast du heute schon gegessen? Kriegst du die Liste deiner Lebensmittel noch zusammen? Vermutlich nicht vollständig, denn so manches Nahrungsmittel hast du dir einfach so zwischendurch in den Mund gesteckt, weil du von deiner Arbeit abgelenkt warst oder an etwas anderes gedacht hast. Wie ein Astronaut, der Tubennahrung zu sich nimmt, hast du genug Kalorien bekommen, aber etwas ging dir verloren:

Der Genuss am Essen
Handle auch beim Essen mit Achtsamkeit: Wenn du heute Mittag oder Abend etwas besonders Leckeres auf dem Teller hast, schließ beim Essen doch einfach mal die Augen. Wie in einem Dunkel-Restaurant wirst du dann den Duft und Geschmack deiner Speisen besonders intensiv wahrnehmen – und dich sicher auch noch Stunden später genau daran erinnern.

10. April

GEH IM REGEN SPAZIEREN

Mach einen Spaziergang, egal wie das Wetter ist. Der April ist der Monat des Wechsels – gerade noch blauer Himmel und Sonne und ein paar Minuten später schon Wolken und Regen, vielleicht sogar noch ein bisschen Schnee. Lass dich vom Aprilwetter nicht stören, denn es gibt kein schlechtes Wetter, nur die falsche Bekleidung! Und was ist eigentlich so schlimm daran, ein paar Tropfen abzubekommen?

Hilfe wartet im Kleiderschrank

Es ist zwar noch kein warmer Maireegen, aber ein wenig Wasser auf deiner Haut ist mit den richtigen Klamotten doch kein Problem. Vor allem jetzt, wo die Temperaturen wieder steigen. Zieh dir einfach deinen Kapuzenanorak oder deine Multifunktions-Regenjacke über – wozu hängen die eigentlich im Schrank? Immerhin sind die wieder voll in Mode, und: Besser ein bisschen Retro als klitschnass. Oder mach es klassisch: Geh mit Regenschirm!

11. April

VERANSTALTE EINEN FLOHMARKT

Irgendwo in deinem Haus oder deiner Wohnung liegen eine Menge Sachen herum, die dich schon immer gestört haben oder die du schon länger nicht mehr brauchst – wobei sie durchaus ihren Wert haben können. Packe alles in einen Karton und suche dir einen Flohmarkttermin heraus – jetzt zum Frühjahr gibt es überall welche. Oder werde selbst zum Flohmarktveranstalter.

Genial: Garagentrödel

Du musst nicht gleich den ganzen Marktplatz mieten – am Wochenende lockt ein Zettel an deiner Einfahrt »Garagenflohmarkt« sicherlich Interessenten an. Du kannst auch deine Nachbarn fragen, ob sie mitmachen wollen – zusammen bekommt ihr bestimmt einen ordentlichen Stand mit spannenden Angeboten zusammen. Und so manches Mal ist aus der Frage »Ich mach morgen Flohmarkt – machst du mit?« ein Dorfflohmarkt oder gleich ein Trödelstraßenfest für einen guten Zweck entstanden.

12. April

STICH DEINEN
EIGENEN SPARGEL

Selbst geerntet schmeckt besser.
Das gilt auch beim Spargel! Nur:
ein Spargelbeet hättest du schon
letztes Jahr anlegen müssen,
jetzt ist es zu spät. Aber das
macht nichts: Viele Spargelhöfe
bieten ihren Kunden an, ihren
Spargel selbst zu stechen – eine
ungewöhnliche Erfahrung. Probiere doch mal grünen Spargel,
und mach nachher mit bei der
endlosen Diskussion: weiß oder
grün, welcher schmeckt besser?

Spargelwissen
Spargel kocht man in leicht
gesalzenem Wasser – ein halber
Teelöffel pro Liter. Ein Teelöffel
Zucker im Kochwasser lässt den
Spargel weniger bitter schme-
cken. Grünen Spargel muss man
nicht schälen – nur bei dickeren
Stangen entfernt man die Schale
vom etwas helleren unteren
Drittel. Der 24. Juni, der Johan-
nistag, ist »Spargelsilvester«.
Nach diesem Datum ernten die
Spargelbauern nicht mehr. Du
hast also noch genug Zeit …

13. April

VERSCHENK EINEN
BLUMENSTRAUSS

Wem könntest du mit einem Blumenstrauß eine Freude machen?
Da wären: Familie, Freunde
oder hilfsbereite Menschen,
denen man etwas Besonderes zu
verdanken hat. Es macht noch
mehr Spaß, einen Blumenstrauß
zusammenzustellen, wenn man
etwas über den Adressaten weiß.
Welches sind die Lieblingsblu-
men, die Lieblingsfarbe? Soll es
lieber ein Strauß von der Wiese
oder aus dem Blumenladen sein?

Die Sprache der Blumen
Kennt er oder sie die Sprache
der Blumen, und kann er oder
sie deinen Strauß deshalb in besonderer Weise deuten? Dass die
Rose für Leidenschaft und Liebe
steht, ist bekannt. Aber wer
weiß schon, dass die Sonnenblu-
me Fröhlichkeit und menschliche
Wärme ausdrücken soll? Dass
ein Veilchen für Bescheidenheit
und Unschuld steht, aber auch
ein Symbol der Verschwiegenheit
ist? Oder dass eine Orchidee der
Beschenkten sagen soll: Du bist
traumhaft schön!

DEIN GARTEN BRAUCHT DICH JETZT

Die Sonnenstrahlen wärmen wieder, es liegt ein neuer Duft in der Luft, und die Natur erwacht aus dem Winterschlaf. Du weißt, jetzt wird dein Garten jeden Tag grüner und bunter, aber auch der Maulwurf ist schon fleißig dabei, neue Hügel in deinem Rasen zu bauen. Das Frühjahr steht vor der Tür – Zeit für wichtige Gartenarbeiten und einen Ausflug zum Gärtner oder ins Gartencenter, um für mehr pflanzliches Leben und sommerliche Blütenpracht in deinem grünen Paradies zu sorgen! Neue Ideen für deine Beete hast du sicher schon …

Zuerst musst du aufräumen

Noch verdecken die Spuren des Winters die neue frische Schönheit deiner Gartenbeete. Jetzt ist es Zeit, den Winterschutz und die abgestorbenen Pflanzenteile vom vorigen Jahr von den Beeten in deinem Garten zu entfernen. Bei Blumen mit Zwiebeln wie Tulpen und Narzissen solltest du jetzt die Blütenreste entfernen.

Pflanzen zurückschneiden

Hecken und Sträucher können jetzt zurückgeschnitten und in Form gebracht werden. Buchsbaum braucht einen kräftigen Schnitt im März oder April, aus den abgeschnittenen Pflanzenteilen kannst du neue Pflanzen

ziehen. Einfach in ein Gefäß mit Wasser stellen oder direkt nach dem Abschneiden in sehr feuchte Erde pflanzen. Rosen, Lavendel, mehrjährige Salbeipflanzen sollten jetzt kräftig in Form gebracht werden.

Achtung, Nachtfröste!

Im April kann es nachts noch ganz schön kalt werden. Junge Pflanzen, zum Beispiel von Gemüse, und später auch die Blüten von Obstbäumen sind in Gefahr. Folien und Vliese, Folientunnel und Frühbeetabdeckungen gibt es im Gartenhandel. Zur Not bringt ein Mäntelchen aus Zeitungspapier, mit Kreppband geklebt, empfindliche Triebe und Blüten über eine kalte Nacht.

Beete vorbereiten

Dort, wo deine Pflanzen wachsen sollen, musst du die Wildkräuter zuerst vollständig entfernen und die Erde mit einer Hacke auflockern. Zur Bodenverbesserung kannst du jetzt Komposterde unter die vorhandene Erde mischen, sei es vom eigenen Komposthaufen oder aus dem Gartenhandel.

Was du im April säen kannst

Die Samen der folgenden Pflanzen können Anfang bis Mitte April in die Erde gebracht werden:

- Viele Küchenkräuter, zum Beispiel Dill, Bohnenkraut, Liebstöckel (Maggikraut), Gartenkresse, Petersilie, Beifuß, Schnittlauch, Koriander und Kerbel, sind widerstandsfähig und wachsen auch schon im April gut.
- Sommerblumen: Die meisten einjährigen Sommerblumen können jetzt gesät werden. Schleierkraut, Wicken, Ringelblumen, Goldmohn und Kapuzinerkresse sind als junge Pflanzen widerstandsfähig und wachsen deshalb direkt im Freiland heran.
- Im Gemüsebeet kommen Mitte April Weißkohl, Wirsing, Mohrrüben, Schwarzwurzeln, Rettich, manche Sorten Porree, vorgezogene Zwiebeln und Schalotten und Frühkartoffeln in die Erde.
- Auch Erbsen werden Mitte April direkt ins Freiland gesät, allerdings am besten unter einer Folie – Vögel lieben das Saatgut.
- Verschiedene Salate, Mangold und Spinat können im April ebenfalls bereits gesät werden. Allerdings musst du diese Pflanzen im Notfall vor Frost schützen (Folie).

15. April

LERNE BOGENSCHIESSEN

Es gibt viele Wege, um seiner eigenen Mitte näherzukommen. Ein besonderer Pfad führt über eine Sportart: Bogenschießen. Mittlerweile spannen viele Menschen den Bogen, um zu entspannen. Konzentriert auf eine einfache und klare Sache – den Pfeil auf die Scheibe schießen –, findest du Ruhe und Gelassenheit. Dazu musst du nicht erst eine teure Ausrüstung anschaffen. Probiere es für ein Wochenende aus. Angebote gibt es mittlerweile an vielen Orten.

Gedanken lenken wie einen Pfeil

Wenn du konzentriert das Bogenschießen erlernst, nimmst du zugleich eine Qualifikation für das alltägliche Leben mit. Wie bei dieser Sportart brauchst du da auch das richtige Werkzeug – Ruhe und Umsicht in der Planung, geduldiges Warten, dosierte Kraft und schließlich eine entschlossene, aber zugleich unaufgeregte Aktion –, um einen Gedanken ins Ziel zu bringen.

16. April

SEI FÜR EINEN TAG JEMAND ANDERES

Wer bin ich eigentlich? Und wer will ich überhaupt sein? Interessante Fragen, vielleicht gehörst auch du zu den Menschen, die nicht immer sicher sind, in der richtigen Haut zu stecken. Vielleicht probierst du heute einmal aus, wie es ist, eine andere oder ein anderer zu sein – nur für diesen einen Tag.

Suche dir deine Rolle in aller Ruhe aus

Möchtest du eine berühmte Schauspielerin, ein Popstar, ein Topmodel oder eine Adlige sein? Oder lieber ein berühmter Wissenschaftler, eine Eingeborene im Regenwald, ein Einsiedler auf einer einsamen Insel? Wenn du dich für eine Rolle entschieden hast: Beginne den Tag so, wie deine ausgewählte Figur es tun würde, und schau, wie lange du die Rolle durchhalten kannst und wann sie von ganz allein in deine alltägliche Realität mündet und du wieder bei dir selbst ankommst … Eine spannende Erfahrung.

17. April

SUCHE EINE FLEDERMAUS

Heute wird in den USA der Ehrentag der Fledermaus begangen, übrigens ein Gedenktag, dessen Ursprung – wie passend! – im Dunkeln liegt. Wann hast du zuletzt eine Fledermaus gesehen? Möglicherweise erst kürzlich – irgendetwas flatterte durch den Abendhimmel, aber an eine Fledermaus hast du nicht gedacht, eher schon an einen kleinen Vogel. Schau doch mal, ob du heute eine entdecken kannst.

Die beste Zeit ist die Abenddämmerung
Fledermäuse lieben dichten Wald, alte Gebäude wie verfallene Industriebauten und Burgruinen, und in einer Höhle sind sie auch häufig anzutreffen. O nein, heute regnet es in Strömen? Macht nichts. Denn bei schlechtem Wetter könntest du auch einfach einen unterhaltsamen Batman-Film anschauen und dabei immer an die niedlichen Fledermäuse denken.

18. April

BESUCHE EIN DENKMAL

Hast du ein Lieblingsdenkmal? Dann könntest du heute, am Internationalen Denkmaltag, einen Ausflug dorthin unternehmen. Du könntest deinen ganz persönlichen Umgang mit Denkmälern aber auch auf andere Weise thematisieren; wenn dir gewaltige Bronzestatuen von Staatsmännern und Monarchen oder offizielle Gedenkstätten nichts sagen.

Ein Denkmal für …
Wem würdest du ein Denkmal setzen, und wie würde es aussehen? Wären es eher alltägliche Menschen: Krankenschwester, Lehrer, Wissenschaftler, Künstler? Wen würdest du auf einen Sockel stellen? Von Einstein bis Micky Maus ist alles möglich und erlaubt. Deine künstlerischen Fähigkeiten sind gefragt!

Schreibe oder zeichne deine Ideen auf:

_____

_____

_____

MIT DEM RAD AUF GROSSE FAHRT

Ist dein Fahrrad fit? Wenn nicht, wird es höchste Zeit. Genug Luft auf den Reifen? Es gibt kaum eine entspannendere Art, einen Ausflug zu unternehmen: Bewegung an frischer Luft, die Welt aus einer anderen als der Autobahn-Perspektive sehen, sich langsam, aber stetig durch schöne Landschaften bewegen und alles dabei – sogar ein tolles Picknick passt in die Packtaschen.

Wie auf Schienen

Besonders gut lässt sich dort radeln, wo früher Züge fuhren: Stichwort Bahntrassenradeln. Die Fahrwege der alten Werksbahnen im Ruhrgebiet oder auch regionale Zugverbindungen führen über Trassen mit geringer Steigung, und Kreuzungen mit dem Straßenverkehr sind selten. Vielerorts hat man aus den alten Schienenwegen geniale Radstraßen gemacht – auch durch Tunnel und über alte Eisenbahnbrücken, einige davon mit atemberaubenden Ausblicken …

Radeln am Fluss

Andere Radwege ohne große Steigungen führen an Flussufern entlang. Über diese Routen kannst du auch größere Entfernungen zurücklegen, wenn du kein Supersportler bist. Von Hannoversch-Münden führt ein Radweg an der Weser entlang bis zur Nordsee. Auch an Elbe, Mosel, Rhein und Main kannst du mit dem Fahrrad atemberaubende Flusslandschaften erkunden, ohne groß aus der Puste zu kommen. Wenn du die Zauberformel »die schönsten Radwege Deutschlands« in das Netz der Netze eingibst, macht es dir Vorschläge für deine nächste Radtour am Fluss.

JONGLIERE IM PARK ODER IM GARTEN

Jonglieren ist eine schöne Beschäftigung für Garten und Parkwiese. Einfach zum nächsten Ausflug ein paar Bälle mitnehmen und mit dem Üben beginnen.

Zuerst musst du dich an die Bälle gewöhnen

Damit du im Umgang mit den Bällen die nötige Geschicklichkeit entwickelst, beginnst du mit nur einem Ball. Wirf ihn von der einen Hand in die andere. Mach das auf unterschiedliche Weise: Wirf ihn hoch, gib dem Ball eine flache Flugbahn, schick ihn langsam oder mit Geschwindigkeit von der einen Hand zur anderen. Wenn du dich sicherer fühlst: Wirf den Ball mit der einen Hand hoch, klatsche dreimal in die Hände, und fange ihn mit der anderen. Das hat geklappt? Du bist auf dem Weg, ein guter Jongleur zu werden.

Jetzt geht es mit zwei Bällen weiter

Nimm je einen Ball in eine Hand und stell dir vor, dass deine Hände zu einem Quadrat gehören. Sie bilden die beiden unteren Ecken. Wirf den Ball mit deiner linken Hand in die rechte obere Ecke des Quadrats, kurz darauf mit der rechten Hand den anderen Ball in die linke obere Ecke. Beide Bälle sind also gleichzeitig in der Luft – fang sie auf! Der Ball, den du zuerst links abgeworfen hast, wird mit der rechten Hand gefangen, dann der zweite Ball mit der linken Hand. Das wird dir nicht sofort gelingen. Konzentriere dich auf den richtigen Abwurf und übe fleißig. Nicht lange, und es wird funktionieren.
So viel für die erste Session – wenn du ein gutes Gefühl für die Bälle bekommst, kannst du daran denken, mit drei Bällen weiterzumachen. Doch so weit kommt man nicht an einem einzigen Tag. Es braucht Geduld, ein guter Jongleur zu werden.

21. April

HEUTE HAT DIE QUEEN GEBURTSTAG

Also leben wir einen Tag lang very british! Wir könnten den Geburtstag der Insel-Monarchin Elizabeth II. (21. April 1926) mit einer typisch britischen Freizeitaktivität beginnen, wenn das Wetter gut ist: Setz dir einen großen Hut auf (am besten einen in Pink oder Lindgrün), und geh zum Pferderennen. Auch wenn du auf die Pferderennbahn in Köln-Weidenpesch oder zur Ostseerennbahn bei Bad Doberan gehst –, du fühlst dich wie beim Royal Ascot Festival oder bei den Queen Anne Stakes. Oh, my god, what a finish …!

Es regnet? Very british!

Keep a stiff upper lip, schnapp dir deinen Regenmantel, und mach dich auf den Weg zum nächsten Pub auf ein oder zwei Ale oder Stout oder Gin Tonic. Auf dem Nachhauseweg entschuldigst du dich dann mit ausgesuchter britischer Höflichkeit bei jeder Laterne, gegen die du läufst. Oh, excuse me, Sir, and best regards to Mrs. Lantern …

Zu viel Alkohol? Einen solchen Feiertag kannst du auch mit einem ausgesprochen britischen Speiseplan begehen.

Beginnen wir mit dem **Full English Breakfast**!
Auf dem Frühstückstisch stehen englische Würstchen, Rührei, Schinken, Hash browns (vergleichbar mit Röstis), halbe gegrillte Tomaten, Pilze, Black Pudding (eine Art Blutwurst) und weiße Bohnen in Tomatensauce. Der echte Brite genießt diese Delikatessen mit »Brown Sauce«, einer Sauce aus den Schoten des Tamarindenbaums – oder er nimmt einfach Ketchup.

Um die Mittagszeit nehmen wir einen **Ploughman's Lunch** zu uns. Der Ploughman, der Mann hinter dem Pflug, hat schon einen ziemlich hohen Kalorienbedarf, der etwa dem eines Holzfällers entsprechen dürfte. Um die Mittagszeit zog es ihn deshalb vom Feld nach Hause oder in den Pub, und dort wird dieses Gericht noch heute serviert. Ploughman's Lunch ist eine kalte Speise, zu der eine oder mehrere englische Käsesorten gehören, z. B. Chester (engl. Chesire), Blue Stilton aus Leicestershire oder der goldgelbe bis orangefarbene Cheddar, ein mit dem Farbstoff Annatto aus den Samen des Orleansstrauches gefärbter Hartkäse. So exotisch kann die englische Küche sein. Dazu nimmt der Ploughman Brot, Butter, Pickle – eingelegtes Gemüse –, etwas Salat und Tomate.

Den Nachmittag krönt der **5 O'Clock Tea**, die Teezeremonie von der Insel. Diese Mahlzeit besteht aus Cucumber-Sandwiches (Brote mit Gurkenscheiben), Scones mit Clotted Cream und Marmelade und/oder Kuchen, z. B. Victoria Sponge, ein Rührkuchen, wie ihn Königin Victoria aß. Manchmal genügen auch Tee und Shortbread, sehr gehaltvolle Kekse mit viel Butter.

22. April

LICHT AUS DER KONSERVE

Warm genug ist es jetzt ja schon an manchen Tagen, abends kann man noch ein wenig auf der Terrasse oder im Garten sitzen. Aber noch geht die Sonne früh unter – um 20:30 Uhr ist Schluss mit dem Tageslicht: prima, die Gelegenheit für romantisches Licht aus der Konserve, hergestellt nach einem eiskalten Verfahren. Du brauchst dafür leere Konservendosen, die gereinigt und von ihrem Etikett befreit werden müssen. Es können kleinere oder größere Dosen zum Einsatz kommen. Du füllst sie mit Wasser – nicht randvoll, oben bleiben 1 bis 1,5 cm frei – und stellst sie in den Gefrierschrank. Was das soll? Wasserreserven für den Hochsommer? Keineswegs.

Romantik mit Hammer und Nagel

Nach etwa 24 Stunden ist das Wasser komplett gefroren, in jeder Dose steckt passgenau ein Eisklotz. Nun greifst du zum Hammer und zu einem etwas größeren Nagel, legst die Dose auf einen stabilen Untergrund (Küchentisch, Werkbank) und durchlöcherst ihr Blech, sodass ein ansprechendes Muster nach deinen Vorstellungen entsteht. Das gelingt ohne größere Kraftanstrengung, und vor allem: Das Eis in der Dose verhindert, dass sie eingedellt wird. Das war's auch schon:

Eis raus, Teelicht rein, ab mit der Dose in den abendlichen Garten und den Anblick genießen! Wenn du magst, kannst du sie auch vorher noch mit Lackfarbe anmalen.

23. April

BESUCH DEINE LIEBLINGSBUCHHANDLUNG

Dieses Vergnügen gönnt man sich wirklich nicht oft genug. Fahre in eine Buchhandlung in deiner Nähe, die dir gut gefällt, und lass dir richtig Zeit, in den verschiedenen Regalen zu stöbern. Vielleicht findest du ja sogar eine ganz neue literarische Richtung, die dich interessiert, oder du kommst mit jemandem ins Gespräch, der dir etwas Neues empfehlen kann.

Ein perfekt entspannter Nachmittag

Kauf mindestens ein Buch, und wenn du danach noch Zeit hast: Finde ein gemütliches Café und lies die ersten spannenden Seiten deiner Neuerwerbung bei einer schönen Tasse Kaffee oder Kakao. Übrigens ist heute der Welttag des Buches und des Urheberrechts. Manche Liebhaber der Literatur veranstalten eine Buchparty: Jeder bringt sein Lieblingsbuch mit und liest den übrigen Gästen im Laufe des Abends seine Lieblingsstelle vor.

24. April

BESUCH EINEN FREIZEITPARK

Du möchtest dich einmal »bespaßen« lassen und ohne allzu viel Vorbereitung eine ganze Menge erleben? Ob allein oder mit dem Partner, ob mit der Familie oder mit Freunden – Freizeitparks haben für alle etwas zu bieten. Von A bis Z, von Achterbahn über Liveshows, Museum, Ostereiersuche, Party, Piraten bis zu Tierpark und Zoo findest du zu jedem Thema etwas.

Empfehlungen von Norden nach Süden

Hansa-Park, Sierksdorf (Schleswig-Holstein). Heide Park Resort, Soltau (Niedersachsen). Serengeti-Park, Hodenhagen (Niedersachsen). Belantis, Leipzig (Sachsen). Movie Park Germany, Bottrop Kirchhellen (Nordrhein-Westfalen). Phantasialand, Brühl (Nordrhein-Westfalen). Holiday Park Plopsa, Haßloch (Rheinland-Pfalz). Legoland Deutschland, Günzburg (Bayern). Erlebnispark Tripsdrill, Cleebronn (Baden-Württemberg).

25. April

ENTDECKE DIE
BÄUME DEINER UMGEBUNG

Der April ist ein wunderbarer Monat, um Bäume zu betrachten. Noch ist ihr kunstvolles Astwerk in ihrer Krone zu sehen, aber frische grüne Blätter zeigen, dass neues Leben in ihnen steckt. Bäume sind Symbole des Lebens, mit jedem neu gepflanzten Baum schaffen wir Raum für eine bessere Zukunft.

Bäume übernehmen im Zusammenspiel von Pflanzen und Tieren auf unserem Planeten wichtige Aufgaben: Sie sind Wasserspeicher, bieten vielen Tierarten Lebensraum und den Vögeln Plätze zum Nisten, spenden nicht zuletzt uns Menschen Sauerstoff, verbessern das Mikroklima in den Städten und bieten uns angenehme kühle Plätze im Schatten in einem heißen Sommer.

Ahorn

Eiche

Linde

Begleiter durch die Jahrhunderte

Bäume erreichen ein beeindruckendes Lebensalter und begleiten viele Generationen von Menschen durch ihre Geschichte. Manche von ihnen stehen mitten unter uns wie die tausendjährige Linde von Reelkirchen im Lipperland oder die 1200 Jahre alte Dorflinde in Aua.

Sieben Laubbäume, die jeder kennen sollte

Es gibt viele Hundert Baumarten auf der Nordhalbkugel der Erde. Sehr viele davon wachsen auch in Deutschland – zu viele, um sie alle zu kennen. Von Natur aus bestehen unsere Wälder aus Laubbäumen, sie sind perfekt an unser Klima angepasst – die Nadelbäume gehören eigentlich nach Nordeuropa und werden nur aus wirtschaftlichen Gründen angebaut.

Für den Anfang deiner persönlichen Baumkunde: Hier siehst du die Blätter von sieben Laubbaumarten:

Birke

Kastanie

Eberesche

Buche

26. April

BESUCH EIN STILLGELEGTES BERGWERK

Die Geschichte des Bergbaus ist lang – stillgelegte Bergwerke gibt es in Deutschland, vor allem in den Mittelgebirgsregionen, in großer Zahl. Dort wurden vielerorts Kohle und Erze abgebaut. Einige von ihnen sind nicht zugänglich, andere werden als Heilstollen weiterbetrieben, viele wurden zu einem Museum ausgebaut. Es braucht keine lange Anreise, wenn du unter Tage gehen möchtest – die Liste der stillgelegten Bergwerke im Netz sagt dir, wo du eines finden kannst.

In der Unterwelt
Du hast dein Besucher-Bergwerk gefunden? Einen Grubenhelm mit Kopflampe musst du nicht mitnehmen, feste Schuhe wären gut. Dort, wo es Führungen gibt, bekommst du die entsprechende Ausrüstung leihweise. Nun kannst du erfahren, unter welchen abenteuerlichen Bedingungen an diesen Orten Menschen gearbeitet und ihren Lebensunterhalt verdient haben. Glück auf!

27. April

MACH EINE BALLONFAHRT

Es ist wie im Traum – du gleitest über eine niedliche Miniaturlandschaft. Du reist mit dem Wind, im Korb ist es windstill. Nur das Fauchen des Brenners unterbricht hin und wieder die Ruhe deiner Luftreise zwischen Himmel und Erde. Über dir die runde Kugel des Ballons, unter dir dunkle Wälder und goldgelbe Felder, silbern glitzernde Flüsse und Seen und winzige Menschen und Tiere. Das Gefühl ist überwältigend: Du schwebst über allem – möchtest du so ein Abenteuer auch erleben?

Mal ein paar Stunden abheben
Einen eigenen Heißluftballon musst du dir nicht kaufen. Mitfahrgelegenheiten – mit dem Ballon fahren Ballonfahrer, man fliegt nicht – findest du überall in Deutschland und Europa an mehreren Hundert Startorten vom Strand bis ins Gebirge. Gäste sind überall sehr willkommen und – eine Fahrt mit dem Ballon kostet kein Vermögen. Die Saison ist eröffnet!

28. April

GEH AUF EIN STADTFEST

Eine Kirmes oder ein Jahrmarkt sind lokale Großereignisse. Bei einem Stadtfest ist eine ganze Ortschaft oder eine komplette Altstadt wie etwa in Hannover, Saarbrücken oder Görlitz vom Erlebnisvirus infiziert. Fahrgeschäfte, ein Flohmarkt, kostenlose Freiluftkonzerte, ein großes Angebot an Speisen und Getränken und als Abschluss und Höhepunkt ein Feuerwerk warten auf dich – wenn du möchtest gleich in mehreren Städten hintereinander.

Die Zeit der Stadtfeste

Gegen Ende April und Anfang Mai ist das Angebot an Stadtfesten groß. Du hast die Auswahl zwischen der Frühjahrskleinmesse in Leipzig, dem Baumblütenfest in Werder (Havel), der Maiwoche in Osnabrück, dem Leinewebermarkt in Bielefeld. Du kannst den Fohlenmarkt in Sinsheim, das Strohhutfest in Frankenthal oder das Schlossgrabenfest in Darmstadt besuchen. Viel Spaß dabei!

29. April

FRÜHSTÜCKE AUF DEM BALKON

Die Sonnenstrahlen wärmen schon wieder – auch auf deiner Terrasse oder deinem Balkon. Da bietet sich doch einmal eine besondere Form von Kurzurlaub an: Frühstück auswärts, aber ohne große Anreise. Perfekt für das Zwei-Personen-Team: Einer holt frische Brötchen, der andere kocht Kaffee oder Tee und deckt den Tisch. Oder magst du mehr die Überraschungsvariante? Heimlich den Tisch decken und dann alle Langschläfer mit dem Duft von Kaffee oder Kakao wecken.

Das Frischluft-Frühstück genießen

Die Nächte sind kühl im April, und Kissen auf den Stühlen am Frühstückstisch tragen deutlich zur Gemütlichkeit bei. Auch ein paar Kerzen auf dem Tisch und eine Vase mit Frühjahrsblumen sorgen für ein Wärmegefühl. Gut, einen Pullover braucht man vielleicht dennoch, aber an der frischen Luft schmeckt alles mit Sicherheit doppelt so gut …

30. April

FEIER WALPURGISNACHT

In dieser Nacht tanzen die Menschen hierzulande in den Mai, in manchen Gegenden wird traditionell ein Maibaum für die Liebste oder den Liebsten aufgestellt. Überall in Europa werden heute große Feuer entzündet, es wird getanzt und getrunken.

Tanz um ein Feuer

Auf dem Brocken, dem höchsten Berg im Harz, der auch Blocksberg genannt wird, geht es übernatürlich zu. Finstere Mächte beherrschen diese Nacht. Der Sage nach treffen sich hier, aber auch auf dem Hexentanzplatz hoch über dem Bodetal, Teufel, Hexen und Geisterwesen, um den Hexensabbat zu feiern. Auch heute noch ist im Harz in der Walpurgisnacht der Teufel los, Tausende Menschen feiern die pechschwarze Magie. Bist du dabei? Vielleicht findest du ja auch ganz in deiner Nähe ein Feuer, um das du tanzen kannst – oder du bleibst daheim und beschäftigst dich mit den Ritualen der Hexenkunst …

Das Ritual des Selbstschutzes

Für dieses Ritual brauchst du einen Turmalin, Blutjaspis oder Onyx, den du in den Händen hältst. Setz dich an einen gemütlichen Ort und imaginiere einen Ball aus Licht, der dich und deinen Edelstein schützend umgibt. Sage drei Mal: »Ich umgebe mich mit einem Schild des Schutzes. Ich bin sicher in meinem Lichtschild.« Fühle, wie mit jedem tiefen Atemzug das Licht um dich herum stärker wird. Vielleicht bringt das Ritual dir ja wirklich Schutz oder ein bisschen mehr Ruhe – zumindest ist es eine schöne Meditation.

FRÜHLING

Mai

·······································

1. Mai

DAS MAIFEST BEGEHEN

Nicht überall, aber immer öfter wird in der Nacht zum 1. Mai den jungen Frauen als Liebesbeweis ein Maibaum aufgestellt. Es ist eine junge Birke, zugleich ein Symbol für Liebe und Zuneigung als auch für Frühling und Natur. In Schaltjahren – also alle vier Jahre – setzen auch Mädchen ihren Liebsten ein solches Geschenk vor die Tür. Allerdings mögen sich moderne junge Frauen immer seltener an das Schaltjahr halten und beanspruchen jeden ersten Mai auch für sich.

Woher bekommt man eine Birke?

Wilde Burschen schwören darauf, dass ein geklauter Baum der allerbeste ist. Wenn du nicht mit dem Gesetz in Konflikt geraten willst, frage den Förster oder einen Waldbauer, wo du eine Birke schlagen darfst. Schmücke den Baum mit bunten Bändern und einem Maiherz aus Holz oder festem Karton. Schreibe den Namen deines Schwarms darauf. Nun kannst du den Baum an der Regenrinne des Hauses deiner Liebe befestigen, an einer Straßenlaterne oder ein Loch in den Boden graben. Ende Mai musst du den Maibaum wieder abholen.

Hat die Liebe Wurzeln geschlagen?

Zur Belohnung bekommst du dann eine Einladung zum Essen, ein alkoholisches Getränk – oder einen Kuss. Wenn dir stattdessen ein Glas Gurken oder eine Tube Senf überreicht wird, steht der Maibaum vor der falschen Haustür. Hat alles geklappt, zersägst du den Maibaum, bringst seine Reste zur Gründeponie oder baust daraus ein Baumhaus für eure Kinder. Ein schöner Brauch!

EINE MAIBOWLE GENIESSEN

Bei Waldmeister denkt man an giftgrünen Wackelpudding und ebenso gefärbte Getränke. Das Getränk, um das es hier geht, muss gar nicht grün aussehen, denn der Waldmeister verleiht ihm zwar Duft und Geschmack, nicht aber die Farbe. Der Maibowle gibt das Kraut namens Waldmeister also vor allem ein besonderes Aroma.

Waldmeister suchen

Wenn du deine Maibowle stilecht herstellen willst, gehst du in den Wald und suchst dir deine Waldmeisterpflänzchen selbst. Erkennen kannst du die 15 bis 25 cm hohe Pflanze mit den vierkantigen Stängeln schon von Weitem an ihren sternförmigen Blättern. Die kleinen Waldmeisterblüten sind weiß. Verwechslungen mit anderen Pflanzen lassen sich vermeiden, wenn man Blätter der Pflanze zwischen den Fingern zerreibt. Für Waldmeister typisch ist ein süßlicher Duft.

Deine Maibowle — so wird's gemacht:

- Frischen Waldmeister über Nacht verwelken lassen.
- Waldmeisterpflänzchen zu einem kleinen Strauß binden und in einem Bowlengefäß in Weißwein (eine Flasche) hängen. Die Stiele bleiben draußen, sie enthalten Bitterstoffe. Eine bis zwei Stunden ziehen lassen, dann den Kräuterstrauß wieder herausnehmen.
- Maibowle auffüllen: eine weitere Flasche Weißwein zugeben.
- Erdbeeren, Zitronen- oder Orangenscheiben runden das Aroma ab.
- Eine eisgekühlte Flasche Sekt zugeben, und du kannst deine Maibowle ausschenken.
- Kein Alkohol erwünscht? Nimm statt Weißwein Apfelsaft und statt Sekt Mineralwasser.

Wenn dir die Verwendung von frischem Waldmeister zu aufwendig ist, nimm einfach Waldmeistersirup!

3. Mai

IM CAFÉ ZEITUNG LESEN

Die Zeitung lesen im Café an der Ecke, wann hast du das zuletzt gemacht? Ja, ein bisschen nostalgisch ist dieser Vorschlag schon. Vielleicht liest du deine Nachrichten längst auf dem Tablet und dein Kaffee kommt aus der Pad- oder Tab-Maschine. Wenn du es aber mal wieder anders ausprobierst, wirst du bemerken, was du über einen Besuch im Café fast schon vergessen hast.

Du bist nicht allein — wie schön!

Die Nachrichten in der Zeitung sind dieselben, aber du erlebst etwas, das dir allein zu Hause entgeht: eine anheimelnde Form von Öffentlichkeit, das angenehme Gefühl, eine gute Sache – und sei es nur Kaffee aus einer exzellenten Maschine – gemeinsam zu genießen, die Möglichkeit, mit jemandem ins Gespräch zu kommen, die beiläufige Aufmerksamkeit für deine Person, die du auch für andere aufbringst … Vielleicht treffen wir uns dort ja mal?

4. Mai

DER STAR-WARS-TAG

Muss dieser Geleitspruch aus »Star Wars« nicht eigentlich heißen »May the *force* be with you«? Richtig, aber der 4. Mai (May the fourth) klingt im Englischen einfach zu verlockend, und seit 2011 haben Star-Wars-Fans deshalb den 4. Mai zu ihrem Feiertag erklärt. Du könntest heute dein Laserschwert kreisen lassen oder einfach einen Star-Wars-Film anschauen – zum wievielten Mal? Egal, Star-Wars-Filme werden mit jedem Mal besser!

Du brauchst mehr Action?

Kennst du »Laser Tag«, den sanften Ego-Shooter, der vielleicht aus der Zukunft kam? In Deutschland gibt es etwa 150 Laserdromes – Indoor- oder Outdoor-Arenen, in denen tapfere Kämpfer mit pistolenähnlichen Infrarot-Fernbedienungen auf Sensoren zielen, die ihre Gegner am Körper tragen, um diese zu besiegen. Anders als bei Paintball oder Lasersoft erleidest du keine körperlichen Treffer. Stürze dich ins Vergnügen und: May the force be with you!

5. Mai

MACH DIE LECKEREN SACHEN SELBST

Gesund kochen tust du jeden Tag, oder? Aber wie wäre es mal mit ein paar kleinen Sünden in der Küche? Du könntest auf den Spuren von Charlie und seinen Oompa-Loompas in der Schokoladenfabrik wandeln und Schokolade, Gummibärchen, Mäusespeck oder Weingummi selbst herbeizaubern – Kalorien zählen verboten!

Gummibärchen gehen immer

Weingummi oder Gummibärchen kannst du ganz einfach selbst herstellen. Du brauchst dazu nur kleine Formen aus Silikon, z. B. für Pralinen, Bonbons oder Eiswürfel, und die folgenden Zutaten: Fruchtsaft je nach gewünschter Geschmacksrichtung (für Erwachsene auch Wein), Zucker und Fertiggelatine. Und so wird's gemacht: Fruchtsaft oder Wein mit etwas Zucker vermischen und in einem Topf erhitzen. Die Fertiggelatine zugeben, etwas abkühlen lassen. Die Mischung in die Formen gießen, diese dann für eine oder zwei Stunden kühlstellen, etwa im Kühlschrank. Die fertigen Süßigkeiten aus der Form nehmen.

Brausepulver kitzelt so schön auf der Zunge

Du kannst Brausepulver in Wasser als Limonade trinken oder von der Hand auflecken. Die Zutaten: zwei Esslöffel Puderzucker, eine Packung Zitronensäure, ein Päckchen Backpulver oder ein Teelöffel Natron und etwas Pulver für die Herstellung von Wackelpudding (deine Lieblingssorte). Die Zutaten gibst du in ein Glas mit Schraubdeckel und schüttelst kräftig, um sie zu mischen – fertig. Mit etwas

mehr Zitronensäure wird deine Mischung saurer, mehr Puderzucker macht sie süßer, das Götterspeise-Pulver verstärkt das jeweilige Aroma. Wichtig: Große Mengen nicht auf einmal essen – das gibt Bauchgrummeln.

Eichel-
häher

Elster

6. Mai

VOM GLÜCK,
VÖGEL ZU BEOBACHTEN

Jedes Jahr ruft der NABU (Naturschutzbund Deutschland) am zweiten Maiwochenende Naturfreunde auf, auf die Vögel in ihrem Garten zu achten, die erfassten Arten zu notieren und an den NABU zu melden. Regelmäßig kommen bei dieser Veranstaltung Informationen über mehr als eine Million Singvögel zusammen. Außerdem macht Naturbeobachtung noch aus einem anderen Grund Freude: Wer sich bewusst auf seine Umgebung einlässt, schärft seine Sinne und kommt innerlich zur Ruhe.

Lade die gefiederten Freunde zu dir ein

Viele wissen gar nicht, wie vielfältig die Vogelarten in ihrem Garten sind. Eine kleine Futterstelle auf dem Balkon oder der Terrasse erleichtert die Beobachtung – schon bald freust du dich über regelmäßige Besucher in erstaunlicher Farben- und Formenvielfalt. Darunter sind:

Eichelhäher – Mit über 30 cm Körperlänge ist er einer der größeren Vögel im Garten. Mit seiner lauten Stimme bringt er ein typisches »Rätsch!«-Geräusch hervor.
Elster – Diesen beachtlich großen Vogel (bis zu 50 cm Körperlänge) erkennst du an seinem schwarz-weißen Gefieder. Der Ruf einer Elster klingt wie »Schäck-schäck-schäck!«
Gartenrotschwanz – Schwarzer Maske, roter Schwanz: So sieht das Männchen des Gartenrotschwanzes aus. Das Weibchen ist etwas unscheinbarer gefärbt, hat aber auch rote Schwanzfedern.
Gebirgsstelze – Diese Art siedelt sich gern an Wasserläufen an und

Gartenrotschwanz

brütet an deren Ufer. In den Garten kommt sie nur zu Besuch.

Gebirgs-
stelze

Gimpel – Dieser auch Dompfaff genannte Vogel mit dem kurzen, kräftigen Schnabel ernährt sich von Knospen und den unreifen und reifen Samen von Wildkräutern und Bäumen.

Gimpel

Kleiber – Dieser Vogel verblüfft durch seine Kletterkünste – oft hängt er kopfunter an einem Ast. Er ernährt sich von Insekten-

Kleiber

larven und Insekten, kann mit seinem kräftigen Schnabel aber auch Nüsse knacken.

Schwanzmeise – An ihrem kugelförmigen Körper hängt ein auffällig langer Schwanz, daher ihr Name. Sie ernährt sich von allem, was krabbelt: Blattläuse, Käfer, Tausendfüßler, Spinnen, Asseln und ähnlichem Getier.

Schwanzmeise

Schreib hier auf,
welche Vögel du beob-
achtet hast, oder,
falls du sie nicht
zuordnen konntest, wie
sie ausgesehen haben:

_____
_____
_____
_____
_____
_____
_____

7. Mai

EINEN KOCHKURS BELEGEN

Das ist ein großartiges Gefühl, richtig kochen zu können, und es wird dann kaum ein besseres geben, als von dir »bekocht« zu werden. Mache einen Kochkurs und erlerne die Kunst mit dem Kochlöffel auf neue Weise. Du könntest mit einem Grundkurs beginnen oder dich spezialisieren: Für welche Küche schlägt dein Herz?

Mach dich und deine Mitmenschen glücklich

Möchtest du ein Meister der mediterranen Küche werden oder die überraschenden Feinheiten der Molekularküche kennenlernen? Schlägt dein Herz für Asien und für Sushi, Thai-Curry und indische Gewürze? Willst du perfekt Tapas zubereiten oder zum Grillmeister werden? Oder hat es dir die bayerische Küche angetan? Und da wäre ja noch der Nachtisch: Schokosüße Köstlichkeiten warten darauf, von dir persönlich kreiert zu werden.

8. Mai

BARFUSS ÜBER EINE WIESE LAUFEN

Wer hat Schuhe und Socken eigentlich erfunden? Insbesondere die Socken: Sind die nicht irgendwie – überflüssig? Zumindest in der beginnenden warmen Jahreszeit und gerade heute, denn heute ist Ohne-Socken-Tag. Ach, wie verwegen, ach wie wild und frei fühlt man(n) oder frau sich doch, wenn ein einziges Kleidungsstück fehlt!

Nackte Füße + Wiese = großes Vergnügen

Sicher hast du das als Kind schon einmal ausprobiert, obwohl Mutter dich immer vor Disteln und Bienen gewarnt hat. No risk, no fun! Also: Wie wäre es mit einem Barfuß-Spaziergang über eine Maiwiese? Keine Angst vor den Bienen – die ersten Blüten des Jahres duften verlockender als deine Füße. Oder läufst du lieber an einem Flussufer durch Sand und Kiesel? Und wie würden dir deine nackten Füße im kühlen Wasser eines Bachs gefallen? Einfach ausprobieren!

9. Mai

FEIER DEN PETER-PAN-GEDENKTAG

Immer ein Kind bleiben: Wie wir wissen, ist dies ein Wunsch, der nicht in Erfüllung gehen kann – wir leben nicht in Nimmerland, wo die Kleinen niemals erwachsen werden und man nur an etwas glauben muss, damit es passiert. Auch auf Elfen, Piraten und Meerjungfrauen stößt man in unserer Wirklichkeit selten, und so bleibt für uns Peter Pan das einzige Kind, das niemals erwachsen wird.

Peters Vater, der schottische Autor James Matthew Barrie, hat heute Geburtstag – er erblickte am 9. Mai 1860 das Licht der Welt. Denken wir an ihn, Peter Pan und an eine Welt voller Fantasie.

Einen Tag lang wieder Kind sein

Begehe diesen Tag, indem du etwas machst, das du als Kind geliebt hast. Du könntest:

- am Bach schöne Steine sammeln
- dich als Prinzessin verkleiden
- dir vorstellen, dass im Keller ein Ungeheuer wohnt
- ein Bilderbuch durchblättern, zum Beispiel die »Raupe Nimmersatt«
- ein Bild malen und verschenken
- ein Kinderbuch lesen, z. B. »Heidi«
- eine Sandburg bauen
- eine Kassette hören, z. B. »Benjamin Blümchen« oder »Bibi Blocksberg«, und dabei einschlafen
- einen Freund oder eine Freundin frisieren
- Maikäfer oder Schnecken suchen
- mit einem Freund oder einer Freundin reden, den oder die außer dir keiner sehen kann
- Pfeil und Bogen basteln
- Rollschuh laufen
- dir mit anderen eine Geschichte ausdenken und sie sich gegenseitig erzählen

10. Mai

SORTIER DEIN BÜCHERREGAL

Mach deine Bücher wieder lebendig! Bücher, in denen niemand blättert, sind totes Papier. Wende diese kluge Weisheit mal auf deine eigene Bibliothek an. Bring Ordnung in deine Bücher. Nein, du sollst sie nicht nach Farbe oder alphabetisch nach dem Autorennamen ordnen. Entscheide dich bei jedem deiner Bücher: Behalten oder verschenken? Denn viele deiner literarischen Werke führen ein kümmerliches Dasein zwischen anderen.

Jetzt müssen Entscheidungen getroffen werden

Geschenkt bekommen, aber noch nicht gelesen? Du entscheidest: Soll ich dieses Buch für später behalten oder lieber weiterverschenken? Nicht mein Genre, nicht mein Thema, nicht mein Autor? Jedes Buch findet irgendwo seine Leser, vielleicht im öffentlichen Bücherschrank oder in einer Straßenbücherei ... Bücher lieben es, gelesen zu werden! Du hast es in der Hand.

11. Mai

EIN NEUES LIEBLINGS-KLEIDUNGSSTÜCK

Winter und Frühjahr waren lang, so manches Kleidungsstück aus deiner Sommergarderobe des letzten Jahres passt dir auf die eine oder andere Weise nicht mehr oder du gefällst dir darin nicht mehr. Nicht nur dein Geschmack hat sich geändert – auch die Mode ist nicht mehr die von gestern. Das wird es Zeit, deine Sommergarderobe um ein schönes neues Stück zu ergänzen.

Follow Fashion: neues für den Kleiderschrank!

Spürst du sie schon, die Kauflust? Zum Glück bist du nicht allein mit dieser Frühjahrskrankheit. Sicher gibt es in deinem Freundeskreis schon Menschen mit ähnlichen Symptomen. Du könntest sofort zur Behandlung schreiten und heute mit jemandem, den du magst, shoppen gehen – virtuell oder besser noch im *real life*. Gemeinsam wird das Probieren zum echten Event ... Ihr müsst ja nicht alles kaufen!

12. Mai

WELTZUGVOGELTAG

Nicht nur Menschen unternehmen Flugreisen. Du planst vielleicht einen Urlaub im Süden. Auch viele Vögel waren den Winter über verreist und sind vor eisigen Temperaturen in wärmere Regionen geflohen. Sie kehren jetzt zu uns zurück. Sie fliegen über mehrere Tausend Kilometer – und das oft ohne Pause –, überwinden hohe Gebirgsketten, endlose Meere, und das trotz Regen, Sturm, eisiger Kälte und sengender Hitze. Sie kehren zurück und werden den Sommer und die warmen Herbsttage bei uns verbringen. Vielleicht magst du prüfen, wer von diesen Weltenbummlern schon zurück ist.

Anwesenheitsliste Zugvögel

Geführt von ....

- O Brachvogel
- O Feldlerche
- O Fitis
- O Hausrotschwanz
- O Kiebitz
- O Kranich
- O Kuckuck
- O Mauersegler
- O Nachtigall
- O Rauchschwalbe
- O Star
- O Schwarzstorch
- O Singdrossel
- O Sumpfrohrsänger
- O Weißstorch
- O Wespenbussard

Ein Hinweis:

Die Klimaerwärmung sorgt dafür, dass sich manche Vogelarten nicht mehr recht entscheiden können. Besonders in den warmen Großstädten – in einer Stadt ist es tatsächlich ein paar Grad wärmer als im Umland – bleiben manche Vogelarten den Winter über als Dauergäste, während sie in ländlichen Regionen lieber vor dem Winter in den Süden auswandern.

WAS BLÜHT DENN DA AUF DER OBSTWIESE?

Kennst du noch eine Streuobstwiese in der Umgebung deiner Stadt? Sie sind heute selten geworden – ein Überbleibsel aus der Geschichte unserer Landwirtschaft. Die Obstbäume darauf haben hohe Stämme, die Früchte werden mit Leitern geerntet oder fallen einfach auf die Wiese. Dort bereichern sie den Speisezettel der Nutztiere, die auf der Streuobstwiese weiden, meist Kühe oder Schweine. Wenn man Früchte erntet, so werden diese meist zu Apfel- oder Birnenmost verarbeitet.

Mit allen Sinnen genießen

Eine moderne Obstplantage ist eine langweilige Monokultur – eine Streuobstwiese ein ansprechender Ort mit Charme und Atmosphäre. Deine Augen werden das Spiel von Licht und Schatten zwischen den Blättern der Bäume mögen. Deine Nase wird den Duft von Gras, Blüten und Früchten genießen können. Das Summen der Insekten, die vom Fallobst leben, und die Stimmen der Vögel sind der akustische Hintergrund dieser Bühne des Lebens. Und: Im Frühjahr kannst du schon anhand der Blüten voraussagen, welche Frucht einmal an einem Baum wachsen wird:

Apfel

Birne

Pflaume

Kirsche

Lebensraum für zahlreiche Tierarten

Honigbienen suchen den Nektar der Blüten und bestäuben dabei die Bäume. Auch Wildbienen und Ackerhummeln finden Lebensraum und Nahrung. Die räuberisch lebenden Wespen erbeuten ihre Nahrung unter den Insekten, mögen aber auch Fallobst. Zwischen den Grashalmen leben Heuschrecken. Aber auch Schmetterlinge und verschiedene Spinnenarten sind hier anzutreffen.

Aus dem Reich der Amphibien und Reptilien siedeln Laubfrosch und Grasfrosch, Erdkröte, Blindschleiche und Waldeidechse.

Auch zahlreiche Vogelarten finden im Totholz älterer Bäume Baumhöhlen, wo sie ihre Nester bauen. Der Reichtum an Insekten und Spinnentieren liefert ihnen Nahrung. Zu den Bewohnern und regelmäßigen Besuchern aus der Vogelwelt zählen Steinkauz und Wendehals, Gartenrotschwanz, Gimpel, Wiedehopf, der Neuntöter und der sehr seltene Pirol.

Ähnlich vielfältig ist die Pflanzenwelt

Eine Streuobstwiese besteht nicht nur aus Gras und ist kein langweiliger Rasen. Zu den bekannteren Pflanzen dürften Löwenzahn, Schafgarbe, Wiesenschaumkraut und die Wilde Möhre gehören. Hinzu kommen Pflanzenarten, deren Namen du vermutlich noch nie gehört hast.

Wo gibt es Obstwiesen?

Streuobstwiesen gibt es dort, wo noch alte Bauernhöfe existieren. Auch Klöster pflegen sie manchmal. In größerer Zahl finden sie sich noch in Teilen Süddeutschlands, zum Beispiel am Fuß der Schwäbischen Alb, in Österreich und in der Schweiz. Sie gehören aber zu den am stärksten gefährdeten Biotopen Mitteleuropas.

14. Mai

ENTDECKE EINE NEUE COCKTAILBAR

Heute könntest du ja einmal mit deinen Freunden um die Häuser ziehen. Warum gerade heute? Es ist Mai, auch die Nächte werden wärmer. Eigentlich braucht es keinen Grund zu feiern, zu lachen, etwas zu erleben. Hat da nicht ganz in der Nähe eine neue Cocktailbar aufgemacht? Zeit, etwas Leckeres und Geschmackvolles zu trinken, und für ein bisschen Posing!

Nachtleben, die elegante Version

Du hast dich in dein schickstes Outfit geworfen, trägst dein cooles Cocktailkleid und die Pumps mit den High Heels oder den ganz scharfen Anzug. Jetzt brauchst du den richtigen Rahmen, das angesagte Ambiente: die Cocktailbar. Mit einem Manhattan oder einem Caipirinha vor dir siehst du einfach unwiderstehlich aus. Übrigens: Es muss nicht immer Alkohol im Spiel sein. Mach dich auf den Weg ins Cocktail-Wunderland.

15. Mai

BESUCH JEMANDEN AUS DEINER FAMILIE

Du hast es dir schon immer vorgenommen – aber dann doch nicht getan. Verschiebe deinen Besuch bei deiner Verwandtschaft nicht weiter – mach es heute, denn heute ist der Tag der Familie! Vielleicht hast du, wie viele Menschen, einen sehr vollen und stressigen Alltag – die meisten von uns verbringen wohl kaum so viel Zeit mit Familie und Freunden, wie es uns lieb wäre.

Schau mal wieder vorbei

Mach heute doch mal Pläne, ein Familienmitglied zu besuchen, das dir besonders am Herzen liegt und das du in der letzten Zeit etwas vernachlässigt hast. Du musst ja nicht gleich mit Kuchen auf der Matte stehen, erstmal genügt ein Anruf – aber reserviere nur für dich einen Termin in deinem Kalender, um mal wieder mit ein paar Stunden Zeit bei jemandem aus der Familie vorbeizuschauen. Besonders Großeltern freuen sich über einen Besuch!

16. Mai

ISS EIN LECKERES STÜCK ERDBEERKUCHEN

Sie schmecken herrlich süß, nach Sonne und Sommer: die ersten frischen Erdbeeren. Jetzt werden sie auch wieder im Freiland geerntet – hol dir deine erste Portion! Nun musst du schwierige Entscheidungen treffen: Magst du lieber Erdbeeren mit Sahne oder klassischen Erdbeerkuchen? Mit frischen Früchten schmeckt er besonders gut. Oder naschst du die süßen roten Früchte direkt aus dem Körbchen weg – einfach so?

Erdbeeren und Rhabarber – Genuss im Teamwork

Passend dazu: Auf dem Wochenmarkt oder im eigenen Garten gibt es jetzt schon Rhabarber – die fruchtig-süßen Erdbeeren und der herbe Rhabarber ergeben ein wunderbares Kompott, gut geeignet als geschmacksstarke Beilage oder Nachtisch mit einem Klecks Sahne … Erdbeeren verhagelt, weil das Wetter nicht mitgespielt hat? Tröste dich mit einem Stück Apfelkuchen!

17. Mai

GEH GANZ FRÜH INS SCHWIMMBAD

Du könntest zu den Ersten gehören … und das gleich in doppelter Weise: Zum einen könntest du zum ersten Mal in diesem Jahr ins Schwimmbad gehen! Viele Schwimmbäder öffnen zu einem Termin Mitte bis Ende Mai wieder ihre Pforten. Und zum anderen könntest du der oder die Erste an diesem Tag sein, wenn du dich in die Fluten stürzt. Willst du das Schwimmbecken und die Liegewiese fast für dich allein? Das könnte dir heute gelingen.

Fit in der Morgensonne

Draußen schwimmen an einem frischen Mai-Morgen – das macht dich fit und härtet ab. Du kannst sogar ein paar Bahnen durchschwimmen – kaum jemand kommt dir in die Quere. Nachher fühlst du dich wie neugeboren, hast Appetit auf dein erstes oder zweites Frühstück und kannst dich so voller Energie in deinen Arbeitstag stürzen wie in das frische blaue Wasser. Lohnt sich möglicherweise der Kauf einer Zehnerkarte?

18.Mai

VERSCHENK EIN PICKNICK

Du suchst ein ausgefallenes, sehr beeindruckendes Geschenk für jemanden aus deinem Freundeskreis? Eine Einladung zum Abendessen? Gut, natürlich kochst du selbst. Und wo soll das Ganze stattfinden? In deiner Wohnung – hatten wir das nicht schon? Mal ganz woanders – überhaupt, das ist die Idee! Du verschenkst ein Picknick! Ein Picknick ist – besonders jetzt im Mai – ein großartiges Geschenk für Lebensgefährten oder Freunde.

Aber wo?
Der richtige Ort ist das Wichtigste bei einem Picknick. Suche den Platz für dein Geschenk sorgfältig aus. Deine Auswahl ist groß: oben auf dem Hügel über der Stadt, wo es diesen wahnsinnigen Panoramablick gibt, oder am Fluss bei der alten Brücke, nur ein paar Meter vom Ufer entfernt? Auf dieser Lichtung mitten im Wald mit den fünf magischen Bäumen oder auf der kleinen Insel im Fluss zwischen Flusskieseln? Auf der großen Wiese im Stadtpark am Springbrunnen oder auf der Burgruine zwischen historischem Gemäuer? Auf dem Steg am Weiher oder auf dem Dachgarten bei Freunden? Wenn du an der Küste wohnst, könnte auch ein Platz am Strand ideal sein – dir fällt schon etwas ein, oder?

Und was gibt es zu essen?
Wenn es dir jetzt noch gelingt, am richtigen Ort das richtige Essen anzubieten, ist alles perfekt. Deine Küche wartet auf dich, also los, an die Arbeit! Die folgenden Gerichte könnten deine Gäste begeistert ausrufen lassen: Wow, super lecker! Yummy! Das ist ja richtiges Seelenfutter!

- Mozzarella-Ciabatta mit Chili-Mayonnaise
- Fladenbrot mit Obatzter – Bayern meets Türkei
- Wurstsalat – Wurst, Zwiebeln, Gartenkräuter und Gewürze, Essig und Öl –, herzhaft frisch
- Nudelsalat oder Kartoffelsalat nur mit Essig und Öl; wird nicht so schnell schlecht
- Gemüseteller mit Dips – Gemüsestückchen mit mehreren Würzsaucen; vegetarische Gäste werden dich lieben
- Gurken-Sandwich mit Lachscreme – Toast mit Aufstrich als Dreieck geschnitten. Einfacher geht's nicht.
- Baguette mit Pesto und Schafskäse oder Camembert – das richtige Pesto macht's
- Mini-Frikadellen mit Senf- oder Knoblauch-Dip – gehen weg wie nix
- Pfannkuchen-Wraps – dünne Pfannkuchen zum Selberfüllen mit Käse, Schinken, Zwiebelringen, Gurken und Tomaten, Paprika, Chilischoten usw., dazu selbstgemachtes Ketchup.
- herzhafte Muffins – mit Olivenstückchen, Lachs, Paprika, Gemüse im Teig nach Geschmack
- Getränke? Wasser, Eistee, Bier und Wein aus der Kühltasche

Picknick-Checkliste

- Keine Baumstämme oder große Steine zum Sitzen? Die Picknick-Decke hilft.
- Geschirr aus Porzellan und Gläser geben dem Picknick Klasse und ersparen Müll.
- Gern vergessen werden: Korkenzieher, Flaschenöffner, Servietten, Küchenrolle, Feuchttücher für die Hände, Feuerzeug oder Streichhölzer für die Kerzen.
- Salz- und Pfefferstreuer sollten nicht fehlen.
- Wichtig für die Entsorgung: Mülltüten.
- Picknick-Experten packen Spielkarten, Brettspiele oder Sportgeräte gegen Langeweile ein.
- Besonders dann, wenn man mit dem Fahrrad unterwegs ist, kann ein Picknickkoffer hilfreich sein: Ein Griff – alles dabei.

19. Mai

IN DEN ZIRKUS GEHEN

Ein Besuch im Zirkus ist immer ein ganz besonderes und sehr direktes Erlebnis. Großartige Artisten, lustige Clowns und stolze Zirkuspferde geben für ihre Zuschauer in der Manege ihr Bestes. Vielleicht hast du gerade heute, am Geburtstag von Bernhard Paul, das Glück, dass ein Zirkus ganz in deiner Nähe auftritt. Wer dieser Bernhard Paul ist? Der großartige österreichische Zirkusdirektor und Clown »Zippo« gründete mit André Heller den legendären »Circus Roncalli«.

Erlebnis mit allen Sinnen

Zirkus im Fernsehen – das ist nur die halbe Wahrheit. Zirkus kann man sehen und hören, aber auch riechen und mit dem ganzen Körper spüren. Eine Zirkusvorführung ist darüber hinaus ein Gemeinschaftserlebnis – gemeinsam mit anderen über die Clowns zu lachen oder über die sensationellen Leistungen der Artisten zu staunen, macht einfach noch mehr Spaß.

20. Mai

EINEN MAIKÄFER SUCHEN

Spürst du nicht auch den Nachklang des kindlichen Erstaunens, wenn du an Maikäfer denkst? Als wir noch klein waren und durch unsere grünen Dschungel streiften, sind sie uns begegnet. Wir haben sie nicht gesucht, sondern einfach gefunden. Wäre es nicht schön, sie wieder einmal zu entdecken? Jetzt im Mai ist die Zeit günstig. Sie ernähren sich von den Blättern der Laubbäume und kommen in den Maiwochen am häufigsten vor.

Die Maikäferarten

Maikäfer unterscheiden sich in ihrem Aussehen ein wenig, obwohl sie zur selben Art gehören: Der Schornsteinfeger ist dunkel und hat wenig Behaarung. Der sogenannte Müller ist dagegen weißlich behaart, und der Kaiser zeichnet sich durch einen rötlichen Kopf und eine ebensolche Brust aus. Also, Augen auf, vielleicht entdeckst du heute einen von ihnen am Wegesrand. Sei aber nicht enttäuscht, wenn du keinen findest – es gibt Jahre nahezu ohne Käfer.

STEINE FLITSCHEN

Es ist wie Magie: Steine können nicht schwimmen; wenn sie ins Wasser fallen, gehen sie einfach unter. Aber sie können springen, wenn man sie zu werfen versteht. Wie Yoga-Übungen oder eine Teezeremonie kann der Umgang mit den springenden Steinen eine Art von aktiver Meditation sein. In Ruhe und Konzentration bündelst du deine Energie, um sie in der Bewegung auf den Stein zu übertragen.

Wie so ein Stein aussehen muss

Springende Steine müssen flach und glatt sein und die Form einer runden oder elliptischen Scheibe besitzen. Du findest sie überall an einem Fluss oder See, das Wasser hat sie für dich in Form gebracht.

Die Wurftechnik

- Der Stein sollte eine möglichst hohe Geschwindigkeit erreichen, also kräftig abgeworfen werden.
- Die Flugbahn sollte möglichst tief über die Wasseroberfläche verlaufen. Wellen und Wind stören – am besten ist spiegelglattes Wasser geeignet.
- Er muss so geworfen werden, dass seine flache Seite die Wasseroberfläche in einem Winkel zwischen 0 und 45 Grad berührt. Besonders gut springt der Stein bei einem Winkel von etwa 20 Grad.
- Wenn möglich, sollte der Stein beim Abwurf in eine Drehung um seine kurze Achse versetzt werden – das stabilisiert seinen Flug. In Rotation kannst du den Stein versetzen, indem du ihn zwischen Daumen und Zeigefinger festhältst und ihm beim Abwurf mit dem Zeigefinger noch einen zusätzlichen Impuls auf den Rand gibst.
- Wenn du alles richtig machst, springt der Stein drei, vier, fünf, sechs, sieben, acht Mal und mehr …

22. Mai

DIE ARTENVIELFALT
RUND UM DICH HERUM

Heute ist der Tag der Artenvielfalt. Er soll die Aufmerksamkeit der Menschen auf die vielfältige Flora und Fauna lenken. Entdecke heute mal eine neue Pflanze – es muss ja nicht gleich eine sein, die für die Welt der Wissenschaft völlig unbekannt ist. Nein, es soll eine sein, die du noch nicht kennst. Finde ihren Namen heraus, rieche an ihr, streiche über ihre Blätter, und staune über die Farbe ihrer Blüten, wenn sie welche hat. Oder richte deine Aufmerksamkeit auf eine neue Tierart, die du in deinem Lebensraum finden könntest. Fange gleich in deinem Garten an oder unternimm eine Wanderung in die Felder, Wälder und Wiesen der näheren Umgebung.

Kleine Entdeckerhilfe

Die aufgelisteten Pflanzen und Tiere leben mit Sicherheit ganz in deiner Nähe, du hast sie aber noch niemals bewusst wahrgenommen und kennst ihren Namen nicht? Finde heraus: Welcher Name gehört zu einer Pflanze und welcher zu einem Tier?

1. Kriechender Günsel
2. Grünes Blatt
3. Widderchen
4. Ackerschachtelhalm
5. Wegerich
6. Rötelmaus
7. Kreuzspinne
8. Haselmaus
9. Bärlauch
10. Mariendistel
11. Garten-Schnirkelschnecke
12. Hirtentäschel
13. Hahnenfuß
14. Ohrwurm

Lösung: 1, 4, 5, 9, 10, 12, 13 sind heimische Pflanzen. 2, 3, 6–8, 11, 14 sind heimische Tierarten. Das Bild zeigt den Ackerschachtelhalm

23. Mai

SCHILDKRÖTEN SUCHEN

Der 23. Mai ist der Weltschildkrötentag. Du könntest ihn auf unterschiedliche Weise begehen: dich in deinen Panzer verkriechen oder dich auf die Suche nach Schildkröten machen. In der freien Natur sind deine Chancen eher gering. Nur eine einzige frei lebende Schildkrötenart kommt noch in Deutschland vor: die Europäische Sumpfschildkröte (Emys orbicularis).

Wo gibt es Schildkröten?
Diese kleine, meist im Wasser lebende Art findest du in freier Wildbahn vielleicht noch in Ostdeutschland, zum Beispiel in dem Gebiet rund um den Stechlinsee, denn der ideale Lebensraum sind Seen und Bruchlandschaften sowie die Altarme großer Flüsse. Mit Sicherheit findest du Schildkröten im Zoo oder in einer Tierhandlung – statte ihnen doch heute einmal einen Besuch ab und beobachte sie in ihrer scheinbar zeitlosen Lebensweise.

24. Mai

EINEN NEUEN PARK ENTDECKEN

Der 24. Mai ist der Tag der Parks – der ideale Anlass, einen von ihnen zu besuchen, den du noch nicht kennst. Es kann ein Park in deiner Stadt sein, wenn du ihn bisher noch nicht betreten hast, oder mach einen Rundgang im Stadtpark einer anderen, dir unbekannten Stadt.

Vorschläge für Ausflüge in bedeutende Parks
Berlin: Spreebogenpark. Braunschweig: Park von Schloss Richmond. Cottbus: Spreeauenpark. Dortmund: Westfalenpark. Dresden: Großer Garten. Düsseldorf: Volksgarten. Frankfurt: Palmengarten. Gelsenkirchen: Nordsternpark. Gera: Hofwiesenpark; Hamburg: Altonaer Volkspark. Karlsruhe: Schlossgarten. Kassel: Bergpark Wilhelmshöhe. Magdeburg: Elbauenpark. München: Englischer Garten. Oldenburg: Schlossgarten. Potsdam: Park Sanssouci. Regensburg: Herzogspark. Schwerin: Schlossgarten. Stuttgart: Schlossgarten. Würzburg: Hofgarten.

URBAN GOLF SPIELEN

Die Idee des Golfspiels fasziniert dich, aber weder möchtest du mit karierten Hosen durch die Landschaft laufen noch Mitglied in einem exklusiven Club werden? Du hast auch keinen Rolls-Royce mit Chauffeur und schon gar keinen Butler? Gut, zugegeben, ganz so elitär geht es auch nicht mehr in den Golfclubs zu, aber es gibt deutlich unkompliziertere Varianten.

Crossgolf ist ein Riesenspaß

Dasselbe Spiel wie auf dem Golfplatz spielt der Hipster unter dem Namen Urban Golf, Crossgolf, X-Golf oder Swingolf. Alle diese Spielarten und weitere Varianten haben im klassischen Golf ihren Ursprung. Nur werden sie nicht auf dem Golfplatz gespielt, sondern überall dort, wo es möglich ist: auf Grünflächen, auf industriellen Brachflächen oder in verlassenen Tagebaugruben. Für Crossgolf brauchst du nichts weiter als einen Schläger und einen Ball, und selbst die kannst du dir ausleihen, wenn du auf einem ausgewiesenen Platz spielst.

Veranstalte dein eigenes Turnier

Es geht aber auch ganz ohne organisatorischen Rahmen: Schläger, Ball und frei zu vereinbarende Regeln, und los geht das Turnier irgendwo in Park, Feld, Wald und Wiese. Oder eben auch mitten in der Stadt – über Straßen und Treppen, durch Hinterhöfe, U-Bahn-Stationen und Grünanlagen. Sieger ist wie überall derjenige, der den Ball mit den wenigsten Schlägen ins Ziel bringt. Crossgolf wird immer beliebter – du kannst sogar an einem offiziellen oder inoffiziellen Turnier teilnehmen – ganz ohne karierte Hosen, Verein oder Butler.

26. Mai

BASTLE EINEN PAPIERFLIEGER

Erinnerst du dich noch an die Papierflieger aus deiner Kindheit? Früher gehörten sie zu den beliebtesten Spielen für draußen. Und heute? Die Luft ist warm, das Wetter gut, du kannst es noch mal versuchen. Hier eine Bauanleitung für alle, die vergessen haben, wie es geht:

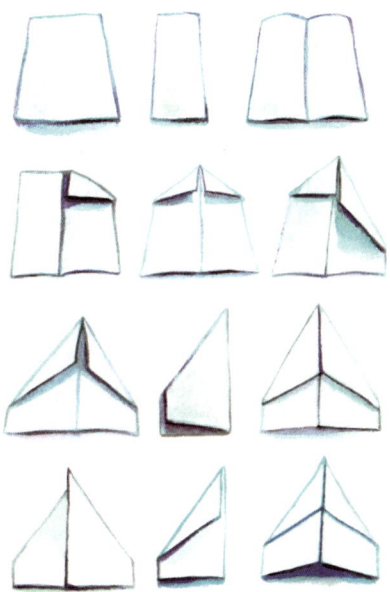

Du brauchst:

- Festes, nicht zu saugfähiges Papier. Besonders dann, wenn sie auf einer Wiese landen, werden die Papierflieger sonst durch die Feuchtigkeit zu schwer.
- Genug Ruhe zum konzentrierten Falten. Es kommt sehr auf Genauigkeit an, was schief gefaltet ist, fliegt auch schief oder gar nicht.

27. Mai

EIN TAG IM LIEGESTUHL

So ein schöner klassischer Liegestuhl ist das reine Lustobjekt –
du hast ständig Lust, dich rein-
zulegen und zu entspannen. Im
Garten oder auf dem Balkon ist
der Liegestuhl obligatorisch,
aber hast du schon einmal daran
gedacht, ihn mitzunehmen? Im
Stadtpark, an einem Fluss oder
See gibt es immer einen Platz
für dich, deinen Liegestuhl und
ein paar erholsame Stunden. Du
könntest nachdenken, nichts
tun, schlafen, ein Buch lesen …

Literatur für den Liegestuhl

Aber welche? Du kannst dich bei
einem Besuch in der Buchhandlung beraten lassen. Oder eine
besondere Seite im Internet auf-
rufen: www.ndr.de/kultur/buch/
libromat100.html. Hier findest
du Vorschläge für alle Genres, in
die du dich an einem Nachmittag
im Mai im Liegestuhl vertiefen
könntest. Eine ganz neue Art,
das Angebot an Büchern zu
durchforsten.

28. Mai

UNTER FREIEM HIMMEL TANZEN

Für Freunde des künstlerischen
Tanzes gibt es in Stuttgart ein
besonderes Ereignis, das »Ballett
im Park«: eine Vorstellung des
Stuttgarter Balletts, kostenlos
und live übertragen auf eine
Großbildvideowand im Schlossgarten. Genieße Hochkultur auf
der Picknickdecke. Wenn du
selbst tanzen willst, egal, ob Dis-
ko oder Samba: Vielerorts wird
im Juli in Parks, im Wald oder
auf Plätzen in der Stadt offiziell
geschwoft.

Tanzen ganz privat

Nein, du musst keinen Ghetto-
blaster in den Stadtpark schlep-
pen, dein iPod oder Smartphone
liefern die Musik über die
Headphones nur für dich. Wähle
für den Anfang eine Zeit, in
der ein Stückchen Park nur dir
gehört, das erleichtert die ersten
Schritte. Dennoch Zuschauer?
Vergiss sie und alle Bedenken
und Hemmnisse, versenke dich
ganz in die Musik, und verleihe
ihr mit deinen Bewegungen im
Raum Ausdruck.

29. Mai

SPIEL EINE RUNDE TISCHTENNIS

Nicht der springende Punkt, aber viel größer ist ein Tischtennisball eigentlich auch nicht. Die Spielregeln sind einfach, bis auf zwei Schläger, ein paar Bälle und irgendeinen Tisch brauchst du nichts für ein Tischtennis-Turnier mit Freunden. Und wenn du Tischtennis zu langweilig findest oder die Spieler unterschiedlich gut sind und die Spiele deshalb zu einseitig verlaufen, hier ein Vorschlag für Tischtennis der etwas anderen Art:

Cross-Tischtennis

Auf der Platte gibt es Hindernisse, um die herum gespielt werden muss. Auf einer Party können das zum Beispiel Gläser, Teller oder Flaschen sein. Die Hindernisse dürfen nicht oder müssen vom Ball berührt werden, ganz wie es die Mitspieler vereinbart haben. Ansonsten gelten die üblichen Regeln: Ein Satz endet, wenn ein Spieler elf Gewinnpunkte erreicht hat und dabei mindestens zwei Punkte Vorsprung hat.

30. Mai

BESUCH IM BIERGARTEN

Dein erster Besuch in einem Gartenlokal dieses Jahr? Wenn ja – und wenn das Wetter passt –, solltest du die Möglichkeit nutzen. Nirgendwo schmecken Speisen und Getränke so wie in einem Biergarten mit freundlichem Personal und ansprechendem Ambiente. Suche dir einen wunderschönen Platz, zum Beispiel am Fluss oder unter alten Bäumen, und bestelle dein Lieblingsgetränk oder dein deftiges Lieblingsgericht. Was man als Gartenlokal-Gast beachten muss? Vor allem eine Grundregel: Wie man in den Wald hineinruft, so schallt es heraus …

Die netteste Begegnung, die du bisher im Biergarten hattest:

_____
_____
_____
_____
_____
_____
_____

EINEN HIRSCHKÄFER FINDEN

Nein, das ist keine leichte Aufgabe, denn heute sind die Hirschkäfer (Lucanus cervus) selten geworden. Der große mitteleuropäische Superkäfer (auch Hornschröter, Feuerschröter oder Donnergugi genannt) ist von Ende Mai bis Ende Juli unterwegs, aber fast ausschließlich in alten Eichenwäldern, die man auch erst einmal finden muss. Wo es welche gibt, zeigt diese Karte:

Infos über den Hirschkäfer

- Nur die 2,5 bis 7,5 cm langen Männchen haben »Hörner«, die eigentlich vergrößerte Oberkiefer sind. Die Weibchen werden nur etwa 4 cm groß.
- Die Larven des Käfers wachsen im Totholz alter Bäume auf. Ein aufgeräumter Wirtschaftswald liefert ihnen keinen Lebensraum.
- Die Nahrung von Hirschkäfern kommt aus Baumwunden, die einen süßen Saft absondern. Er enthält Quercitin, Eichenzucker, den die schweren Käfer quasi als Treibstoff für ihren Kraft raubenden Flug brauchen.
- Allerdings ist der süße Saft oft durch darin vorkommende Bakterien vergoren. Käfer, die davon trinken, dürften nicht mehr ganz nüchtern bleiben. Ob die Männchen vor ihren Paarungskämpfen dazu neigen, sich bewusst Mut anzutrinken, wurde noch nicht wissenschaftlich untersucht. Wohl aber wurde beobachtet, dass wankende und schwankende Käfer-Machos schon mal mitten im Angriff vom Ast kippen.

Juni

1. Juni

IM BAUMZELT SCHLAFEN

Du wirst einen ganz besonderen Blick auf die Welt werfen, wenn du sie einmal von oben betrachtest. Aus einem Zelt heraus, das in der Krone eines Baumes hängt. Du bist dort oben persönlicher Gast von Mutter Natur. Der Duft des Laubes, die Geräusche im Wind und das gedämpfte Licht werden zu einem einmaligen Erlebnis. Alles, was du tun musst, ist, dir ein Baumzelt zu kaufen, wie es sie in unterschiedlichen Ausfertigungen gibt. Und natürlich auf den Baum zu klettern …

Hoch über den Dingen Ruhe finden

Welches Hilfsmittel du verwendest, um eine Nacht über dem Boden zu verbringen, bleibt letztlich deiner Fantasie überlassen. Schon bei der Auswahl eines Baumzeltes wirst du Entscheidungen treffen müssen – manche sehen aus wie Kunstwerke, sie machen dich zum Teil einer Installation. Du könntest aber auch wie Schimpansen auf natürliche Materialien setzen und ein Baumnest aus Ästen bauen. Auch für eine Hängematte findet sich in hohen Bäumen ein geeigneter Platz. Gleichgültig, wie du deine Nacht hoch oben verbringst – um eine Erfahrung reicher wirst du am nächsten Morgen herabsteigen.

Ein Hotel in den Bäumen

Wer nicht gleich ein Zelt kaufen will, der kann diese ungewöhnliche Unterkunft auch mieten. Etwa im Baumhaushotel Solling in Uslar.

2. Juni

Heute ist der Mach-früher-Feierabend-Tag. Nein, leider ist dies noch kein offizieller deutscher Gedenktag, aber in den USA begeht man am 2. Juni bereits den National Leave the Office Early Day. Eine geniale Idee, denn jetzt im Frühsommer ist das Wetter meist ganz schön, und warum sollte man dann lange im Büro hocken? Es gibt Alternativen, zum Beispiel:

Ein ganz besonderes Eis kaufen!

Jetzt beginnt die warme Jahreszeit mit den kalten Sinnesfreuden. Such mal nach einer Eisdiele mit ein paar ausgefallenen Sorten – es muss ja nicht gleich Weißwurst-Senf oder Knoblauch-Nuss sein. Eiskugeln mit Rosmaringeschmack oder Erdbeer-Balsamico-Creme kommen auch sehr exotisch über die Ladentheke. Das Lieblingseis der Autorin: Lakritz!

3. Juni

HOLLYWOOD UNTER FREIEM HIMMEL

Im Open-Air-Kino ist alles ganz anders. Du musst (meist) keinen Eintritt zahlen, aber eine Decke und oft auch deine eigene Verpflegung mitbringen. Die Filmvorführungen beginnen erst, wenn es dunkel geworden ist, und enden, wenn a) der Film vorüber ist oder b) unerwarteter Weise doch noch ein Gewitterregen fällt. Freiluftkino ist eine abenteuerliche, fast schon magische Art, Filme zu sehen – Kino, Mond und Sterne.

Perfektes Ambiente

Seeufer und Parks, Freibäder, ein Fußballstadion oder der Innenhof einer Burg: Freiluftkino gibt es überall. Die »Filmnächte am Elbufer« in Dresden haben jedes Jahr 150.000 Besucher. Das Münchener »Kino am Olympiasee«, das »Sommernachtskino« in Münster oder das »Freiluftkino auf dem Rathausmarkt« in Hamburg sind ähnlich beliebt. Schau dich um, wo du in deiner Nähe Filmkunst unterm Sternenzelt genießen kannst.

4. Juni

LÖWENZAHN ZUBEREITEN

Löwenzahn sprießt schon früh im Jahr, hat saftige grüne Blätter, und viele Leute halten ihn für Kaninchenfutter. Dabei ist dieses wunderbare Kraut eine vegetarische und vegane Delikatesse.

Hier der absolute Löwenzahn-Klassiker

- Die jungen Löwenzahnblätter sollten aus dem Garten oder von einer nicht gedüngten Wiese stammen. Allzu viel Hundebesuch ist unvorteilhaft, allzu große Nähe verkehrsreicher Straßen könnte für einen erhöhten Schadstoffgehalt sorgen. Wähle die Quelle für dein Wildgemüse immer mit Bedacht!
- Wasche die Löwenzahnblätter gründlich. Da sie eine glatte Oberfläche haben, bekommst du sie sehr leicht sauber.
- Sollten die Blätter nicht mehr zu den ganz jungen, zart grünen gehören, lege sie für eine Weile in warmes Wasser ein. Das nimmt ihnen ein wenig von ihren Bitterstoffen – es sei denn, du magst es deutlich bitter.
- Nun zur Sauce: Schneide eine Zwiebel und eine Knoblauchzehe in feine Würfel. Lege sie in eine Schüssel, und gib etwas Essig und ein paar Esslöffel süße Sahne oder Sauerrahm hinzu. Runde deine Saucenkomposition mit zwei Teelöffeln Zucker oder zwei Teelöffeln Honig geschmacklich ab. Würze mit etwas Salz und ein wenig Pfeffer.
- Wenn du statt gewöhnlichem Essig Himbeeressig verwendest und einen Löffel süßen Senf zugibst, bekommst du eine besonders schmackhafte Variante.
- Schneide die Löwenzahnblätter in feine Streifen, und mische sie unter die Sauce.

5. Juni

SLACKLINE IM PARK

Slackline bedeutet schlaffe Leine oder schlaffes Seil. Eine Slackline kostet nicht viel, macht aber sehr viel Spaß, denn das Balancieren auf der breiten Textilschnur kann jeder ziemlich leicht lernen. Auf ein Netz kann man verzichten – zumindest als Anfänger. Balanciert wird nämlich auf einem schlaff hängenden Textilseil oder einem Gurt, der nur knapp über dem Boden hängt, Lowline genannt.

Schwieriger als auf einem straff gespannten Seil

Es kommt auf körperliche Fitness, Geduld, Gleichgewichtsgefühl und Körperkoordination an. Die ersten Übungen: stehen, vorwärts- und rückwärtsgehen, sich umdrehen, hinsetzen oder hinlegen, auf den Knien balancieren. Das funktioniert nicht beim ersten Versuch – oft geht es abwärts. Herunterfallen ist aber nicht sonderlich gefährlich, denn das Seil sollte über weichem Untergrund – über einer Wiese oder über Sand – gespannt sein.

6. Juni

GRILLEN GEHT JETZT GUT

Der erste Grillabend des Jahres! Hast du alles, was du brauchst: Ist der Grill okay? Grillzange(n), Holzkohle, Grillanzünder? Und das Grillgut: Ist für jeden etwas dabei? Würstchen, Fisch, Fleisch von Rind, Schwein, Pute und Huhn, oder mag es jemand vegetarisch? Dann kauf noch Gemüse und frische Kartoffeln ein. Wie sieht es mit den Beilagen aus? Einfaches Brot, Baguette, Ciabatta oder Brötchen, dazu Butter oder Kräuterbutter … Oder doch lieber Kartoffel- oder Nudelsalat?

Im Paradies der Dips und Saucen

Ketchup und Senf – damit ist heute kaum jemand zufrieden. Im Supermarkt warten Barbecue-Sauce, Currysauce, Honig-Senf-Sauce oder viele andere Sorten auf dich und deinen Einkaufswagen. Dazu vielleicht noch ein paar Dips? Du hast die Auswahl: Aioli, Knoblauch, Sauerrahm, Curry, Tomate-Paprika, Guacamole und viele mehr. Guten Appetit!

DER JUNI – EIN MARMELADENTRAUM

Welche Früchte sind jetzt reif? Viele und genau die richtigen für Marmelade: Erdbeeren, Himbeeren, Johannisbeeren und Süßkirschen gibt es frisch auf dem Wochenmarkt und in der Obstabteilung des Supermarkts. Auch die neue Ernte von Rhabarber und Stachelbeeren kannst du jetzt kaufen.

Besondere Marmeladenrezepte

Marmelade kochen funktioniert ganz einfach mit Gelierzucker. Es gibt ihn in drei unterschiedlichen Varianten je nach Mischungsverhältnis:

1:1 (100 g Früchte auf 100 g Gelierzucker), 1:2 (100 g Früchte auf 50 g Gelierzucker) oder 1:3 (100 g Früchte auf 33 g Gelierzucker).

Es können drei unterschiedliche Marmeladensorten von süß bis fruchtig entstehen. Du solltest nur beachten: Je weniger Zucker in der Marmelade enthalten ist, desto weniger haltbar ist sie. Ein Fruchtaufstrich mit nur einem Drittel Zucker muss ziemlich schnell verbraucht werden.

So wird es gemacht

Die Früchte von grünen Teilen befreien und waschen, die Marmeladengläser sorgfältig reinigen und am besten mit heißem Wasser auskochen. Es können viele, nicht zu große unterschiedliche Lebensmittelgläser und deren Deckel verwendet werden, zum Beispiel von sauren Gurken oder Apfelmus. Die

Früchte in kleine Stücke schneiden, mit dem Gelierzucker vermengen und nach den Angaben des Herstellers kochen lassen. Die fertige Marmelade noch warm in die Gläser füllen und mit dem (sorgfältig gesäuberten) Deckel verschließen.

Auf in die Marmeladen-Hexenküche!

Es ist also ziemlich einfach, Marmelade zu kochen. Deine ganz besondere Marmelade erhältst du, wenn du ein paar besondere Zutaten hinzugibst. Kombiniere, was gut zusammen schmecken könnte, und werde zum Marmeladen-Guru für Freunde und Familie! Keine Hemmungen: Sogar eine Tomaten-Gin-Marmelade und die Sorte Pflaume-Lebkuchen-Marzipan sollen ein Hochgenuss sein, geschaffen von kreativen Marmeladenkünstlern im heimischen Küchenlabor.

- Erdbeermarmelade schmeckt feiner mit etwas Vanille und Zitrone.
- Ebenfalls gut vertragen sich Erdbeeren mit Pistazien. Sie lassen sich auch gut mit Kräutern kombinieren; hier eignen sich Basilikum, Minze, Melisse oder Rosmarin.
- Nektarinenkonfitüre mit Rosmarin wird alle deine Frühstücksgäste begeistern.
- Pflaumen, Äpfel und Weintrauben werden mit Zimt zum Geschmackserlebnis.
- Ingwer ist die ideale Zutat zu Orangen- oder Birnenmarmelade.
- Grüner Pfeffer passt gut in Zitronen-, Grapefruit- oder auch Erdbeerfruchtaufstriche.
- Pflaumen, Kirschen und Brombeeren verstehen sich gut mit Walnüssen.
- Aprikosen und Pfirsiche kombiniert man geschmacklich mit Mandelstückchen oder zerkleinerten Pinienkernen.

8. Juni

EIN KURZTRIP ANS MEER

Mal wieder den Horizont sehen. Den Tag des Meeres (heute!) könntest du für einen Besuch am Strand nutzen, wenn deine Zeit es zulässt. Weißt du noch, was das Meer für dich bedeutet? Vergessen? Finde es wieder heraus. Der Wind, der dich und deine Kleidung schüttelt, die Wellen mit ihren Schaumkronen, Sand zwischen den Zehen, die Pflanzen auf den Dünen, die im Wind zittern, die Schreie der Möwen, der Duft nach Salzwasser und Seetang – du erinnerst dich?

Welche enormen Schätze du am Strand finden kannst!

- Bernstein – klare und rätselhaft milchige Schmucksteine aus prähistorischem Harz
- Meerglas – Glasscherben von samtener Weichheit, in vielen Formen und Farben
- Strandholz – auf einer langen Reise von Sand und Wogen geformt, fast jedes Stück ein Kunstobjekt
- Krabben, Seeigel und Seepocken
- lustig geformten Blasentang
- Tampen und Taue, die Überreste von Schiffstakelagen
- glatt geschliffene Feuersteine und sogar Hühnergötter – Steine mit einem Loch mitten hindurch
- Donnerkeile – die Überreste von Belemniten, urzeitlichen Tintenfischen
- einen weißen Schulp aus dem Körper von Tintenfischen
- Herzmuscheln, Pfeffermuscheln, Sandklaffmuscheln, Schwertmuscheln und Miesmuscheln – die häufigsten vorkommenden Muschelarten
- Strandschnecken, Wellhornschnecken, Pantoffelschnecken und die winzigen Wattschnecken

9. Juni

BESUCH IM ZOO

Geh auf Weltreise und schau die Tiere von allen Kontinenten an einem einzigen Tag an! Eisbären, Elche, Elefanten, Tiger, Jaguare und Bisons, Koalabären und Pinguine. Gut, nicht alle Tierarten können in einem Tierpark artgerecht gehalten werden, aber vielen von ihnen geht es auch in einem Gehege sehr gut – und es macht Spaß, ihnen zuzuschauen.

Besuche die Tiere in ihrem speziellen Zuhause
Wo wohnen die Affen? Natürlich im Affenhaus, und da ist immer was los! Statte ihnen einen Besuch ab! Oder schau mal unter Wasser vorbei. Süßwasser- und Meeresfische warten auf dich im Dämmerlicht des Aquariums. Pinguine, Seelöwen und Flusspferde in einer naturnahen Umgebung sieht man auch nicht jeden Tag. Ein besonders spannendes Erlebnis ist das Nachttierhaus – wirf einen Blick in eine Welt, die dir sonst verschlossen bleibt.

10. Juni

DEN SOMMER RIECHEN

Lege dir Duftinseln im Garten an oder bepflanze dir einen Blumenkasten voller Duftgeschenke. Es bietet sich eine Vielzahl von Pflanzenarten an: Lavendel hüllt deinen Balkon wohlriechend ein. Gardenie, Tuberose, Kranzschlinge, Duftjasmin, Hyazinthe, unterschiedliche Orchideenarten mit vielen Duftvarianten, ein Orangenbäumchen oder nach Zitrone riechende Zimmerzypressen eignen sich für die Wohnung.

Im Garten
Hier riechen die Duftwicken und die Wunderblume angenehm nach Orangen, der Lebkuchenbaum nach Keksen, die Magnolien und der Goldlack verführerisch-süßlich, der Thymian würzig, der Flieder lieblich und der Duftsteinrich und die im Winter blühende Zaubernuss nach Honig.

Was ist dein Lieblingsduft?

_____

_____

_____

11. Juni

GENIESSE EINEN GRÜNEN POWERDRINK

Frisches Gemüse kann man nie genug bekommen und der Juni ist ein guter Monat, um auf den Wochenmarkt zu gehen oder im Garten nachzuschauen, ob im Gemüsebeet schon etwas gewachsen ist. Und wenn du magst, kannst du dein Gemüse mal in einer besonderen Form zu dir nehmen. Oder deinen Salat:

Rezept für einen ultragesunden Salat-Smoothie
100 g Blattsalat (Sorte nach Geschmack) zerteilen, die Blätter waschen, 200 g frischen Brokkoli in kleine Rösschen trennen und ebenfalls waschen, dann noch ein paar Blätter Petersilie duschen. Danach wandern alle Zutaten in den Mixer, 50 bis 100 ml Wasser dazugießen und alles zerkleinern. In ein Glas füllen, je nach Konsistenz mit etwas Wasser verdünnen, sofort servieren. Statt Petersilie kannst du auch etwas Ingwer und Minze zugeben.

12. Juni

BEGINN EIN TAGEBUCH

Heute ist der Tag des Tagebuchs: Wäre es nicht schön, wenn du mal wieder ein paar Zeilen niederschreiben würdest? Was, du hast kein Tagebuch? Höchste Zeit, dass du dir wieder eins besorgst. Vielleicht hattest du ja schon mit vierzehn ein Tagebuch, das du immer unter deiner Matratze versteckt hast – damals waren bunte Glitzerstifte der absolute Renner. Heute hat sich dein Geschmack sicher verfeinert, so oder so:

Such dir ein schönes Notiz- oder Skizzenbuch
Und nun beginn zu schreiben! Es müssen ja nicht immer seitenlange Einträge und herzzerreißende Beschreibungen deiner vergangenen Liebschaften sein – es kann schon Wunder wirken, nur ein paar Zeilen am Tag aufs Papier zu bringen. Es kann dir helfen, das Erlebte zu reflektieren oder einfach nur ein schönes Erlebnis festzuhalten. Und heute musst du es auch nicht mehr unter der Matratze verstecken.

13. Juni

BIERGARTENZEIT!

Mindestens einmal im Sommer muss es sein: ein Besuch im Biergarten. Aber braucht man das wirklich? Total viele Leute, unfreundliche Bedienung, astronomische Getränkepreise? Hier ein paar Vorschläge für die Gestaltung eines eigenen Biergartens auf deiner Terrasse oder auf deinem Balkon.

O'zapft is!

Wenn du dir nur einmal etwas Arbeit machst, hast du den ganzen Sommer über deinen eigenen Biergarten nur ein paar Schritte entfernt. Passende Tische und Bänke gibt es im Baumarkt. Eine blau-weiß karierte Tischdecke erfüllt auch eine Veranda in Schleswig-Holstein mit bayerischem Flair. Wenn du es perfekt machen willst, kaufst du im Getränkehandel noch ein Fässchen Bier zum Selberzapfen. Dazu gibt es ganz nach Wunsch der Gäste Wurstsalat, Leberkäse und Weißwurst aus der besten Küche der Region – deiner eigenen! Salzgebäck nicht vergessen!

14. Juni

ISS EIN ERDBEERTÖRTCHEN

Was für ein niedlicher Feiertag, der amerikanische National Strawberry Shortcake Day! Was hindert uns daran, ihn auch zu feiern? Heute solltest du dir, passend zum Termin und zur Jahreszeit, ein fruchtiges Erdbeertörtchen gönnen. Entweder du gehst in ein schönes Café und genießt eine kleine Pause mit Sahne in der Sonne oder du machst dein eigenes Törtchen:

Erdbeerträume selbst gebastelt

Dazu brauchst du frische Erdbeeren, ein paar Tartletböden, ein Päckchen Sahne und ein Päckchen Vanillezucker – das alles gibt es im Supermarkt. Die Sahne mit dem Vanillezucker schlagen, die Erdbeeren waschen und in kleine Scheiben schneiden. Auf den Tartletböden arrangieren und einen schönen Klacks Sahne oben drauf geben. An besonders warmen Tagen passt auch ein bisschen Joghurt- oder Vanilleeis dazu. Herrlich sommerlich!

AUF GEHT'S ZU EINER KAJAKFAHRT

Sommer! Du könntest heute mit deinen Freunden die Welt vom Wasser aus betrachten. Eine besondere Erfahrung ist es, in einem Kajak dem Lauf eines Flusses zu folgen – mit dem einfach zu steuernden Wasserfahrzeug ist das auch für Anfänger möglich. Ein bisschen Wasser im Boot kommt schon vor – in der warmen Jahreszeit und mit der richtigen Kleidung kein Problem. Nichtschwimmern ist natürlich eine Schwimmweste anzuraten.

Jedes Gewässer hat seinen eigenen Charakter

Von einer beschaulichen Fahrt unter Bäumen auf einem ruhigen Flüsschen über eine sportlich bewegte Strecke auf einem munteren kleinen Strom bis hin zur Bootsfahrt für Könner: Unvergessliche Eindrücke warten auf dich. Du musst nicht gleich ein Kajak kaufen. Vielerorts kannst du, neben anderen Booten, auch ein Kajak mieten, sodass du noch heute oder an einem der nächsten Tage zum Flusspiraten werden darfst. An manchen Flüssen wird eine Art Einwegverfahren angeboten: an der einen Stelle mieten, ein Stück Fluss hinab- oder hinauffahren, das Boot an einer anderen Stelle abgeben.

Wo wartet mein Boot auf mich?

Flüsse gibt es viele: Alster, Donau, Lister, Neckar, Sieg, Spree, Ems oder Weser – wie kann man einen Bootsverleih an einem Fluss finden? Einfach in die Suchmaschine eingeben: »Bootsverleih« und »Name des Flusses« oder »Bootsvermietung« und »Name des Flusses«. Ein Tipp: vorbestellen! In der Ferienzeit, an Wochenenden und besonders an Tagen mit schönem Wetter ist sonst alles ausgebucht.

16. Juni

DER HOLUNDER BLÜHT

Ist er nicht eine Pracht, der Holunder? Er sieht schön aus und verströmt einen angenehmen Duft, wenn er blüht, und das tut er je nach Standort von Ende Mai bis Anfang Juli. Seine großen weißen Blütendolden kann man aber nicht nur bewundern; mit denen lässt sich so einiges anstellen.

Holunderblütensekt selbst machen

Aus Holunderblüten ein Getränk herzustellen, das gut schmeckt und den Stoffwechsel anregt, ist einfach. So geht's: 1,5 Liter Wasser kurz aufkochen lassen, zum Abkühlen beiseitestellen. 10 bis 12 schöne Holunderblüten-Dolden am Stück, 150 g Zucker und den Saft von einer halben Zitrone in ein großes Glas geben. Das mittlerweile abgekühlte Wasser darübergießen. Umrühren, damit sich der Zucker auflöst. Das Glas oben abdecken (Küchentuch), aber nicht fest verschließen, Gefahr von Überdruck! Das Gefäß zwei bis drei Tage an einem sonnigen Fenster stehen lassen. Wenn kleine Gasperlen aufzusteigen beginnen, ist der Holunderblütensekt fertig.

Darauf musst du achten

Holunderblütensekt ist ein reines Naturprodukt, und seine Herstellung kann nicht immer gelingen. Wenn nach ein paar Tagen die Flüssigkeit unangenehm riecht, sich Schaum oder Schleim bildet oder auch der Geschmack nicht stimmt, besser nicht trinken!
Und sei vorsichtig: Verwechsle den Holunder nicht mit dem kleineren Zwerg-Holunder oder Attich – dessen Pflanzenteile und Beeren sind giftig! Am besten jemanden fragen, der sich auskennt, wenn du unsicher bist.

17. Juni

TAG DER FRISCHEN BEEREN

Sie sind wieder da, die Beeren: Himbeeren, Brombeeren, Johannisbeeren und Stachelbeeren können entweder im eigenen Garten bzw. in der freien Natur geerntet werden oder werden auf den Wochenmärkten angeboten. Zeit für die erste frische Leckerei mit Beeren in diesem Jahr. Wie wäre es mit einem typisch englischen Dessert?

Peppig-fruchtig: Beeren-Crumble

Zuerst verknetest du in einer großen Schüssel 150 g Mehl, 100 g Zucker und eine Prise Salz mit 150 g Butter zu feinen Streuseln. Dann gibst du 500 g frische Beeren in eine Ofenform und sprenkelst 2 bis 3 Esslöffel Honig darüber. Nun verteilst du die Streusel über die Beeren und drückst sie etwas in die Masse. Wenn du möchtest, streue noch etwas braunen Zucker über den Crumble. Nach 25 Minuten bei 200 Grad Celsius ist er fertig zum Servieren – am Besten mit einer großen Kugel kaltem Vanilleeis!

18. Juni

SPÜRE DEN SOMMERWIND

Wirklich, Wind ist im Sommer eine gute Sache. Na ja, wirst du vielleicht einwenden, man kann Strom daraus machen, aber sonst? Er zerzaust dir die Frisur, bremst dich beim Radfahren aus, weil er immer genau von vorn kommt, und weht dir als Gewittersturm den Sonnenschirm und deine Gartenmöbel durcheinander. Aber der Wind hat auch seine guten Seiten.

Der Wind weht kühl über die Haut …

… wenn das Thermometer zu sehr steigt. Und ja, er bringt manchmal ein paar Regenwolken und ein Gewitter, damit Pflanzen, Tiere und wir Menschen nicht verdursten. Er trägt alle Sommerdüfte zu deiner Nase und macht so manche Sommersportart erst möglich: Segeln – Windsurfen – Drachen steigen lassen. Spüre ihn auf deiner Haut und freunde dich mit ihm an! Und hat er nicht dafür gesorgt, dass du auf deinem letzten Selfie einfach toll ausgesehen hast mit deinen wehenden Haaren? Genau.

19. Juni

DINNER TO GO

Das Wetter ist (hoffentlich) gut, ein Picknick hatten wir schon diesen Sommer. Wie wäre es einmal mit einer ausgewachsenen Mahlzeit an einem ganz besonderen Ort? Tisch und Stühle passen bequem in den Kofferraum, das Menü wird mitgenommen oder – besonders kurios – an besagten besonderen Ort geliefert. Unbedingt dabei sein sollten: zwei silberne Kerzenleuchter, geschmackvolles Geschirr und erlesene Gläser.

Vorschläge für Dinner-Locations

Die Wiese im Stadtpark, das Plätzchen unter der Brücke am Fluss, irgendwo auf einer Lichtung mitten im Wald, auf dem Dach eines hohen Gebäudes, auf einem Schiff auf dem Fluss oder einem Kanal, in der riesigen leeren Halle einer stillgelegten Fabrik … Ach ja, das Outfit: Wie wäre es mit der großen Abendgarderobe, ganz im Kontrast zum Ort des Geschehens?

20. Juni

DIE NACHT DURCHTANZEN

All Night Long! Tanze am Geburtstag von Lionel Richie durch eine der kürzesten Sommernächte! Du hast viele Möglichkeiten: Du könntest in einen Club gehen, wenn es kühler geworden ist, oder vielleicht auch ganz allein für dich nackt durch die Wohnung tanzen – warm genug ist es ja. Denk nur an deine Nachbarn von gegenüber. Auch Balkon und Terrasse eignen sich als Bühne für deine ganz private Choreografie. Have the Time of Your Life – so wie in dieser Nacht hast du noch nie getanzt!

Warum eigentlich allein?

Stell eine Playlist mit Sommersongs zusammen und starte einen Kurznachrichten-Notruf an all deine Freunde, etwa mit dem Inhalt: »Bin mondsüchtig und habe Tanzfieber – wer macht mit auf der Wiese im Stadtpark?« Oder am Stadtstrand. Getränke und der Bluetooth-Lautsprecher passen in den Fahrradkorb – die Kaninchen werden staunen …

21. Juni

MITTSOMMERNACHT WIE
IN SCHWEDEN FEIERN

Heute ist Sommeranfang – der längste Tag des Jahres. Er ist ideal, um den Sonnenaufgang zu beobachten. Früher geht die Sonne an keinem einzigen Tag des Jahres auf. Nördlich des Polarkreises geht sie noch nicht einmal unter. Grund genug für die Schweden, das Mitsommernachtsfest zu feiern.

Dein eigenes Mittsommernachtsfest

Blumen und Blüten spielen bei diesem Fest eine besondere Rolle. Die Mädchen und Frauen tragen Kleider mit Blumenmustern, die Mittsommerstange oder Maistange wird auf dem Festplatz aufgestellt. Rund um die mit Blättern und Blumen geschmückte Mittsommerstange wird getanzt und gesungen, es gibt ein ganzes Repertoire von speziellen Tanzliedern, die den Sommer und die Natur zum Thema haben.

Speisen und Getränke

Das Mittsommernachtsfest hat seine eigenen Speisen und Getränke. Auf der Speisekarte stehen neue Kartoffeln mit Hering in einer mit Schnittlauch gewürzten Sauce aus Sauerrahm, dazu reicht man Knäckebrot und Käse. Der Nachtisch besteht aus frisch geernteten Erdbeeren mit Sahne. Während des Essens wird immer wieder ein Schnaps (umgangssprachlich »nubbe«) aus kleinen Gläsern getrunken, deftige Trinklieder steigern die Stimmung. Damit es nicht allzu trocken zugeht, fließt auch das »Öl« in Strömen – so nennt man in Schweden das Bier. Aber natürlich kannst du auch mit Mineralwasser und Traubensaft die kürzeste Nacht feiern.

ben Blumen. Sie pflücken in der Mittsommernacht sieben Blumen von sieben Wiesen, wobei sie absolut still sein müssen. Später legen sie diese Blumen unter ihr Kopfkissen, wo sie Einfluss auf ihre Träume haben sollen: Natürlich träumen die jungen Damen von dem Mann, den sie später einmal heiraten werden!

Eine Nacht voller Magie

Weit verbreitet ist in Schweden die Vorstellung, dass die Natur in der Mittsommernacht unter magischem Einfluss steht. Elfen und Trolle beobachten die Festgäste oder mischen sich sogar unter sie. Schau genau hin – vielleicht kommen sie ja auch auf dein Mittsommernachtsfest. Der Tau, der in dieser Nacht fällt, soll übrigens heilende Wirkungen entfalten können, und wird deshalb für die spätere Verwendung aufgefangen. Du könntest Tautropfen von den Blättern in eine kleine Flasche laufen lassen – schon ein bisschen davon genügt.

Der Zauber der sieben Blumen

Unverheiratete junge Mädchen glauben an den Zauber der sie-

Einen Blumenkranz selbst machen

Frauen schmücken sich in dieser Nacht auch gern mit einem Blumenkranz. Den kannst du leicht selbst machen: Blumenköpfe vom Stiel abschneiden. Ein elastisches Band einmal um den eigenen Kopf legen, damit du weißt, wie groß dein Kranz werden soll. Blumen mit einem Bindfaden an das abgeschnittene und zusammengeknüpfte Band nähen und zur Sicherheit von unten mit Heißkleber festkleben. Jetzt kannst du Mittsommernacht feiern!

22. Juni

ISS EIN FRANZÖSISCHES SCHOKOLADEN-ECLAIR

Es gibt sie nicht überall, und wenn du am Schokoladen-Eclair-Tag ein Eclair essen willst, musst du eine französische Bäckerei, eine Boulangerie, finden. Zum Glück gibt es sie in immer mehr Städten. Nur wer das französische Liebesknochen-Gebäck einmal gekostet hat, kann verstehen, warum sogar Amerika diese französische Köstlichkeit an einem eigens ausgewählten National Chocolate Eclair Day feiert.

Mach einen Auszeit-Traum draus!
Paris ist nicht gerade um die Ecke – oder doch? Schließe die Augen, stell dir vor, du sitzt auf einem Kaffeehausstuhl an einem kleinen runden Tisch in einem französischen Straßencafé, um dich herum die Geräusche der Großstadt, du trinkst einen Kaffee und jetzt beißt du in dein leckeres Eclair. Der wunderbare Geschmack trifft dich wie der Blitz – genau das bedeutet éclair im Französischen: »Blitz«.

23. Juni

BEGIB DICH AUF EINE NACHTWANDERUNG

Lange laue Sommernächte sind einfach perfekt für eine ausgiebige Nachtwanderung! Es ist nicht so heiß wie am Tag, die Luft riecht wunderbar, und im Mondlicht oder unterm Sternenhimmel durch die Natur zu schlendern, ist eine ganz eigene Erfahrung. Besonders mutige Familienmitglieder oder Freunde könnten dich begleiten.

Wohin führen deine Nachtwege?
Du bist ja nicht allein – vielleicht wanderst du gerade an die gespenstischen Orte mit besonders intensivem Nervenkitzel. Über den Friedhof zur Lichtung im Wald zum Beispiel. Oder pack ein bisschen Proviant ein und gehe genau dorthin, wo du schon einmal bei Tageslicht Picknick gemacht hast. Stadtpark, Seeufer, unter der Brücke am Fluss. Du wirst staunen, wie anders alles aussieht im Mondlicht. Übrigens: Eine Taschenlampe oder die LED deines Mobiltelefons können im Zweifelsfall Sicherheit geben.

24. Juni

WASSERSPIELE UND EIN PAPIERSCHIFFRENNEN

Kennst du einen kleinen, flachen Bach oder Fluss mit einem sanft abfallenden Ufer in deiner Nähe, der durch eine Wiese fließt oder einen Wald? Mach dich auf den Weg dorthin und tu das, was ein Kind an so einem Gewässer tun würde. Setz dich ans Ufer und lass die Beine ins Wasser baumeln, oder lauf mit nackten Füßen ein Stück über runde Kiesel durch das Wasser. Errichte einen Staudamm aus Steinen, Zweigen und Sand (das ist natürlich verboten!). Bau – vielleicht mit deinen Kindern – Schiffchen aus Papier oder Ästen und lass sie den Bach hinuntertreiben, lass es fortschwimmen bis zum Meer, weiter, immer weiter …

So entsteht aus einem einfachen DIN-A4-Blatt dein Schiffchen

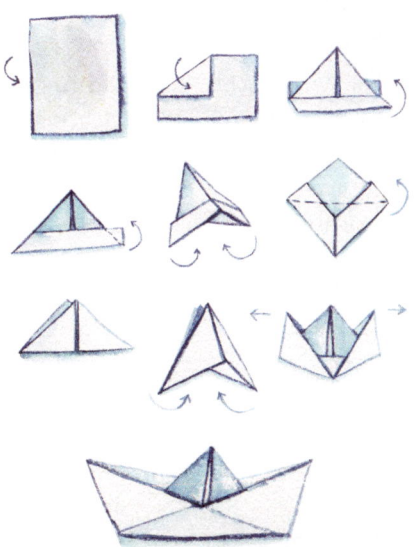

25. Juni

ORGANISIERE DEIN EIGENES FREILUFTPLANETARIUM

Vermutlich bist du kein Astronom, in deinem Garten oder auf deiner Terrasse gibt es keine Himmelspyramide und keine Teleskope. Auch auf technisch perfekte Projektionsanlagen musst du verzichten, aber du hast, wenn das Wetter mitspielt, die allerwichtigste Voraussetzung für ein Freiluftplanetarium genau über dir:

einen großartigen Sommersternenhimmel

Wenn du jetzt noch ein paar Stühle in einem großen Kreisbogen aufstellst, deine Freunde einlädst, eine erfrischende Bowle vorbereitest oder an deiner Sternenbar, die am Nachmittag noch dein Gartentisch war, Cocktails anbietest, werden die Sternbilder zur allergrößten Night- oder besser gesagt Lightshow, die es geben kann.

Folgende Sternbilder kannst du im Juni am Himmel entdecken

- Kleiner und Großer Wagen, Schlange und Schlangenträger, Löwe, Jungfrau, Delphin, Adler, Schwan, Wasserschlange und die kleine, aber eindrucksvolle Nördliche Krone. Wer findet sie?
- Wer findet außerdem einen der mit bloßem Auge sichtbaren Planeten, den rötlichen Mars, Venus und Jupiter, die beiden hellen Sterne am Sommerhimmel, und in der Dämmerung Merkur?
- Und wer entdeckt das Sommerdreieck, gebildet von den hellen Sternen Deneb, Altair und Wega?

Schreib auf, welche Sternbilder du gesehen hast:

_____
_____
_____
_____

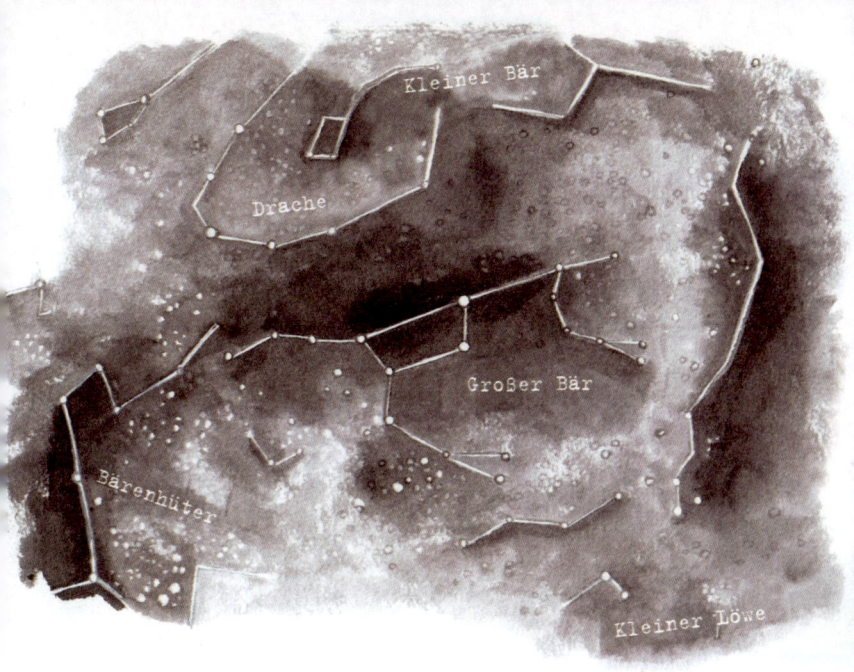

Within the image: Kleiner Bär, Drache, Großer Bär, Bärenhüter, Kleiner Löwe

Ein Cocktail namens Starry Night

Dieses Getränk passt perfekt zu deinem Sternen-Event. Du brauchst: 2 cl Metaxa (der mit den zwölf Sternen), 4 cl Maracujasaft, 4 cl Lycheesaft, 1 cl Zitronensaft, 1 Minzblatt sowie Sternfrucht-Scheiben (Karambola) oder ein paar andere Früchte für einen kleinen Fruchtspieß, zum Beispiel Mango, Mandarine und Weintraube. Für die Zubereitung musst du alle flüssigen Zutaten in einen Shaker geben und gut durchmixen. Den Cocktail anschließend in einem Glas mit zwei oder drei großen Eiswürfeln servieren, das Minzblatt schwimmt obenauf, die Früchte werden aufgespießt und als Beilage quer über das Glas gelegt. Aber pass auf: Wer zu viel von dem leckeren Cocktail trinkt, sieht mit Sicherheit Sterne.

Hinweis: Das Sternbild Kleiner Bär wird auch Kleiner Wagen genannt. Und der Große Bär ist – wenig überraschend – auch als Großer Wagen bekannt.

26. Juni

AUF DER SCHWIMMBAD-WIESE LESEN

Zeit für einen Miniurlaub im Schwimmbad: Pack das Handtuch und deinen schönsten Bikini ein, und leg dich auf einer Schwimmbadwiese in die Sonne. Bloß die Sonnenmilch nicht vergessen … und die Sonnenbrille! Dann kannst du nämlich in den Badepausen lesen. Du solltest dir dringend ein bisschen Schwimmbadwiesenlektüre besorgen.

Liebe und Leben? Hier einige Vorschläge!

»Seit du bei mir bist« von Nicholas Sparks ist ein Buch über die schicksalshaften Prüfungen im Leben eines Mannes und wie er sie mithilfe einer Frau besteht. »Vom Inder, der mit dem Fahrrad bis nach Schweden fuhr, um seine große Liebe wiederzufinden« von Per J. Andersson zeigt, wie die Distanz zwischen zwei Liebenden überwunden wird. Und »Unsere Seelen bei Nacht« von Kent Haruf erzählt von einem hochbetagten Paar, das auf ungewöhnliche Weise zusammenkommt.

27. Juni

IN DER HÄNGEMATTE SCHLAFEN

Federbett und Steppdecke werden im Hochsommer nicht gebraucht – besonders in tropischen Nächten mit Temperaturen über 20 Grad ist jeder froh über etwas Kühlung und frische Luft. Ach, wäre das jetzt toll, in einer Hängematte auf dem Balkon oder zwischen den Bäumen im Garten zu schlafen! Aber ist das nur eine schöne Vorstellung oder funktioniert das wirklich?

Die nächste Nacht wird ganz großartig

Das Einschlafen in der Hängematte fällt dir leichter, weil du sanft schaukeln kannst wie ein Baby in der Wiege. Auch Schwitzen ist im Schaukelnetz kein so großes Problem. Von überall her umweht dich kühle Luft. Und keine Angst, dein Rücken ist nicht in Gefahr, wenn er die gewohnte Matratze verlässt. Im Gegenteil – die Hängematte passt sich deiner Rückenform an, dein Rücken bleibt in Bewegung, und seine Muskulatur wird sogar trainiert.

28. Juni

SOUVENIRS AUS FOTOKABINEN

Selfies sind langweilig! Jeder macht sie, alle posten sie im Netz, man liked sich gegenseitig, fragt sich aber: Noch ein Selfie, muss das sein? Wahrscheinlich ja – jeder macht gern Fotos von sich selbst. Aber warum nicht einmal ein paar Schnappschüsse in so einer nostalgischen Fotokabine schießen – wenn du überhaupt noch eine findest … Eine schöne Aufgabe! Oder hat noch irgendwer eine alte Polaroid-Kamera mit uraltem Filmmaterial? Das müsste doch bemerkenswerte Fotos geben, unglaubliche Bilder, geradezu genial daneben …

Fotos wie in der fabelhaften Welt der Amelie

Seit diesem Kultfilm gehört ein Ausflug zum Fotoautomaten in Paris zum touristischen Programm. Für nur zwei Euro gibt es zum Beispiel im Palais de Tokyo unvergleichliche Fotos. Vorsicht, das Ding knipst sofort los – einmalige Schwarz-Weiß-Bilder! Fotokabinen in Deutschland findet man über Google Maps.

29. Juni

BUBBLE-FUSSBALL SPIELEN

Auf dem Fußballplatz geht es manchmal hart zur Sache – nichts für dich? Dann spiel doch Bubble-Football. Dabei steigst du in eine dicke Kugel aus PVC-Folie. Diese ungewöhnliche Verkleidung ist lustig anzusehen, und sie macht dich zugleich zu einem gefährlichen Stürmer. Wie beim American Football attackieren sich die Spieler der beiden Mannschaften ohne Rücksicht auf die eigene Gesundheit und werfen sich gegenseitig um.

Wie Rugby mit Airbag!

Im Gegensatz zum Fußball kann dir bei den Attacken hier aber nichts passieren: Du hast ja deine schützende Blase. Bubble-Fußball kannst du mittlerweile in vielen deutschen Städten spielen. Mancherorts wird dir die Ausrüstung sogar bis vor die Tür gebracht, wenn du aus einem Grillabend in deinem hoffentlich sehr großen Garten ein verrücktes Ereignis machen oder einer Feier in deiner Firma einen irren Dreh verpassen möchtest …

KREIERE DEIN EIGENES PARFÜM

Möchtest du wie ein echter Parfümeur dein persönliches Duftwasser herstellen, jeden Zwischenschritt und jeden Fehlschlag erleben, dann greife selbst zum Flakon.

Die Grundlage deines Parfüms

Du brauchst eine Trägersubstanz für deine Aromen. Dies kann ein neutrales pflanzliches Öl oder hochprozentiger Alkohol sein. Das Öl kannst du aus der Küche nehmen, den Alkohol gibt es in der Apotheke. Auch Fette wie Shea-Butter, Kakaobutter und neutrale Cremes eignen sich als Duftträger.

Dein Duftbaukasten ermöglicht dir eigene Kreationen

Du erhältst verschiedene Duftöle in Apotheken, Drogerien oder online. Achte beim Kauf auf eine gute Qualität, schließlich kommen sie mit deiner Haut in Berührung. Zu den Basisölen gehören Jojoba, Mandel und Kokos. Wenn du es blumig magst, nimm Flieder, Hyazinthe, Lavendel oder Jasmin. Fürs Fruchtige eignen sich Bergamotte, Orange oder Zitronengras. Wer das Erdig-Holzige bevorzugt, sollte zu Moschus, Sandelholz oder Patschuli greifen.

Stelle erste Versuche an

Gute Parfüms haben mehrere Duftkomponenten, man spricht von Kopf-, Herz- und Basisnote. Die Kopfnote verbreitet sich sofort nach dem Auftragen und verfliegt relativ schnell. Die Herznote wirkt über Stunden und Tage. Sie hinterlässt den dauernden Dufteindruck eines Parfüms. Die Basisnote ist sozusagen der Nachklang eines Duftes, hat sehr lange Bestand und gibt der Trägerin oder dem Träger Charakter und Charisma. Berücksichtige das bei deinen Rezepturen.

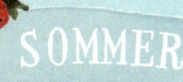

SOMMER

Juli

1. Juli

EINFACH SO IM GRAS LIEGEN

Es gibt Sommerträume, die allen Menschen gemeinsam sind: an einem warmen Julitag im Schatten eines großen Baumes auf einer Wiese am Fluss liegen, zugleich achtsam und weltentrückt zwischen Tag und Traum, umgeben von Gräsern, Blüten, summenden Insekten, Grillen und Vogelstimmen. Die duftende Luft ist voller Schmetterlinge und Libellen. Sonnenstäubchen tanzen vor deinen Augen, ein warmer Wind streicht über deine Haut. Wie lange liege ich hier, fragst du dich? Waren es nun Sekunden, Minuten, Stunden? Warum kann ich nicht immer so hier liegen bleiben?

Seinen gelben Blüten verdankt der scharfe Hahnenfuß die Bezeichnung Butterblume.

Rote Klatschmohn- blüten sind ebenso schön wie vergäng- lich.

Ein bisschen Schönheit mitnehmen

Ein ganz besonderer Blumenstrauß wartet auf dich. Was wächst nicht alles auf einer wilden Wiese! Warum nicht ein bisschen davon mitnehmen? Diese Blumen blühen wild und stehen denen im Blumenladen um nichts nach. Oft findest du zum Beispiel diese kunterbunte Auswahl:

Die weißen Blütenstände der Wilden Möhre ernähren Käfer, Fliegen und Sandbienen.

Kaum jemand kennt die Heidenelke mit ihren rosa Blüten — sie steht unter Naturschutz.

Margeriten verströmen eine sonnige Heiterkeit.

Über die Kornblumen freuen sich auch die Hummeln.

LIMONADE SELBST MACHEN

Sommerliche Temperaturen und lange Tage im Garten verlangen geradezu nach selbst gemachter, eisgekühlter Limonade.

Der absolute Klassiker: Zitronenlimonade

Alles, was du brauchst, sind drei große reife Zitronen, ein Liter Wasser, 130 g weißer Zucker, Eiswürfel und Zitronenscheiben zum Servieren. Schäle und schneide die Zitronen in Stücke, und wirf sie zusammen mit dem Wasser und Zucker in einen Mixer. Mixe alles, bis von der Zitrone nur noch winzige Stücke zu sehen sind. Fertig! So schnell kannst du mit der perfekten Erfrischung bei deinen Freunden punkten – für das gewisse Etwas gib noch ein klein bisschen Ingwer mit in den Mixer, oder füge anschließend etwas fein zerkleinerte frische Pfefferminze hinzu.

Hier noch ein paar Tipps

- Wenn du kein Fruchtfleisch magst, kannst du das Rezept auch abwandeln und statt der drei ganzen Zitronen den Saft von vier Früchten verwenden.
- Eine Geschmacksvariante erhältst du, wenn du statt Zitronen Limetten benutzt.
- Zitronen oder Limetten gehören immer zum Grundrezept. Weitere Zutaten zu deiner ganz eigenen Limonade können Orangen, Grapefruit, Ananas, Wassermelone (ohne Kerne), Him-, Blau- oder Heidelbeeren, Erdbeeren, Rote Bete, aber auch Chili und Basilikum sein.
- Weitere exotische Varianten: Rhabarber, Passionsfrucht, Mango.

3. Juli

EIN CABRIO LEIHEN

Für alle, die nicht jeden Tag ein offenes Auto fahren, ist das Wetter in den kommenden Monaten günstig für ein Wochenende im geliehenen Cabrio. Rechtzeitig buchen, denn natürlich wollen jetzt viele Leute oben ohne fahren. Wichtige Tipps, die du beachten solltest: Lass dir unbedingt die Funktion des Verdecks genau erklären, besonders bei Oldtimern. Sommerregen kommt oft überraschend schnell.

Eine Gefahr von oben: die Sonne
Nicht nur der Schutz bei Regen, auch der vor Sonne ist wichtig. Im kühlen Fahrtwind merkst du nicht, wie intensiv die Sommersonne auf deine Haut einwirkt. Besonders bei längeren Fahrten im offenen Wagen können ein Kleidungsstück mit langen Ärmeln und ein Hut oder eine andere Kopfbedeckung sehr gut schützen. Und Vorsicht mit dem Gasfuß! Manches Cabrio hat bessere Fahrleistungen als der Alltagswagen. Nicht das eigene fahrerische Können überschätzen!

4. Juli

BUNTES MEERGLAS SUCHEN

Viele fahren in den Sommermonaten ans Meer – wenn du das Glück hast, einen Tag am Strand verbringen zu können, suche doch einmal nach Meerglas. Manche nennen es auch Seeglas oder Strandscherben. Das sind kleine Glasstücke zum Beispiel von zerbrochenen Flaschen, die von Brandung und Sand abgeschliffen wurden und dadurch eine samtene Oberfläche und eine schöne gerundete Form bekommen haben.

Aus Scherben werden Schätze
Es gibt große und kleine Meerglas-Stücke, die meisten sind grün oder braun. Wenn man Glück hat, findet man auch ein Stück blaues oder rotes Meerglas. Ein solches Fundstück ist ein schönes Andenken – oder es kann auch zu einem kleinen Schmuckstück verarbeitet werden. Das hängt von deiner Geschicklichkeit ab. Natürlich eignen sich diese Mitbringsel auch als Geschenk für gute Freunde.

5. Juli

DEN SOMMER HÖREN

Der Sommer ist die Jahreszeit der intensiven Sinneseindrücke. Helles Sonnenlicht, angenehm warme Luft, in der eine Vielzahl von Geräuschen zu uns getragen wird – sie gehören zu einem schönen Sommertag. Egal, ob du mitten in einer Großstadt oder weit draußen auf dem Lande bist – versuche einmal, die äußeren Bilder auszublenden, schließe die Augen und konzentriere dich auf die Töne und Laute, die du hörst: weiter entfernte und nahe Vogelstimmen, Wind, der in den Blättern flüstert, vielleicht irgendwo das Plätschern von fließendem Wasser, summende Bienen und zirpende Grillen. Hör eine Weile zu und konzentriere dich auf das innere Bild des Sommers, das vor deinem geistigen Auge entsteht …

Grillen – aber anders: das Insekt

Im Sommer ist es nicht nur Zeit zum Grillen, sondern auch für die Grillen. Ihre typischen Geräusche tragen besonders in den südlichen Ländern Europas einen guten Teil zur sommerlichen Atmosphäre bei. Dabei weiß kaum jemand, wie das typische Zirpen entsteht. Die Grillen erzeugen das Geräusch nicht mit ihrer Stimme, sondern mit ihren Vorderflügeln, die sie aneinander reiben. Durch die entstehende, sich wiederholende einfache Lautmelodie locken sie Weibchen an und grenzen ihr Revier ab.

Vorschlag für WhatsApp: ein Geräusch verschenken

Dir gefällt das sommerliche akustische Panorama? Nimm doch einfach einen akustischen Schnappschuss auf, und versende ihn an deine Freunde! So kannst du das Zirpen einer Grille, den Gesang eines Singvogels oder das kühle Rauschen eines Baches verschenken …

6. Juli

UMARME EINEN FREMDEN

Das Internet hat für alles einen Namen, und vor ein paar Monaten war der letzte Hype die »Free Hugs Campaign« – spontane Umarmungen für unbekannte Menschen, auf www.freehugscampaign.org nachzulesen. Man hängte sich ein Schild um den Hals und bot sich fremden Menschen mit weit offenen Armen an – sehr oft mit Erfolg und zur beiderseitigen Freude. Das Schild hilft zu erklären, was geschieht. Es hilft zu verhindern, dass die Umarmung von deinem Gegenüber wie ein plötzlicher Überfall wahrgenommen wird.

Zwei müssen zueinander finden

Auch wenn es nur für einen Augenblick ist: Auf Sympathie kommt es schon an. Du solltest dir überlegen, wem du deine Umarmung anbietest, damit sie zu einem freudigen Ereignis wird. Wer passt zu wem? Erstaunlicherweise können das die meisten Menschen innerhalb von Sekunden entscheiden.

7. Juli

URLAUB AM STADTSTRAND

Stadt oder Strand? Eine überflüssige Frage – das Meer ist zwar weit, aber du musst keine lange Reise mit Auto oder Bahn unternehmen, um am Strand zu liegen. Stadt-Strände und Beach-Clubs gibt es mittlerweile fast überall. Ohne lange Anreise kannst du an der Beachbar exotische Cocktails genießen, im Sand Beachvolleyball spielen oder dich im Pool abkühlen.

Besonders schöne Stadtstrände

Vor allem in den Großstädten gibt es Strandbars an überraschenden Orten. Darunter: Der Beach-Club »Strandperle« an der Elbe in Hamburg. Club »Sonnenscheinetage« auf der obersten Etage des Aral-Parkhauses mit Blick auf den Kölner Dom. Der »Stadtstrand« am Neckarufer gegenüber der Wilhelma in Stuttgart. Der »Kulturstrand« am Vater-Rhein-Brunnen an der Ludwigsbrücke in München. Oder der Strand am ehemaligen Kraftwerk »Rummelsburg« in Berlin. Um nur eine Auswahl zu nennen.

8. Juli

WONACH DUFTET DER JULI?

Jeder hat seinen Sommerduft, welcher ist deiner? Salzwasser, Tang, Sonnencreme auf der Haut? Frisch gemähtes Gras, Regen auf staubigem Asphalt, nachdem es lange sehr heiß und trocken war? Denkst du an das gechlorte Wasser im Schwimmbad und den nach dem Schwimmen unwiderstehlichen Duft nach Pommes frites? Ist es der Geruch vom Holzkohlegrill, der von den Nachbarn herüberweht und dich hungrig macht? Mancher verbindet den Sommer auch mit den Blütendüften von Jasmin, Magnolien, Lilien oder Lavendel. Und über allem liegt eine Brise von Wald, Wiese oder Meer, je nachdem, wo du deinen Sommer verbringst.

Schreib auf, was dein liebster Sommerduft ist:

_____
_____
_____

9. Juli

DIE FÜSSE INS WASSER

Um dich heiße Luft, Schweißtröpfchen auf deiner Stirn: Bist du eine Strecke gewandert oder lässt dich einfach nur der heiße Tag an etwas Kühles denken? Gleichgültig – Körper und Geist sehnen sich nach etwas Kaltem, Klarem. Am Fluss oder an einem See sitzen, die Füße im Wasser und aufs Wasser schauen – das wäre jetzt die Erfüllung eines dringenden Wunsches. Ist das nicht auch für dich ein Bild der sommerlichen Ruhe und Erholung?

Du mitten unter den Elementen

Über dir das Feuer, die Hitze der Sonne; um dich herum die laue Luft, die du atmest; dein Körper ruhend auf der Erde und deine Füße mitten in dem kühlen Element, aus dem alles Leben gekommen ist – ein archaisches Bild des Menschen in der Welt. Und dieser Mensch könntest du sein, irgendwo an einem Fluss oder Bach ganz in deiner Nähe …

10. Juli

BESUCH EIN FREILUFTTHEATER

Ein unvergessliches Erlebnis, wie es nur der Sommer bieten kann: ein Theaterstück im Freien, und die Schauspieler unter demselben Himmel, zum Greifen nahe. Schau dich um, wo gibt es ein Freilufttheater, das du heute oder in den nächsten Tagen erreichen kannst? Welches Stück wird gespielt? Bevor du aufbrichst: Pack vorsichtshalber noch Regenjacke und Regenschirm ein.

Eine riesige Auswahl, mit viel Tradition

Egal, ob die Bregenzer Festspiele, die Karl-May-Festspiele in Elspe oder in Bad Segeberg, die Luisenburg-Festspiele in Wunsiedel, das Piraten-Open-Air in Grevesmühlen, die Seefestspiele in Mörbisch (Österreich) oder die Störtebeker-Festspiele in Ralswiek, im Sommer finden sich an ganz vielen Orten Bühnen im Freien. Mehr findest du, wenn du im Netz nach »Liste der Freilichtbühnen« suchst.

11. Juli

MEDITIERE IM PARK

Auch wenn du kein Anhänger östlicher Heilslehren bist: Ein paar Minuten im Lotussitz unter alten Bäumen an einem frühen Julimorgen klären den Geist und lassen dich mit neuer Energie in den Tag starten. Vielleicht bereitest du dich auch mit einer Tai-Chi-Übung unter mächtigen Bäumen auf den Tag vor und nimmst ein wenig von der Kraft und Konzentration dieses Rituals mit.

In der Bewegung liegt die Kraft

Kein Widerspruch zu anderen Lehren der fernöstlichen Weisheit: Auch ein Spaziergang kann als Meditation funktionieren – die Geh-Meditation ist eine durchaus praktizierte Form der Versenkung. Dabei kommt es auf Achtsamkeit an, die Konzentration auf Gehen und Atmung. Ein Zenmeister rät, so aufrecht und würdevoll zu gehen, als würden überall dort, wo die Füße den Boden berührt haben, Blumen wachsen. Und begegne Ablenkungen mit einem entspannten Lächeln …

12. Juli

DIE IDEALE NACHT ZUM CAMPEN

Camping – ist das nicht der pure Stress? Wenn du zu den Anhängern
des perfekten Campings zählst, brav Zubehör konsumierst oder sogar
die technisierte Variante Caravaning praktizierst, folgt der Stress mit
Sicherheit. Erholung findest du allenfalls als Nebeneffekt – wenn du
Glück hast und auf einem Campingplatz mit netten Leuten und einer
ganz kurzen Hausordnung (»Alles verboten!«) landest und das Che-
mieklo deines Gefährts nicht überläuft.

Stressfreies Zelten

Mach es anders, einfacher, ohne Stromanschluss, Atomgrill und Satel-
litenfernsehen und vielleicht erst einmal für eine Nacht.
Vielleicht magst du ja mit nichts weiter als einer Decke unter freiem
Himmel schlafen?
Oder du könntest dir so ein kleines Zelt besorgen, das sich ganz von
allein selbst aufbaut.
Du musst allerdings wissen, dass man in Deutschland nur auf aus-
gewiesenen Zeltplätzen mit einem Zelt übernachten darf. Aber diese
Regelung gilt nicht für Privatgrundstücke – frag einfach auf einem
Bauernhof nach, ob du auf dessen Grund und Boden deine Unter-
kunft aufschlagen darfst.

Grundausstattung beim Campen

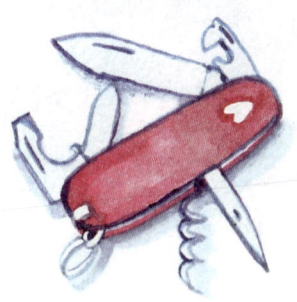

- eine (aufblasbare) Isomatte und ein guter Schlafsack für jede Person
- ein gutes Taschenmesser
- eine Reiseapotheke

- Mückenspray und/oder ein Moskitonetz
- eine Taschenlampe
- Essen und Getränke für die eine Nacht
- ein Camping-Kocher, ein Topf und ein paar Teller, Essbesteck (wenn du vor Ort kochen möchtest)

Noch ein paar Tipps für den geeigneten Platz

- Schau dir den Untergrund für dein Zelt genau an. Er sollte nicht zu feucht sein und nicht auf einer Fernwanderstraße für Ameisenarmeen liegen. Auch kleinere Steine hinterlassen unangenehme Eindrücke.
- Such dir den Ort für dein Zelt nicht erst im Dunkeln aus – sonst wachst du am Morgen mitten auf einer Kuhweide auf.

FLANIERE DURCH DEINE STADT

Touristen sind auf der Suche nach den Sehenswürdigkeiten der Stadt.
Flaneure suchen nach nichts, aber sie finden erstaunliche Dinge.
Wer ohne Eile durch die Straßen einer Stadt schlendert, hier und
da stehen bleibt, um etwas genauer zu betrachten, entdeckt ihre
überraschenden Besonderheiten und alltäglichen Annehmlichkeiten.
Vielleicht ist es ein Laden mit einem ganz besonderen Warenangebot
oder ein historisches Gebäude oder der Blick in einen Hinterhof, in
dem sich unerwartete Schönheit versteckt.

Zeit, sich zu verlaufen

Das Flanieren funktioniert sogar in der eigenen Stadt. Geh doch einfach mal los – ohne Karte, ohne Ziel, aber mit unbegrenzter Zeit. Du
könntest dich entscheiden, alles schön zu finden oder alle Menschen
lustig. Vielleicht wählst du den Blick eines Malers oder Filmemachers
oder siehst das brodelnde Leben um dich herum mit den Augen eines
Kindes. Das alles ist beim Flanieren erlaubt und erwünscht.

Im Geiste unterwegs

Ein verregneter Sommer? Ein verstauchter Fuß? Unternimm deine
Spaziergänge auf dem Sofa mit einem Buch in der Hand. Du könntest
»Spazieren in Berlin« von Franz Hessel wählen, ein Buch, das schon
im Untertitel viel über seinen Inhalt verrät: »Ein Lehrbuch der Kunst
in Berlin spazieren zu gehn ganz nah dem Zauber der Stadt von dem
sie selbst kaum weiß – Ein Bilderbuch in Worten.« Oder reise ein
wenig zurück in der Zeit und lies Walter Benjamins »Stadt des Fla-
neurs«. Erkunde mit ihm seine Geburtsstadt, das Berlin der 1920er-
Jahre.

14. Juli

AUF DIE SOMMERKIRMES

Auf der Vogelwiese in Dresden, der größten Kirmes am Rhein in Düsseldorf oder beim Hummelfest in Hamburg: Kirmes gibt es jetzt überall. Und was du da nicht alles anstellen kannst! Achterbahn fahren bis zum Abwinken! Im Autoscooter Fahrkünste zeigen, Lose kaufen, Ringe werfen, Entchen angeln und unheimlich viel Geld ausgeben, bis das Portmonee leer ist …

Und was es alles zu essen gibt!

Würste, Schwenkbraten, Pommes frites? Backfisch, Reibekuchen und Paradiesäpfel? Nein, lieber nur gebrannte Mandeln und wunderbar klebrige Zuckerwatte essen. Oder an die schlanke Linie denken und einfach nur gucken … Alles ist erlaubt!

Was hast du bei deiner Sommerkirmes erlebt?

_____

_____

_____

15. Juli

BEI VOLLMOND SCHWIMMEN

Sommernächte sind einfach zu schön, um zu schlafen: Das Licht des Vollmondes bietet die perfekte Beleuchtung für ein kleines Abenteuer unter den Sternen – ob in einem Pool oder einem Badesee, lass dich auf dem Rücken treiben und bewundere das nächtliche Schauspiel am Himmel: den Mond, die Sternbilder, leuchtende Nachtwolken, fernes Wetterleuchten und vielleicht sogar eine Sternschnuppe oder ein Nordlicht …

Magie pur: Wasser, Wald, Mond und Sterne

Besonders mutige Nachtschwimmer zieht es jetzt zu einem See im Wald: stilles schwarzes Wasser, rätselhafte Tiefe, dazu die nächtlichen Stimmen der Tiere. Kennst du einen solchen Ort? Hier einzutauchen, erfordert schon einen gewissen Mut … Wenn du dir deinen Mut nicht mehr beweisen musst: Öffentliche Bäder bieten in diesen Sommertagen Saunanächte, Schwimmen bei Candle-Light oder textilfreies Schwimmen an.

16. Juli

SCHLAF UNTERM STERNENHIMMEL

Warum nicht einfach mal die Sommernächte ganz anders erleben und ein Lager unter den Sternen aufschlagen? Ob auf dem Balkon, im Garten, im Wald oder ums Lagerfeuer auf einer Wiese: Bau dir, am besten mit Freunden, einen kuscheligen Schlafplatz und verbringe die Nacht im Freien. Mehr als einen Schlafsack und einen sicheren Wetterbericht brauchst du nicht. Und wenn es doch noch ein Gewitter geben sollte: Du bist ja nicht weit weg von zu Hause.

Die Nacht spüren

Gerade in diesen Nächten wirken alle Sinnesreize intensiv. Ob Vollmond oder Dunkelheit – versuche, die Dinge im Schatten an ihrem Umriss zu erkennen und ihnen einen Namen zu geben. Strecke deine Hände aus und fühle die samtene Nachtluft. Atme sie ein und durchwandere im Geiste das Reich ihrer Düfte. Sitze still, lausche den Geräuschen und erfasse so die akustische Nacht.

17. Juli

ISS EINEN RIESIGEN EISBECHER

Im Juli schmeckt das Eis besonders gut, und die Eisbecher, die du bestellen kannst, sind eigentlich immer … zu klein? Das auch, aber eigentlich nicht so, wie du sie willst. Deshalb könntest du es dir zur Aufgabe machen, einmal genau aufzuschreiben, wie dein Eisbecher sein soll – vielleicht auf eine Postkarte?

Ein schönes Sommerprojekt

Notiere die Eissorten, Likör oder Sauce, die Toppings und sonstigen Zutaten. Suche dir dann die Eisdiele deines Vertrauens und gib dein Rezept bei der Bedienung ab. Mal schauen, ob der Eisbecher, der dir dann serviert wird, deine Erwartungen erfüllt.

Hier ist Platz für deine Notizen:

_____
_____
_____

18. Juli

GEH AUF FOTOSAFARI

Mach eine Fotosafari und unternimm zu diesem Zweck eine kleine Reise, zum Beispiel in einen Park, den du noch nie besucht hast, oder in eine Nachbarstadt, die du nicht kennst. Du wirst später über deine Bilder staunen, denn man nimmt anders wahr, wenn man etwas zum ersten Mal betrachtet. Alles ist neu, unerforscht und schon hinter der nächsten Ecke könnte deine Kamera einen atemberaubenden Anblick einfangen.

Mit neuen Augen sehen

Fotografieren macht ein bisschen blind, man sieht und erfasst die Dinge nicht in dem Augenblick, in dem die Kamera sie einfängt. Deshalb ist ein zweiter Teil deiner Jagd nach Bildern wichtig: die Sichtung der Beute. Nimm dir Zeit dafür, speichere deine Fotos nicht einfach ab, ohne sie genau anzuschauen. Du wirst über deine eigenen Fotomeisterwerke staunen. Das habe ich wirklich gesehen? Drucke die besten Bilder aus oder stelle ein Fotobuch zusammen!

19. Juli

AB IN DEN URWALD

Um in den Urwald zu kommen, muss man eine lange Reise unternehmen, oder? Keineswegs, der Urwald ist quasi direkt vor deiner Haustür. Wo es in Deutschland noch Urwälder gibt? Mit 160 km² stellt der Nationalpark Hainich in Thüringen das größte zusammenhängende Laubwaldgebiet Deutschlands dar, davon ein Großteil Urwald. Weitere Urwälder gibt es im Pfälzerwald in den Vogesen, in der Wutachschlucht Schwarzwald, im nordhessischen Reinhardswald und im Kellerwald am Edersee. Du kannst auch den Serrahner Buchenurwald in Mecklenburg oder das Naturwaldreservat Riesloch im Bayerischen Wald besuchen.

Mit dem Bus in die Wildnis

Du musst keine Expedition unternehmen – erfreulicherweise kannst du mancherorts den Urwald mit öffentlichen Verkehrsmitteln erreichen. Im Reinhardswald zum Beispiel gibt es eine Haltestelle »Urwald« der Linie 190.

EIN SOMMERGEWITTER GENIESSEN

Vielleicht passiert es nicht gerade heute, aber in den nächsten Tagen kann es schon sein, dass nach einem sehr heißen Tag Blitz und Donner über dich hereinbrechen. Weil so ein Gewitter nicht ungefährlich ist, solltest du dir zunächst einen sicheren Ort mit einem Dach über dem Kopf suchen, von dem aus du das Geschehen draußen dann gut beobachten kannst:

Ein Schauspiel der Naturgewalten

- Schau den Wolken zu und beobachte, wie sich aus den weißen Kumuluswolken drohende Gewittertürme aufbauen, an deren Rand sich Ambosswolken bilden.
- Spüre die aufgeladene, schwüle Luft, die dich umgibt.
- Genieße die Kühle der ersten Windböen, die über deine Haut streichen.
- Schau dir die Blitze am Himmel an und lausche dem Donner.
- Zähle die Sekunden zwischen Blitz und Donner und rechne aus, wie weit der Blitz von dir entfernt war (1 Sekunde = ca. 343 Meter).
- Beobachte, wie es zu regnen beginnt, wie aus ersten dicken Tropfen prasselnder Regen oder sogar ein Hagelsturm wird.
- Führe einen Regentanz auf oder nimm ein paar Hagelkörner in die Hand und schaue sie dir genau an.
- Warte, bis das Gewitter vorüber ist, und lausche den Naturgeräuschen wie dem Zwitschern der Vögel, die zu neuem, frischem Leben erwachen.

Genieße das Wetterereignis in vollen Zügen – inklusive ein bisschen Angst vor Blitz und Donner.

21. Juli

EISGEKÜHLTER PFEFFERMINZTEE

Pfefferminztee ist das ideale Sommergetränk: kalorienfrei, super erfrischend und mit einer denkbar einfachen Rezeptur: Auf 1 Liter Wasser kommen zwei bis drei Beutel Pfefferminztee oder eine frische Pfefferminzpflanze aus dem Kräutergarten. Den Tee in einem hitzebeständigen Gefäß aufgießen und etwa zehn Minuten ziehen lassen. Ein Beutel schwarzer Tee zusätzlich macht das Getränk auch anregend.

Schön kühl servieren
Den Tee nun abkühlen lassen und in eine schöne Karaffe umfüllen. Eiswürfel entweder in die Karaffe geben – allerdings schmelzen sie dann ziemlich schnell – oder besser: Eiswürfel ins Glas, Tee darübergießen, eiskalt trinken … Etwas Zitronensaft gibt dem Getränk einen besonderen Pfiff. Wenn es besonders schön aussehen soll, kannst du die Trinkgläser mit Pfefferminzblättern dekorieren.

22. Juli

MAL WOANDERS ABHÄNGEN

Heute ist der Tag der Hängematte, und dieses großartige »Ruhemöbel« hat so einen Gedenktag verdient. Sie ist klein, handlich und einfach zu transportieren – im Rucksack oder in den Packtaschen vom Fahrrad. So musst du deine Hängematte nicht im Garten oder auf dem Balkon aufhängen – such dir einen ganz besonderen Ort für deine Siesta, im Stadtpark oder im Strandbad.

Chillen, wo du Lust hast
Du musst mit einer Hängematte nicht in der Stadt bleiben. Fahr ein Stück raus aufs Land oder in die Wildnis. Ein Ruheplatz hoch oben mit Übersicht? Am Flussufer? Du kannst dich nahezu überall niederlassen – zwei kräftige Bäume genügen für ein traumhaftes Schlaflager mitten in der Natur.

Notiere hier deinen Lieblingsplatz:

_____

_____

_____

23. Juli

UNTERWEGS AUF BAUMWIPFELPFADEN

Nicht nur Drohnen können einen Blick von oben auf die Welt werfen. Du schaffst das auch, und das sogar ganz ohne Technik. Die Welt ist in diesem Fall der Wald, den du zwischen den Baumkronen auf einem Baumwipfelpfad durchwandern kannst. Anders als im Hochseilgarten kommst du zumeist ohne große Kletterei bequem in die Höhe und kannst deinen Weg zwischen den Ästen der Bäume beschreiten, oft über spektakuläre Brücken und gewundene Pfade.

Kronenwege überall

Der Ausblick ist manchmal atemberaubend – auf jeden Fall unbeschreiblich. Baumwipfelpfade finden sich überall im Lande: von Rügen über den Baumwipfelpfad Saarschleife in Mettlach, den TreeTopWalk im hessischen Nationalpark Kellerwald-Edersee bis zum Skywalk, dem Pfad in Scheidegg im Allgäu. Wer hoch hinaus will, schaut einfach mal im Netz der Netze nach.

24. Juli

MAL WIEDER FRISBEE SPIELEN

Ihren Namen verdankt die fliegende Scheibe der »Frisbie Pie Company« aus Bridgeport (Connecticut), gegründet 1871 von einem Bäcker namens William Russel Frisbie. Diese Bäckerei verkaufte Torten in runden Formen, welche die Straßenkinder als Flugobjekte benutzten, wenn sie weggeworfen wurden. Besonders lange Flugstrecken legten Mister Frisbies Tortenformen nicht zurück – dafür waren sie schließlich auch nicht gemacht. Aber Spaß machte es schon damals.

Von der Verpackung zum Fitness-Gimmick

Der Frisbee ist heute ein preiswertes und leichtes Sportgerät für etwas Bewegung zwischendurch auf Wiese und Strand. Es gibt sie in vielen Formen und allen Farben. Moderne Frisbees legen lange Strecken in der Luft zurück und fliegen atemberaubende Kurven – kriegst du das noch in den Griff? Kein Leistungsstress – immer locker mit dem Frisbee!

25. Juli

GLÜHWÜRMCHEN BEOBACHTEN

Jetzt trifft man in der Nacht auf kleine fliegende Funken – und auf leuchtende Punkte an Blättern von Bäumen und Sträuchern. Zeit, mal genau hinzuschauen, denn die Leuchtzeichen der Sommernacht sind kleine Käfer: Glühwürmchen. Die Weibchen sitzen auf den Sträuchern und locken mit ihrem blinkenden Hinterteil die Männchen an, die in der Luft unterwegs sind. Immer wieder finden sich Paare zusammen.

Kaltes Licht in warmen Sommernächten

Das Erstaunlichste an diesen Leuchtkäfern ist die Quelle ihrer Helligkeit. Glühwürmchen beherrschen etwas, was wir Menschen nicht können: Sie können kaltes Licht erzeugen. Dazu brauchen sie weder Strom noch eine Glühbirne. In ihrem hinteren Körperende unter einer durchsichtigen Schicht aus Chitin steckt ihr Leuchtorgan. Darin reagieren zwei Chemikalien miteinander und aus dieser chemischen Reaktion entsteht Licht. Wissenschaftler nennen das Biolumineszenz.

Wo kann man Glühwürmchen finden?

Glühwürmchen brauchen tagsüber Schatten. Deshalb bevorzugen sie feuchte Laubgehölze, Waldränder, bewachsene Bach- und Flussufer, aber auch feuchte Wiesen mit angrenzenden lichten Gebüschen, wie es sie etwa in Parkanlagen gibt. Nadelwälder meiden sie, denn die Larven der Käfer leben im Humus und unter Laub. Die männlichen Glühwürmchen brauchen bei ihren nächtlichen Flügen freie Bahn. Dichtes Gebüsch vermeiden sie deshalb, oft fliegen sie entlang von Wegen.

26. Juli

BUNTE BLÜTEN PRESSEN

Rette ein wenig von der Blütenpracht des Sommers in den Herbst hinüber – so werden Blüten richtig gepresst und behalten ihre Form und Farbe. Wenn alles funktioniert, kannst du eine schöne Blüte auch noch in Monaten verschenken, zum Beispiel in Form einer Grußkarte. Das Blütenpressen zu Hause ist eigentlich ganz einfach, und die Trockenblumen bieten unendlich viele verschiedene Dekorationsmöglichkeiten, die ein bisschen Wärme in deine Wohnung bringen können.

Die einfachste Methode

Am besten funktioniert es mit Butterblumen oder Vergissmeinnicht. Aber du kannst auch mit anderen Blüten frei experimentieren und herausfinden, was dir gut gefällt. Du brauchst einige wirklich schwere, dicke Bücher und alte Zeitungen. Suche dir einzelne Blüten aus, am besten noch mit Stiel, und säubere sie. Lege sie auf das Zeitungspapier, das wiederum zwischen die Seiten des Buches gelegt wird. Beachte dabei, in welchem Winkel die Blüten flach gedrückt werden. Lege das Buch mit den Blüten ganz nach unten in einen großen Stapel Bücher. Deren Gewicht bringt es. Warte mindestens drei Tage! Dann schau nach, ob das Zeitungspapier alle Flüssigkeit aufgenommen hat und deine gepressten Blüten fertig sind. Wenn nicht, wiederhole den Vorgang mit frischem Zeitungspapier.

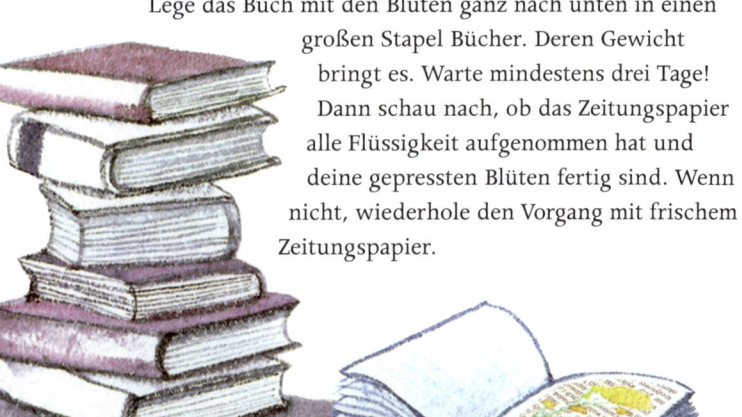

Für Eilige

- Im modernen Haushalt gibt es ein ideales Gerät für die Trocknung von Blüten: die Mikrowelle.
- Veilchen oder Kornblume werden zwischen zwei glatte Keramikfliesen gelegt, die mit einem Gummiband umwickelt werden. Fertig ist die Mikrowelle-Blütenpresse.
- Wenn du eine andere Konstruktion wählen möchtest: Bitte keine Metallteile verwenden, die werden in der Mikrowelle zu funkensprühenden Gefahrenquellen.
- Die Mikrowelle bei voller Leistung jeweils für etwa eine Minute oder etwas länger bei reduzierter Leistung einschalten. Anschließend nachschauen, was aus der Blüte geworden ist. Diesen Vorgang wiederholen, bis die Blumen ausreichend trocken sind.

Mit deinen gepressten Blüten kannst du deiner Kreativität freien Lauf lassen! Sie sind die Grundlage für ganz besondere Kunstwerke. Wenn man sie auf Pappe zu einem Blumenstrauß arrangiert, aufklebt und rahmt, entsteht ein lebendiges Stillleben. Aber dir werden sicher noch ganz andere Verwendungsmöglichkeiten einfallen.

Fliesen

Gummiband

27. Juli

SUMMER IN THE CITY

Hier für dich und den 27. Juli die Seite mit den Sommerhits – ob vom Smartphone, MP3-Player oder aus der Stereoanlage: Diese Titel für einen heißen Sommertag lassen es euch warm ums Herz werden. Steig ins Auto, setz dich auf dein Fahrrad, geh zu Fuß durch deine Stadt oder mach's dir auf deinem Balkon gemütlich und höre den Sommer.

Sonne, Meer und Leichtigkeit

Natürlich gibt es unzählige Songs, die das typische Sommergefühl ausdrücken. Folgende Evergreens gehören aber in jede Playlist: »Summer in the City« von Joe Cocker. »Tag am Meer« von den Fantastischen Vier. »Summer of 69« von Bryan Adams, »Haus am See« von Peter Fox und »Surfin' U.S.A.« von den Beach Boys.

Und deine Favoriten?

_____

_____

_____

28. Juli

BESUCHE DEINE LIEBLINGSTANTE

Hattest du auch so eine Sommerferien-Tante, bei der du jedes Jahr ein paar Tage deiner Ferien verbracht hast? Oder eine liebenswerte Großmutter, die dich stets mit großem Hallo empfangen hat, wenn du zum Ferienaufenthalt gekommen bist? Es war einfach toll: Du durftest den ganzen Tag im Garten herumtoben, viel zu viel Eis essen und abends lange aufbleiben. Und an irgendeine Köstlichkeit aus diesen Tagen erinnerst du dich heute noch.

War es der besondere Sommerkuchen?

Oder hat deine Gastgeberin ein spezielles Nudelgericht für dich gekocht? Besuch diese liebe Verwandte aus der Vergangenheit doch einfach noch einmal. Wenn sie nicht mehr lebt, unternimm eine Gedankenreise zu ihr. Wenn du das Glück hast, sie noch tatsächlich besuchen zu können, bring ihr ein nettes Geschenk mit und versuche das Rezept von ihr zu bekommen.

29. Juli

BEI REGEN: BOULDERN

Ein »boulder« ist im Englischen ein Felsblock, und von solchen Felsblöcken hat die Sportart an der Kletterwand, bei der man keine Sicherung braucht, ihren Namen. Diese Form der Kletterei – eine Art Mini-Alpinismus – kann drinnen und draußen praktiziert werden. Dabei überschreitest du die Höhe von drei Metern nie. Auch Menschen mit Höhenangst können mitmachen. Alles, was du brauchst, kannst du dir für deine ersten Versuche leihen.

Bouldern als ernsthafte Sportart mit Wettkämpfen
Bei fortgeschrittenen Kletterern werden die Felsformationen nach Schwierigkeitsgraden eingestuft. Wenn du hieran Interesse hast, musst du eigene Kletterschuhe, einen Magnesiasack für trockene Hände und Bouldermatten kaufen, die deine Stürze abfedern. Bei gutem Wetter kannst du überall dort klettern, wo es passende Felsformationen gibt. Allerdings solltest du dich bei erfahrenen Kletterern informieren, was für dich geeignet ist.

30. Juli

BEI SONNE: TANDEM FAHREN

Der Spaß beginnt schon bei den lustigen Namen: Wer vorne sitzt, heißt Pilot, Steuermann oder Captain, auf dem hinteren Platz hockt der Stoker oder Heizer. Damit die Fahrt auf dem Tandem Spaß macht, müssen sich die Mitfahrer synchronisieren. Das beginnt beim Start und geschieht durch Zuruf: »1–2–3–los!« Der Heizer folgt den Bewegungen des Piloten, so gut es geht, vor allem in Kurven.

Sicherheit ist wichtig!
Der Pilot muss sich unbedingt vor Fahrtbeginn mit dem Rad vertraut machen und während der Fahrt den langen Bremsweg des Rades berücksichtigen. Mit zwei Personen und seinem Eigengewicht hat ein Tandem einen viel längeren Bremsweg als ein normales Fahrrad. Der Pilot sollte überraschende Lenk- und Bremsmanöver vermeiden und sich mit dem Heizer per Zuruf abstimmen. Mit der Zeit entsteht ein perfektes Team, das sich ohne Worte versteht.

31. Juli

GÖNNE DIR EIN WENIG SPANISCHES FLAIR

Gazpacho ist eine südspanische Suppe aus ungekochtem Gemüse, die auch in Portugal bekannt ist. In die von den Mauren überlieferte Ur-version gehören Knoblauch, Gurken, Brot, Olivenöl, Essig, Salz und Wasser – keine Tomaten, denn die hatte Christoph Kolumbus noch nicht aus Amerika nach Europa gebracht. Unsere Tomaten-Gazpacho steht erst seit dem 18. Jahrhundert auf dem spanischen und portu-giesischen Speiseplan. Es lohnt sich, diese kalte Suppe zu »kochen«, denn sie ist perfekt für heiße Sommertage.

Zutaten für eine erfrischende Tomaten-Gazpacho

1 Dose Tomatenfruchtfleisch ohne Haut (1000 g) oder 1 kg frische Tomaten, aus denen das reine Fruchtfleisch noch gewonnen wer-den muss. 1 rote Paprikaschote, 1 Selleriestange oder 1 Salatgurke, $\frac{1}{2}$ Zwiebel, Knoblauchzehe, 1 rote Chilischote, 2 Eiweiß, 1 Tasse gutes Olivenöl, 4 Brotscheiben, Salz und Pfeffer.

Die Zubereitung geht ganz einfach

Die Haut der frischen Tomaten kreuzweise einschneiden, mit kochen-dem Wasser übergießen und mit kaltem Wasser abschrecken, dann die Haut abziehen. Der Rest kommt in deine Gazpacho. (Eilige neh-men die Tomaten aus der Dose.) Knoblauch und Zwiebel schälen. Die Brotscheiben und einen Esslöffel Olivenöl zur Seite stellen. Sie wer-den später gebraucht. Alle übrigen Zutaten in einer Küchenmaschine zu einer Masse mit sämiger, dickflüssiger Beschaffenheit pürieren. Die Brotscheiben würfeln und in einer Pfanne knusprig rösten, etwas salzen. Die Gazpacho in Suppenteller oder Schälchen geben, die Brot-würfel darüberstreuen. Nach Belieben mit Kräutern verzieren.

SOMMER

August

....

1. August

FROZEN YOGURT SELBST GEMACHT

Wow, ist das wieder heiß draußen! Jetzt was leckeres Kaltes essen –
am besten ein Eis! Köstlich, kalt, süß und – leider – auch eine Kalo-
rienbombe. Gibt es da nicht etwas Leichteres? Man kann doch jetzt
überall diesen gefrorenen Joghurt kaufen – oder auch selbst machen,
sogar ganz ohne Eismaschine …

So wird's gemacht: 500 ml Joghurt (1,5 Prozent oder 3,5 Prozent
Fett, es geht beides) in eine Schüssel geben und mit Schneebesen oder
Mixer cremig rühren. 50 bis 100 g Zucker oder flüssigen Süßstoff
nach und nach hineingeben. Dann 1 Vanilleschote oder 1 Päckchen
Vanillezucker untermischen und noch einmal gut durchrühren.
Variante: Etwas Saft von Limetten oder Zitronen ergibt eine richtig
frische, säuerliche Note, die gut zum Joghurtgeschmack passt. Die
Mischung in einem geeigneten Gefäß ins Gefrierschrank stellen.

Das ist besonders wichtig: etwa alle 20 Minuten einmal durchrühren. Wenn die Masse gefroren, aber in der Konsistenz noch cremig
ist, kannst du dich bedienen: selbst gemachter Frozen Yogurt! Halt,
stopp, da muss ja noch etwas oben drauf!

Kein Frozen Yogurt ohne Topping!

Vorschläge: Püree aus verkleinerten Früchten. Zur Auswahl stehen
Erdbeeren, Himbeeren, Heidelbeeren oder Johannisbeeren und Kirschen. Fast exotisch schmeckt ein Mus aus Sanddorn-Beeren. Wer es
nicht fruchtig, sondern lieber karamellig-
süß mag, wählt für sein Topping zer-
bröselte Brownies, zerkleinerte Nüsse
oder Körnermüsli, Sesamkörner,
Schoko- oder bunte Zuckerstreusel.
Liebe Veganer, das Ganze klappt übrigens auch mit Soja-Joghurt.

2. August

NACKT IM SEE SCHWIMMEN

Es ist fast wie im Traum, das Gefühl ist großartig, wenn du Staub und Hitze eines heißen Sommertages hinter dir lässt, deine durchgeschwitzten Kleidungsstücke wie eine alte Haut von dir fallen und dich am ganzen Körper kühlende Nachtluft umweht. Und mit jedem Schritt hinein in das klare Wasser des Sees steigert sich dein Wohlgefühl, wenn dich das Wasser nach einem kühlen Schauer umfließt und deinen Körper leichter macht und dich tragen will ...

Vertrau dem Wasser
Wie eine große weiche Hand liegt es unter deinem Körper, und du schwebst ausgestreckt auf dem Wasserspiegel, über dir nur der Mond und der Sommerhimmel und um dich herum nur deine Freunde, die dieses großartige Erlebnis mit dir teilen ... So könnte es sein, wenn du in der Nacht vom 2. auf den 3. August mutig bist und nackt in einen See steigst ... Versuch es einfach mal!

3. August

EINEN FILM DREHEN

Das Wetter ist gut, das Licht hervorragend, und ein Drehbuch brauchst du nicht unbedingt: Dann könntest du heute genau den Video-Clip drehen, mit dem du zum YouTube-Star wirst. Comedy, Horror, Seifenoper? Ganz nach Belieben! Die Schauspieler? Deine Freunde, deine Familie und die größten Stars überhaupt: Haustiere!

Du brauchst keine teure Profi-Ausrüstung
Viele Digitalkameras und auch dein Smartphone liefern mittlerweile recht gute Filmqualität. Wenn du drehst, lieber nicht reden. Deine Stimme ist sonst die lauteste auf dem Film. Dreh keinen Spielfilm am Stück, sondern mehrere kleine Szenen. Mit etwas Geschick kannst du sie hinterher am Rechner miteinander kombinieren. Der Schnitt macht den guten Film! Frage alle Beteiligten, ob sie damit einverstanden sind, gefilmt zu werden, besonders dann, wenn du dein Video ins Netz stellen willst.

4. August

EINE SCHIFFSTOUR MACHEN

Einen kleinen Fluss erkundest du am besten im Kanu, für einen großen Strom brauchst du ein Schiff. Es gibt kaum einen bequemeren Weg, mehr über eine Flusslandschaft und ihre vielfältige Kultur zu erfahren, als eine Reise auf einem Flussschiff. Du musst nicht gleich die Donau von der Quelle bis zur Mündung bereisen, ein paar Kilometer auf dem Rhein oder der Elbe vermitteln dir ähnlich interessante Einblicke. Die gemütliche Geschwindigkeit deines Schiffes macht es dir möglich, das Ufer und die Landschaft dahinter anzuschauen oder Inseln im Flusslauf zu entdecken. Ein Reiseführer liefert Wissen über die Bauwerke am Ufer und ihre Geschichte, die manchmal auch in das Reich der Sagen und Legenden hineinreicht. Meist erwarten dich zudem am Zielort der Fahrt neue Eindrücke in einer Uferstadt, die du kennenlernen kannst.

Die Kultur fährt mit: Musik, Literatur und feines Essen

Nicht nur Burgen und Schlösser am Ufer stehen auf dem kulturellen Fahrplan eines Flusses. Mit einem DJ an Bord wird ein Flussschiff zum schwimmenden Tanzclub. Mancherorts reisen auch Theater und Literatur mit. Nicht nur während der LitCologne kannst du an Lesungen auf dem Rheinschiff teilnehmen oder einem philharmonischen Konzert lauschen. In Bremen, Stuttgart, Hamburg und Lübeck bieten Theaterschiffe ganz besondere Aufführungen. Vielerorts werden auch sogenannte Dinnerfahrten mit bekannten Köchen angeboten, wieder auf einer anderen Route sind erlesene Weine das Thema: Die Gäste trinken, was an den Ufern des Flusses gewachsen ist. Eigentlich möchte man nicht mehr an Land gehen ...

5. August

DEIN EIGENES BIER BRAUEN

Bier brauen – ist das nicht verboten? Das denken viele, aber für den Eigenbedarf und ohne kommerzielle Hintergedanken kann jeder Bundesbürger sein eigenes Bier herstellen, und zwar bis zu 200 Liter pro Jahr. Hobbybrauer beginnen am besten mit einem Bierbrau-Set. Darin ist alles enthalten, was für einen funktionierenden Brauvorgang benötigt wird: Braubehälter, gehopfte Bierhefe, alle weiteren Hilfsmittel und manchmal sogar ein Kronkorkengerät zum Verschließen von Bierflaschen, die man sich aber auf jeden Fall selbst besorgen muss. Je nach Set und Biersorte dauert es eine bis etwa sechs Wochen, bis du dir dein eigenes Bierchen zischen kannst.

Kleine Bierkunde

Alt oder **Altbier** ist ein dunkles, obergäriges Bier. Obergärig nennt man diese Biersorte, weil die verwendete Hefe nach dem Brauprozess oben schwimmt.

Bockbier nennt man Starkbiere mit einem Alkoholgehalt von bis zu 6,5 Prozent. Doppelbock fällt entsprechend noch stärker aus.

Exportbier ist ein untergäriges Bier mit mittlerer Stammwürze; weil es lange haltbar ist, war es früher für den Export bestimmt.

Hefeweizen sind durch natürliche Schwebstoffe und die Brauhefe trübe Weizenbiere und schmecken vollmundig, während das filtrierte **Kristallweizen** frischer und spritziger schmeckt.

Kölsch heißt ein obergäriges Bier aus dem Kölner Raum.

Malzbier ist ein kräftig schmeckendes, sehr dunkles Bier nahezu ohne Alkohol (weniger als 0,5 Prozent).

Pils nennt man ein untergäriges, herbes Bier mit mittlerem Alkoholgehalt, das ursprünglich in der Gegend um die Stadt Pilsen im heutigen Tschechien gebraut wurde.

Beim **Weißbier**, auch **Weizenbier** genannt, verwendet man beim Brauen statt Gerstenmalz eine aus Weizen hergestellte Malzsorte.

6. August

STRASSENKREIDE
SELBST HERSTELLEN

Straßenmalereien sind etwas ganz Besonderes. Sie sind ihren Betrachtern ganz nah und werden von ihnen unmittelbar wertgeschätzt – oder aber mit Füßen getreten. Damit rechnen Straßenkünstler, aber das hält sie nicht davon ab, ihre Werke zu vollenden. Wenn du einer von ihnen werden und mitmachen willst, kannst du sogar deine eigene Straßenkreide herstellen.

Was du brauchst

Eine Tüte Gips aus dem Baumarkt, mehrere Plastikbecher, eine kleine Haushaltsschüssel aus Plastik, ein Tablett festes Papier, Papprollen, zum Beispiel leere Klopapierrollen oder Küchenrollen, Klebeband, Wasser, Plaka- oder Fingerfarbe, einen Holzlöffel zum Umrühren und für deine Hände ein Paar Gummihandschuhe.

Zunächst baust du eine Stiftform

Ein Blatt Papier wird außen fest um eine Rolle gewickelt und mit Klebeband befestigt. An einer Seite sollte das Papier 2 bis 3 cm überstehen – daraus entsteht der Boden der Stiftform. Schneide das überstehende Papier mehrfach ein und falte es überlappend nach innen. Mit Klebeband dichtest du den so entstandenen Boden ab. Nun kannst du die Papprolle aus deiner Form herausziehen. Sie sollte jetzt auf ihrem Boden stehen können, mit der Öffnung nach oben. Damit es später nicht allzu sehr tropft, stellst du sie in einen Plastikbecher. Stelle mehrere solche Formen her, dann bekommst du einen kleinen Kreidevorrat.

Jetzt wird die Kreide gemacht

Nun musst du die Kreidemischung anrühren. Dabei bitte Handschuhe tragen, es sei denn, du magst bunte Hände. Rühre nun in der Plastikschüssel 6 bis 8 Esslöffel Gips mit etwas Wasser an. Dabei gibst du so viel von deinen Farben (Plaka- oder Fingerfarbe) zu, bis dein gewünschter Farbton erreicht ist. Nimm nicht zu viel Wasser, es muss ein dickflüssiger Brei entstehen. Nun solltest du dich etwas beeilen, denn sonst wird deine Farbmischung in der Schüssel hart. Fülle deine vorbereiteten Formen mit dem Farbbrei. Klopfe die Form vorsichtig unten auf, damit der Brei sie ganz füllt. Nun müssen deine Kreidestifte nur noch ein bis zwei Tage trocknen. Du könntest sie zum Beispiel auf eine Heizung oder an sonst einen warmen Ort stellen. Dann musst du nur noch das Papier abreißen und kannst dein Kunstwerk mit selbst gemachter Kreide auf das Straßenpflaster bringen.

7. August

DIE WELT VON OBEN SEHEN

Früher gab es diesen Blickwinkel oft nur auf Ansichtskarten, heute kannst du ihn selbst aufsuchen: An der See sind es die Leuchttürme, mitten im Land bestimmte Aussichtspunkte. Auch viele »Wolkenkratzer« und Wohngebäude haben eine Aussichtsplattform in den oberen Stockwerken, und so kann auch deine Städtereise um einiges reicher werden. Mach dich auf den Weg nach oben.

Beispiel Köln: das wirklich große Bild

Von oben betrachtet, schaut alles etwas anders aus. Nichts ist wirklich klein und unbedeutend, aber alles ordnet sich ein in das große Bild aus der Vogelperspektive. Nimm dir Zeit für eine ruhige Betrachtung, lass die Bilder und die Situation auf dich wirken, weil dein Smartphone oder deine Kamera nur die Oberfläche festhalten können, nicht die Atmosphäre und das Gefühl des Augenblicks, den Geruch, den Klang, die Schwingungen dieser Stadt, eben das sensorische und emotionale Panorama. Köln, von der Spitze des Domes betrachtet – das kann dir niemand mehr nehmen.

Dasselbe gilt für Landschaften

Lass nicht nur Drohnen für dich nach oben steigen, sondern steige selbst auf. Vielleicht kann so ein wunderbarer Ort wie ein Leuchtturm zur Basis deiner Betrachtungen und zugleich selbst zu einem Fotomotiv werden. Die Ostsee von Kap Arkona gesehen – unvergesslich. Die Saarschleife vom Aussichtspunk Cloef, der Philosophenweg in Heidelberg, der Schlossberg in Freiburg und der Goetheturm in Frankfurt, um nur ein paar Orte zu nennen, an denen du dich über den Alltag erheben kannst.

8. August

DRAUSSEN ZEICHNEN

Schönes Wetter? Schnapp dir
dein Skizzenbuch, eine Lein-
wand oder einfach ein bisschen
Papier, dazu Stifte oder deinen
Wasserfarbenkasten – auf das
Medium kommt es nicht an.
Spaziere ein bisschen durch die
Gegend, vielleicht in einen Park
oder über eine schöne Wiese,
oder setz dich in ein belebtes
Café und such dir ein Motiv, das
für dich das Lebensgefühl dieses
Sommers einfängt und an das
du dich auch noch im nächsten
Sommer erinnern möchtest.

Leg einfach los!

Selbst wenn du sonst nicht gerne malst oder zeichnest: einen
Versuch ist es wert. Sei nicht zu
streng mit dir. Es muss nicht alles
perfekt abgebildet sein – schließlich geht es ja hier nicht um eine
Fotografie, sondern um dein
Kunstwerk. Du wirst staunen:
Nicht nur Landschaftsbilder,
auch andere Motive, die draußen
festgehalten wurden, entwickeln
später in der Wohnung eine
eindrucksvolle und unerwartete
Intensität.

9. August

HAST DU EIN LIEBLINGSBUCH?

Erinnerst du dich noch an das
Gefühl, wenn du als Kind heimlich unter der Bettdecke gelesen
hast, obwohl du eigentlich
schlafen solltest? War es nicht
einfach toll, etwas zu tun, das ein
bisschen verboten war? War das
nicht eine großartige Reise durch
die Welt in deinem Buch, die
voller Erlebnisse und Abenteuer
steckte? Schade, dass du immer
so schnell eingeschlafen bist …

Hol dir dieses Gefühl zurück!

Das kannst du heute besser! Ver-
schwinde mit deinem Lieblingsbuch unter der Bettdecke des
Alltags, auch wenn du eigentlich
in deinem Leben als Erwachsener
funktionieren solltest, und lies
darin in dem abenteuerlichen
Licht, welches das Leben von Re-
bellen der Literatur beleuchtet.
Stiehl dir einfach ein paar Minuten oder eine Viertelstunde! Und
denk dran: Einschlafen kannst
du später. Ach, übrigens: Heute
ist der Tag der Buchliebhaber.

10. August

Der Faulpelztag wird weltweit mit ausgiebigem Faulenzen gefeiert. Du bist also nicht allein, wenn du heute einfach im Bett liegen bleibst oder es dir auf dem Sofa, im Liegestuhl oder in der Hängematte bequem machst. Und nur keine Schuldgefühle: Wer faul ist, regeneriert seine wertvollsten Energien und seine Schaffenskraft! Aber darüber musst du heute nicht nachdenken – viel zu anstrengend …

Richtiges Faulenzen will organisiert sein!
Richte dich gleich zu Anfang gemütlich ein. Etwas Leckeres zu essen und zu trinken bereitstellen, Lesestoff und was du sonst noch brauchst in greifbare Nähe legen, damit du nicht allzu häufig aktiv werden musst. Schließlich ist es beschwerlich genug, wenn du an deinem Cocktail nippen oder die Seite in deinem Buch umblättern musst …

11. August

BUDDEL DICH GLÜCKLICH

Sandkastengedanken sind schön wie Seifenblasen – erinnerst du dich noch an die selbstvergessenen Minuten im Sandkasten oder am Strand, die du mit Schaufel und Eimer als Kind erlebt hast? Auch Erwachsene sollten heute mal wieder Sand zwischen den Zehen spüren, mit bloßen Händen darin herumwühlen oder eine Burg bauen. Zeige deinen Mitmenschen, welcher Märchenkönig oder welche Traumprinzessin in dir steckt.

Ein Tipp für eine standfeste Sandburg
Sandburgen sind nicht gerade für ihre Stabilität berühmt. Ein Professor aus England hat dafür eine Formel berechnet: WM (Wassermenge) = 0,125 SM (Sandmenge). Zu wissenschaftlich? Es bedeutet aber nur, dass man acht Teile Sand mit einem Teil Wasser mischen soll. Nimmt man weniger Wasser, wird der Sand zu trocken. Bei mehr Wasser zerfließen auch die schönsten Sandburgen, bevor sie fertig sind.

12. August

AUF BÄUME KLETTERN

Gut, früher konntest du klettern wie ein Äffchen. Kein Baum war dir zu hoch, ob er nun zwei oder zwölf Meter hoch war – jedenfalls kam er dir so hoch vor, aber das konnte dich nicht erschrecken. Du kamst fast immer ganz oben an – irgendwie. Wenn du Zuschauer hattest oder – schlimmer noch – dich deine Eltern bei deinen Klettertouren erwischten, stockte ihnen der Atem vor lauter Sorge um deine Gesundheit. »Komm da sofort runter!« Wie oft hast du diesen Satz gehört?

Nein, du bist nie gefallen ...

Oder, um ehrlich zu sein, höchstens mal ein kleines Stückchen. Heute musst du dir einen Baum aussuchen, der es dir nicht allzu schwer macht, quasi mit einer Treppe aus Ästen. Und viel anstrengender als früher ist die Kletterei auch. Aber der Blick von oben hat immer noch die gleiche berauschende Wirkung, auch wenn du es nur zwei, drei Meter in die Höhe schaffst. Versuch es doch einfach mal.

13. August

SOMMERNACHTSTRÄUME

Träume sind Schäume, sagen manche. Das liegt vielleicht daran, dass sie ihre Träume am Morgen vergessen haben. Abhilfe schafft ein Traumtagebuch, stets griffbereit für eine Eintragung direkt nach dem Aufwachen. Besorg dir heute ein traumhaft schönes Exemplar!

Ich bin über die Stadt geflogen

Wenige Stichworte genügen für die Erinnerung. Ob du gefallen oder geflogen bist, verfolgt oder gefeiert wurdest oder im Fluss deines Lebens geschwommen bist – dein Traumtagebuch hält es fest. Es hat auch Platz für Notizen zur Traumdeutung, wenn du über deinen Traum nachgedacht oder ihn mit einem lieben Menschen besprochen hast.

Was hast du gestern Nacht geträumt? Schreib es auf:

_____

_____

_____

MIT SONNENSCHIRM, CHARME UND MELONE

In Turkmenistan wird am zweiten Sonntag im August die Melone gefeiert, aber auch bei uns ist die Jahreszeit für Melonen ideal. Feiern wir einfach mit! Für eine spritzig frische Melonenbowle brauchst du:

- eine Honig- und eine Wasser-melone
- ungefähr fünf Esslöffel Zucker
- zwei kleine Zitronen und
- je eine Flasche Sekt und Weiß-wein
- Pfefferminzblätter

Die Melonen höhlst du am besten mit einem Eisportionierer aus. Du bekommst niedliche Melonenkugeln. Ungefähr ein Drittel davon gibst du mit dem Weißwein und dem Zucker in den Mixer und mixt einmal kräftig durch.
Den Mixerinhalt gibst du dann zusammen mit den restlichen Kugeln, dem Saft der zwei Zitronen und dem Sekt in eine Schüssel oder, wenn genug Platz darin ist, in die leere Wassermelone.
Die Bowle muss mindestens vier Stunden ziehen, am besten über Nacht im Kühlschrank. Zum Schluss noch mit ein paar Pfefferminz-blättern garnieren. Voilà!

Die Melone als ideale Sommerfrucht

Melonenkenner sagen übrigens scherzhaft, dass die Melone eine Art Wunderfrucht ist. Wer eine Melone hat, kann gleichzeitig etwas es-sen, etwas trinken und sich das Gesicht waschen.

15. August

EIN SOMMERFEST MIT MUSIK UND TANZ PLANEN

Der Sommer ist die Jahreszeit der Leichtigkeit und des leichten Lebens, die Natur meint es gut mit den Menschen und schenkt ihnen Monate des Überflusses. Eine solch gute Zeit könnte man auf ganz verschiedene Weise feiern – bietet sich nicht die eine oder andere … Ausschweifung an?

Als Festmahl mit gutem Essen und Trinken

Was diese Jahreszeit nicht alles zu bieten hat! Noch lässt zwar die Fülle des Herbstes auf sich warten, aber auch Frühjahr und Sommer haben vieles im Angebot: junge Weine, frisches Obst und knackiges Gemüse. Sprich spontane Einladungen aus, ruhig auch für denselben Tag, wenn dir danach ist, koche mit deinen Gästen, esst drinnen in der Küche direkt aus den Töpfen oder draußen im Garten von feinem Geschirr. Im Sommer ist alles möglich.

Als Party mit Gesang und Tanz

Am 16. August 1976 wurde der Titel »Dancing Queen« der schwedischen Popgruppe ABBA veröffentlicht. Welche Band ist auf deinem Sommerfest zu hören, live oder aus der Konserve? Singt am Lagerfeuer! Tanzt den ganzen Abend lang, bis euch tief in der Sommernacht die Puste ausgeht … Wann, wenn nicht im Sommer?

Erfindet neue Feste!

Trefft euch zu eurem eigenen Sommernachtstraum mit selbst geschneiderten Kostümen, feiert ein nächtliches Glühwürmchenfest mit Kerzen, Kindern und Erwachsenen, ein Inselfest auf Luftmatratzen im Pool oder nach Neandertaler-Art mit Lendenschurz und Braten überm Feuer draußen auf der Wiese. Alles geht – schließlich ist Sommer!

16. August

DIE STERNSCHNUPPEN-
NÄCHTE KOMMEN

Die Perseiden, ein besonders intensiver Sternschnuppenstrom aus dem Sternbild des Perseus, haben ihr Maximum rund um den 18. August. Über hundert Sternschnuppen pro Stunde fallen vom Himmel! Wie schön, dass sie uns ausgerechnet in warmen Sommernächten besuchen. Plane eine Nacht mit deiner Liebsten oder deinem Liebsten unter einem Sternschnuppenhimmel.

Auch in den Tagen rund um den 16. August sind in sternenklaren Nächten viele Sternschnuppen zu sehen. Die Objekte aus dem Weltraum, die leuchtend in der Erdatmosphäre verglühen, stammen aus dem Schweif des Kometen 109P/Swift-Tuttle, den die Erde auf ihrer Bahn um die Sonne jedes Jahr wieder durchquert.

Deine Wunschliste

Sind Sternschnuppen die Tränen eines Heiligen? Die Perseiden werden auch Laurentiustränen genannt. Oder sind sie göttliche Lichtfunken, die entstehen, wenn die Engel im Himmel die Kerzen putzen? Woher der Aberglaube über die Sternschnuppen und das Wünschen kommt, weiß man nicht, aber er ist uralt: Viele glauben felsenfest daran: Wer sich etwas wünscht, wenn er eine Sternschnuppe sieht, hat Glück, denn sein Wunsch wird in Erfüllung gehen. Deshalb ist hier Platz für deine persönliche Wunschliste:

Ein Dinner unterm Sternenhimmel

Was isst man unter einem sommerlichen Sternenhimmel? Eine leichte Suppe mit Sternchennudeln vielleicht? Hier bietet sich die Sternenhimmelversion der griechischen Hühnchen-Zitronen-Suppe Avgolemono an, die sonst mit Reis zubereitet wird.

Rezept für eine griechische Hühnchen-Zitronen-Suppe

- 1 kleines Suppenhuhn (ca. 1,2 kg) säubern und in einem großen Topf in ca. 2 Liter Wasser zum Kochen bringen (ersatzweise geht auch ein Hähnchen). Den beim Kochen auftretenden Schaum abschöpfen. Pfeffer und Salz dazugeben und bei mittlerer Flamme zugedeckt 1 bis 1,5 Stunden köcheln lassen.

- Das Hühnchen herausnehmen, 100 g Nudeln in der Brühe garen. Sternchennudeln brauchen nur wenige Minuten (siehe Packung).

- Das Hühnchenfleisch von den Knochen lösen, mundgerecht zerkleinern und in die Suppe zurückgeben.

- Ein halbes Bund gehackte Petersilie hinzugeben, die Suppe gegebenenfalls mit etwas mehr Salz oder Pfeffer abschmecken, ein paar Minuten abkühlen lassen.

- Währenddessen zwei Eier mit dem Saft einer Zitrone verrühren, vorsichtig etwas abgekühlte, keinesfalls noch heiße Brühe hinzugeben und verrühren, dann die Eier-Zitronen-Mischung in den Suppentopf geben und unterrühren.

- Fertig! Die Suppe mit Brot oder Baguette servieren, einige Zitronenspalten zum Nachwürzen bereitlegen.

17. August

Es ist schon erstaunlich, was sich da oben am Himmel alles tut. Da gibt es ganze Gebirge, Schlösser, Tiere, Pflanzen und manchmal auch Gesichter – wenn man nur genau hinschaut. Wobei man sagen muss, dass Menschen mit Fantasie mehr sehen als solche, die die Welt eher nüchtern betrachten. Wo der eine ein ganzes Wolkenkuckucksheim entdeckt, sieht der andere nur gewöhnlichen Wasserdampf …

Die Seite der Fantasie

Und wenn die nicht so richtig in Schwung kommt, kannst du ein bisschen nachhelfen: Den ganzen Himmel kann man nicht mit einem einzigen Blick erfassen – mach dir mit deinen Händen eine Art Rahmen und deute die Wolkenbilder darin.

Welche Bilder hast du entdeckt?

_____
_____
_____

18. August

Es gibt viele Arten, ins Wasser zu fallen. Eine besonders lustige wirst du kennenlernen, wenn du das Stehpaddeln ausprobierst. Dabei solltest du eigentlich genau das Gegenteil versuchen: Mit dem Paddel in der Hand auf einem Surfboard stehend über das Wasser zu gleiten, und zwar ohne hineinzufallen.

Auf die Balance kommt es an!

Es sieht nicht ganz einfach aus, ist aber erstaunlicherweise nicht sonderlich schwierig. Anfangs wirst du dir vielleicht vorkommen wie ein Seiltänzer, und wie bei diesem kommt es darauf an, das Gleichgewicht zu finden. Mit etwas Übung und Durchhaltevermögen hast du den Bogen schnell heraus. Allzu oft wirst du dabei deshalb nicht baden gehen. Und wenn du das erste Mal eine längere Strecke überwunden hast, ohne zwischendurch die Fische zu besuchen, wirst du den Stolz der großen Pioniere spüren.

EIN SCHLOSS BESUCHEN

Ein Schloss besichtigen? Langweilig! Diese pubertäre Reaktion läuft bei vielen unserer Mitmenschen quasi automatisch ab, wenn es um die Bauwerke vergangener Tage geht. Doch du bekommst mehr als einfach nur ein bisschen Touristenfutter oder Postkartenschönheit, wenn du mit offenen Sinnen und wachem Verstand ein Schloss besuchst. Hochherrschaftliche Architektur, die Feierlichkeit prächtiger Säle, der Glanz vergangener Dynastien, die Schönheit eines liebevoll, aber streng gestalteten Gartens – das alles wartet auf dich, und du findest es nicht auf den Seiten deines Reiseführers oder wenn du mit einer Gruppe eine vorgefertigte Besichtigungstour absolvierst.

Mehr als verstaubte alte Mauern

Burgen und Schlösser haben Jahrhunderte gebraucht, um zu dem zu werden, was sie heute sind: rätselhafte Relikte, verwunschene Märchenschlösser, schaurige Ruinen und auf jeden Fall beeindruckende Zeugen ihrer Zeit. Nimm auch du dir Zeit und erforsche ein aristokratisches Bauwerk und seine Umgebung mit aller Aufmerksamkeit, die du aufbringen kannst. Spüre die Genialität barocker Ornamente oder die Strenge einer Renaissance-Fassade, die Kühle und Kraft mittelalterlicher Mauern, den besonderen Blick des Herrschers durch feudale Fensterfronten auf die Welt da draußen und die Untertanen …

20. August

EINLADUNG ZUM MIDNIGHT-DINNER

»Darf ich dich noch zu einem kleinen Imbiss einladen?« Keine Angst, beim Restaurant mit dem großen M bleibt die Küche kalt, und auch der Gartengrill hat Pause. Dieses Midnight-Dinner soll die Überraschungsparty unter den Mahlzeiten sein und die eingeladene Person davon überzeugen: Du bist nicht irgendwer, sondern etwas ganz Besonderes!

Die schönste Location

Alltägliches ermüdet – entsprechend krass sollte der Kontrast zwischen einer gewöhnlichen Essenseinladung und deinem Midnight-Dinner sein. Getrüffelter Fasan bei Mondlicht am Springbrunnen? Candlelight und Currywurst auf dem Parkplatz vor dem Schloss? Sekt und Kaviar am Lagerfeuer beim Motorradtreff? Hummer am Stadtstrand unterm Sternenhimmel? So oder so: Es braucht zwar einen gewissen Einsatz an Fantasie und einige Vorbereitungen, aber der Effekt ist genial!

21. August

FEDERBALL – SCHON VERGESSEN?

Die beschauliche Schwester des Badmintons ist kein Wettkampfsport. Die Bälle fliegen langsamer und die Schläger sind leichter und sehen etwas anders aus. Richtig, anfangs bestand der Ball tatsächlich noch aus Federn, später aus Plastik, und er konnte langsam oder schnell fliegen, je nachdem, mit wie viel Kraft er geschlagen wurde. Als Kinder spielten wir nicht gegeneinander, sondern miteinander, es ging um die Teamleistung: Wie oft fliegt der Ball zwischen zwei Spielern hin und her, ohne dass er zu Boden fällt?

Kein Platz?

Du hast keinen Garten? Federball auf dem Balkon – netter Scherz! Aber warum spielt ihr nicht auf der Wiese im Stadtpark, auf der Auffahrt vor dem Nachbarhaus, auf dem Schulhof oder dem Parkplatz vom Supermarkt nach Ladenschluss? Und wenn erst einmal der richtige Ort gefunden ist: Vielleicht könnt ihr sogar ein Turnier veranstalten.

22. August

HILF JEMANDEM

Heute ist der Sei-ein-Engel-Tag. Menschen sollen Menschen helfen. Auch du hast schon einmal in der Klemme gesteckt oder nicht so recht weitergewusst. Glücklicherweise war dann jemand da, der helfen konnte. Denk an die vielen kleinen und großen guten Taten und Hilfen, die man dir in deinem Leben vielleicht schon entgegengebracht hat, und nimm dir heute vor, etwas davon zurückzugeben.

Fang ganz in der Nähe an
Beginne in der Familie: Vielleicht braucht deine Mutter Hilfe mit ihrem Computer oder einem Onkel wird die Arbeit im Garten zu viel. Opa würde sich freuen, wenn er gelegentlich zum Arzt gefahren würde. Eine Freundin zieht um und sucht jemanden zum Kistenschleppen, oder ein Fremder braucht etwas Wechselgeld – tue etwas Selbstloses für einen anderen Menschen. Du kannst sicher sein, dass es zu dir zurückkommen wird.

23. August

IM SOMMERREGEN TANZEN

Am Geburtstag von Gene Kelly könntest du im warmen Sommerregen auf der Straße tanzen – wenn es nicht regnet: umso besser! Wenn du nicht tanzen magst oder kannst und es doch regnet: Wie wäre es, im warmen Sommerregen auf einer Wiese zu sitzen und zu spüren, wie dich die Regentropfen angenehm abkühlen und über deine Haut laufen?

Schlechtes Wetter kann auch gutes Wetter sein
Zum Beispiel für deine Pflanzen im Garten, sie brauchen das Regenwasser dringend. Oder weil du bei bedecktem Himmel besser joggen kannst, ohne gleich Schweißausbrüche oder einen Hitzeschlag zu kriegen. Oder damit du nicht vergisst, wie toll Sonnenscheintage sind – damit diese nicht langweilig werden, weil immer nur die Sonne scheint. Schlechtes Wetter ist gutes Wetter, nämlich immer dann, wenn du es möchtest. Oder eben, weil du im Regen tanzen kannst.

24. August

ANGELN GEHEN

Fische zu fangen, das haben die meisten von uns schon als Kind gern ausprobiert. Vor allem die kleinen Arten Stichlinge und Elritzen müssen unter kindlichem Forscherdrang leiden. Hast du immer noch Lust auf Angeln? Schön, denn heute gibt es viele tolle Orte, an denen man auf Fischfang gehen kann. Nein, man braucht nicht unbedingt einen Angelschein und auch keine eigene Ausrüstung, um einmal einen dicken Fisch am Haken zu haben. Es gibt an vielen Orten Angelteiche. Hier werden den Besuchern geeignete Angelgeräte gestellt, mit denen sie für recht wenig Geld eigene frische Forellen oder andere Süßwasserfische fangen können …

Deine Ausrüstung

Für den Einstieg gilt: Weniger ist mehr. Wenn du dir keine Angel leihen willst, fange mit einer längeren Rute an, die für das Angeln von Karpfen, Forellen oder kleineren Raubfischen. Neben der Rute brauchst du eine Rolle plus Schnur, einen Kescher, einen Hakenlöser und vor allem diverse Köder. Am besten lässt du dich in einem Geschäft für Angelbedarf beraten.

Diese Süßwasserfische findest du bei uns

Welche Fische du in einem Angelteich aus dem Wasser ziehen kannst, hängt davon ab, was der Teichwirt darin ausgesetzt hat. Die folgenden Arten zählen dazu – sie kommen aber auch in der freien Natur vor.

- **Aal** – Fische mit sehr fettigem Fleisch, in der Natur stark gefährdet
- **Bachforelle** – beliebter und wohlschmeckender Anglerfisch in der freien Natur (Angelschein!)
- **Hecht** – von Anglern sehr geschätzter Raubfisch
- **Karpfen** – schon aus geschichtlicher Zeit bekannter Speisefisch, lebt in schlammigem Wasser, als Weihnachts- und Silvesterkarpfen beliebt; kommt aber wegen seines nicht sehr wohlschmeckenden Fleisches »aus der Mode«
- **Regenbogenforelle** – sehr wohlschmeckender Zuchtfisch in vielen Angelteichen
- **Schleie** – sehr wohlschmeckender, mit dem Karpfen verwandter Speisefisch, wird manchmal in Angelteichen gefangen
- **Weißfische** unterschiedlicher Arten – mehrere kleinere Fischarten, die wegen ihres grätenreichen Fleisches bei Anglern nicht sehr beliebt sind
- **Zander** – Raubfisch mit sehr magerem, wohlschmeckendem Fleisch

Schreib hier auf, welche Fische du gefangen hast. Oder wo es dir besonders gefallen hat.

————————————

————————————

————————————

————————————

————————————

Karpfen

Zuschauen kann auch schön sein

Du möchtest lieber nur ein wenig in der Sonne liegen, den Anglern zuschauen oder Fische beobachten. Dann organisier dir einen Klappstuhl, ein leckeres Getränk und schau dir genau an, welche Fische die Angler aus dem Wasser ziehen.

Bachforelle

25. August

WASSERSKI FAHREN

Nein, Wasserski fahren ist nicht mehr die Sportart der Reichen und Schönen. Wasserski-Liftanlagen gibt es auf vielen Binnenseen in Deutschland. Kosten für einen Tag auf dem Wasser: zwischen 50 und 100 Euro. Eine teure Ausrüstung musst du nicht anschaffen, um souverän über das Wasser zu gleiten: Neoprenanzug, Schwimmweste und Wasserski gehören mit zum Angebot.

Was du mitbringen solltest

Eine gewisse körperliche Fitness sowie Badekleidung, Handtuch, Flip-Flops und eine ordentliche Portion Mut für die ersten Startversuche, die auch mal zu Bauchlandungen werden können. Es wird aber berichtet, dass vielen Anfängern die ersten Fahrten auf Anhieb gelingen, denn natürlich gibt es professionelle Starthilfe. Wenn du schon Erfahrungen mit einem Snowboard oder Skateboard gesammelt hast, probiere Wakeboard, bei dem du wie beim Surfen quer auf dem Brett stehst.

26. August

EINE POSTKARTE SCHREIBEN

»Liebe Tina, die liebsten Grüße von den schönsten Stränden Spaniens sendet Dir …« Wie romantisch! Eine persönliche Nachricht, mit der Hand geschrieben auf einem kleinen Stück Papier, das womöglich auf der einen Seite ein Foto zeigt oder ansprechend gestaltet ist, transportiert über eine weite Strecke von echten Menschen – intim und öffentlich zugleich, denn jeder kann den Text lesen.

Eine Nachricht auf Papier

Eine Postkarte ist eine handfeste Erinnerung an Menschen und Augenblicke, die lange Zeit an der Pinnwand in der Küche hängt oder anderswo neben Konzertkarten und vergilbten Polaroids in der Galerie deines Lebens ihren Platz findet. Was ist dagegen schon eine E-Mail oder WhatsApp-Nachricht, ein paar namenlose Bits und Bytes, in Millisekunden durch das Netz gerutscht, schnell gelesen und ebenso schnell vergessen.

27. August

DER HOLUNDER
IST REIF

Jetzt sind in vielen Gegenden die
schwarzen Holunderbeeren reif und hängen in dichten Trauben an
den Ästen. Holunderbeeren enthalten viel Vitamin C und lassen sich
zu Saft, Sirup, Punsch oder Gelee verarbeiten – auch in Kombination
mit anderen Früchten wie etwa Äpfeln, Zwetschgen, Birnen oder
Brombeeren.

Holundermarmelade

Du wirst sie lieben, denn sie ist eine ganz besondere Variante zwischen all den möglichen Geschmacksrichtungen der Marmelade!

- Gelierzucker in gewünschtem Mischungsverhältnis 1:1 (100 g
  Früchte auf 100 g Gelierzucker), 1:2 (100 g Früchte auf 50 g Gelierzucker) oder 1:3 (100 g Früchte auf 33 g Gelierzucker) besorgen, es
  können drei unterschiedliche Marmeladensorten von süß bis fruchtig entstehen. Wichtig: Je weniger Zucker, desto weniger haltbar ist
  dein Fruchtaufstrich.
- Die Beeren von den Stielen lösen und waschen, die Marmeladengläser sorgfältig reinigen und am besten mit heißem Wasser
  auskochen. Lebensmittelgläser mit Deckel (Gurken, Apfelmus und
  ähnliches) bieten sich an.
- Die Beeren mit dem Gelierzucker vermengen und nach den Angaben des Herstellers kochen lassen. Die fertige Holundermarmelade
  noch warm in die Gläser füllen und mit dem (sorgfältig gesäuberten) Deckel verschließen.

Noch eine Warnung zum Schluss: Verwechsle den Holunder nicht
mit dem kleineren Zwerg-Holunder oder Attich – dessen Beeren sind
giftig! Am besten jemanden fragen, der sich auskennt, wenn du unsicher bist.

28. August

EIN GEMÜTLICHER FEUERPLATZ
IM GARTEN

Heimwerker? Du musst nicht mauern und betonieren, bevor das Lagerfeuer brennt, es geht auch ziemlich einfach. Kaufe dir doch einfach Steine für eine Brunneneinfassung! Wenn du sie auf einer ebenen Fläche nebeneinanderlegst, bekommst du einen runden, nach außen abgegrenzten Feuerplatz.

Aber noch brennt kein Feuer

Erstaunlicherweise wissen junge Mitmenschen heute nicht mehr, wie man ein Feuer anzündet. Streichholz für Streichholz wird verbraucht, aber nichts geht in Flammen auf. Wichtig zu wissen: Feuer brennt von unten nach oben. Deshalb fängt es schon damit an, wie du das Streichholz hältst.

Halte den Kopf des Streichholzes nach unten, so kann die Flamme das Holz des Streichholzes als Brennmaterial erreichen.

Für das Lagerfeuer gilt die folgende Regel beim Aufrichten des Brennmaterials: Papier – dünn – dicker – dick. Oder: Papier – Zweige – Äste – Scheite.

Die »Sicherheitsbestimmungen«

In unmittelbarer Nähe sollte nichts liegen, was allzu leicht entzündlich ist.
An Funkenflug denken!
Offizielle Warnungen wegen Waldbrandgefahr beachten!

29. August

VERSCHENK EIN GEDICHT

Gestern hatte Johann Wolfgang von Goethe Geburtstag – am 28. August 1749 erblickte der Dichterfürst das Licht der Welt. Er hinterließ uns so manches Werk, aber hier ist keines davon abgedruckt, weil dich die wohlgesetzten Worte einschüchtern könnten – du sollst nämlich selbst ein paar Zeilen verfassen. Keine Angst, so schwer ist das nicht. Und es muss ja nicht gleich eine Meisterballade werden.

In jedem steckt ein Dichter!

Wähle eines der Themen, über die schon viele Dichter geschrieben haben: Liebe, Leben, Lust und Leid und die Schönheit der Natur. Die passenden Reime findest du, wenn du »Reimwörter« in die Suchmaschine eingibst. Vier Zeilen genügen – schreibe sie sorgfältig auf ein Blatt Papier und verschenke es an einen Fremden oder eine Fremde. Erstaune und verwundere sie oder ihn mit der Schönheit deiner Worte.

30. August

MARSHMALLOWS SELBST GEMACHT

Heute feiert man in den USA den »Geröstete-Marshmallows-Tag«. Du willst mitfeiern? Dann brauchst du Marshmallows – und als besonders stilvoll können DIY-Marshmallows gelten. DIY? Do It Yourself!

Ein super einfaches Rezept

350 bis 400 g Puderzucker durch ein Küchensieb streichen, damit er schön locker ist. Eine Packung Fertiggelatine aus dem Supermarkt nach Rezept auf der Packung mit Wasser zubereiten, und den Puderzucker mit einem Schneebesen oder einem elektrischen Rührstab untermischen, dabei etwas Speisestärke zugeben. Den Marshmallow-Teig in die Form füllen und etwa eine Stunde im Kühlschrank ruhen lassen. Danach den Marshmallow-Block – ein solcher ist nämlich entstanden – aus der Form stürzen und in handliche Stücke schneiden, die über dem Feuer geröstet werden.

EINEN STEINGARTEN ANLEGEN

Wenn der Steingarten in deinem Garten entstehen soll, musst du einige Vorbereitungen treffen. Wie der Name schon sagt: Da wächst etwas auf Steinen. Und das sieht ziemlich toll aus.

Selbst wenn du keinen Garten, vielleicht nicht mal einen Balkon hast – für einen Steingarten findest du sicher Platz. Hier eine Variante, die du sogar in deinem Wohnzimmer aufstellen könntest:

Als Grundlage brauchst du eine schöne, flache Unterschale aus dem Baumarkt oder dem Blumenladen.

Dazu suchst du dir schönen Dekosand oder feine Kieselsteine aus, die du in der Schale verteilst und glättest. Nun musst du nur noch die Augen nach besonders schönen mineralischen und floralen Fundstücken offen halten, die deinen Mini-Steingarten bereichern können. Für einen grünen Touch kaufst du ein paar Sukkulenten, eine Pflanzengattung, die kaum Erde und nur sehr wenig Wasser braucht, und arrangierst sie auf den Steinen.

Wenn du Pflanzen kultivieren möchtest, die auf normaler Gartenerde nicht gedeihen, kannst du auch eine Schale mit Steinplatten und dazwischen Moorbeeterde anlegen, in der sich Pflanzen wie Erika, Alpenrose, Hortensien, Heidelbeeren oder Herbstenzian kultivieren lassen.

HERBST

September

1. September

EINEN BRIEF SCHREIBEN

Heute ist der Welttag des Briefeschreibens! Das erinnert dich daran, dass du schon sehr lange Zeit niemandem mehr einen Brief geschrieben hast. Briefe zu schreiben ist eine fast vergessene Kunst, und während andere Medien wie die E-Mail oft bloß nackte, schnell heruntergeschriebene Informationen transportieren, reisen mit einem Brief Gefühle, Ansichten über Schönheit und vielleicht auch ein Duft mit.

Eine besondere Botschaft
Die Auswahl des Papiers, seine Struktur und Farbe, der gewählte Stift und seine Spur auf dem Papier, die Handschrift, der Stand der Zeilen auf dem Blatt und eventuell noch ein winziger Tropfen deines Parfüms lassen einen Brief zu einem ganz persönlichen Geschenk werden.

Wem möchtest du
einen Brief schicken?

————————————————
————————————————
————————————————

2. September

EINRAD FAHREN

Die wichtigste Übung: das Aufsteigen. Dabei hältst du dich am besten irgendwo fest. Eine der Pedalen sollte unten sein, du stellst deinen Fuß darauf. Das Einrad etwas nach hinten kippen, damit der Sattel in einer Position steht, in der du auch darauf sitzen kannst. Nun stößt du dich mit dem zweiten Fuß vom Boden ab und versuchst aufzusteigen. Halte dich gut fest, oder stelle dich darauf ein, oft umzufallen.

Ein guter Gleichgewichtssinn ist wichtig
Ist es dir gelungen aufzusteigen, so solltest du zuerst üben, die Balance zu halten. Dabei hältst du dich mit einer Hand irgendwo fest und streckst die andere aus, um das Gleichgewicht zu verbessern. Wenn du halbwegs sicher bist im Gleichgewicht zu sitzen, kannst du versuchen, ein paar Zentimeter vorwärts- oder rückwärtszufahren. Bei all diesen Versuchen bringt dich natürlich auch ein Helfer schneller weiter.

3. September

ERKLIMME EINEN WOLKENKRATZER

Hoch hinauf am Skyscraper Day: Der Wolkenkratzertag wurde wahrscheinlich zu Ehren des Geburtstages von Architekt Louis Sullivan eingeführt, der zwischen 1885 und 1920 die ersten vielgeschossigen Häuser in Amerikas Städten entwarf – für dich könnte dieser Tag der Anlass sein, die Welt von ganz oben zu betrachten.

Wolkenkratzer in deiner Nähe

Wo sind in deutschen Städten hohe Gebäude zu finden, die man besuchen kann? Über 100 Meter hoch hinaus geht es in vielen deutschen Städten. In Frankfurt am Main hast du auf dem Main Tower mit 200 Meter Höhe den großen Überblick, in Berlin geht es auf dem Park-In-Hochhaus immerhin noch 125 Meter hoch hinauf. Und oben auf dem Köln Triangle kannst du in »nur« 103 Meter Höhe ein beeindruckendes Rheinpanorama genießen.

4. September

DIE BESTE CURRYWURST DER STADT

Am 4. September 1949 soll die Berlinerin Herta Heuwer die Currywurst und die dazugehörige Sauce erfunden haben. Du liebst Currywurst? Dann könntest du bei deinem nächsten Besuch in Berlin, Ecke Kantstraße / Kaiser-Friedrich-Straße in Charlottenburg, die offizielle Gedenktafel für Herta Heuwer besichtigen. Oder doch lieber eine Currywurst essen? Dazu musst du noch nicht mal nach Berlin.

Wichtig: die Sauce

Je 2 Zwiebeln und Knoblauchzehen in feine Würfel schneiden, in 5 EL Öl anschwitzen. Mit Pfeffer, Salz und 150 g Zucker abschmecken. Eine halbe Tube Tomatenmark und eine fein zerkleinerte Chilischote dazugeben, alles kräftig durchrühren. Mit etwas Weißwein oder Traubensaft ablöschen, je 4 EL Curry und Paprikapulver sowie 1 Liter Brühe zugeben. Alles langsam einkochen lassen, bis die Sauce die richtige Konsistenz hat. Mit einem Schneebesen glätten – fertig!

FRÜCHTE DER SAISON PFLÜCKEN UND BACKEN

Backmischungen kann jeder! Aber einen Kuchen vom Ernten der Früchte bis zum Teig mit eigenen Händen herzustellen – so ein Erlebnis könnte man eine Backofen-Meditation nennen. Beeren, Mirabellen, Pflaumen, Zwetschgen – jetzt ist es an der Zeit, einen superguten Kuchen mit diesen Früchten zu backen.

Erste Aufgabe: die Früchte besorgen

Wo gibt es noch einen Obstgarten, in dem du Zwetschgen selbst ernten kannst? Ab aufs Fahrrad, in die Bahn, raus aufs Land! Oder … im schlimmsten Fall in die Obstabteilung vom Supermarkt. Du brauchst ein Kilogramm Zwetschgen.

Zweite Aufgabe: das Backen

Backofen auf 200 °C (Umluft: 180 °C) vorheizen. 375 g Zucker, 2 Päckchen Vanillezucker, 600 g Mehl, 150 g Haferflocken und eine Prise Salz in einer Schüssel mischen. 375 g Butter in einem ausreichend großen Topf schmelzen. Die Zucker-Mehl-Mischung mit einer Gabel in den Topf mit der Butter hineinrühren, bis Streusel entstehen. Zwei Drittel der Streusel aus dem Topf nehmen und auf einem Backblech mit Backpapier ausbreiten, dabei die Streuselmasse schön flachdrücken. Das Blech mit den halbierten, entsteinten Früchten belegen, die übrig gebliebenen Streusel darüberstreuen. Den Kuchen im vorgeheizten Ofen 35 bis 45 Minuten goldbraun backen.

Dritte Aufgabe: Wer isst alles mit?

Nun musst du nur noch überlegen, wer mit dir deinen frischen Zwetschgenkuchen genießen darf – zu mehreren schmeckt er besser. Und richtig himmlisch wird er mit einem Klacks Schlagsahne.

6. September

BEI SCHWARZLICHT GOLFEN

Minigolf macht Laune und kann vielerorts gespielt werden. Man kann es sehr ernst nehmen, die Punkte genau aufschreiben und Turniere mit Siegerehrung und Pokal veranstalten – oder sich einfach nur über die lustigen Verirrungen des Balls freuen. Noch einen Tick verrückter wird es, wenn du im Dunkeln Minigolf spielst – bei Schwarzlicht nämlich – mit leuchtenden Bahnabgrenzungen, Schlägern, Bällen und Hindernissen wie aus einer anderen Welt.

Bunt, bunter … mehr geht eigentlich nicht …

3D-Schwarzlicht-Minigolf-Anlagen sind Meisterwerke der Beleuchtungskunst, visuelle Monumente in Licht und Farbe, und jeder Pop-Art-Künstler hätte seine Freude daran. Es gibt sie zum Beispiel in Ettlingen, Münster, Oldenburg, Köln, Dortmund und Düsseldorf. Eigentlich fast überall. Und in Dubai – für eine Party zwischendurch vielleicht eine etwas lange Anreise …

7. September

EIN VERRÜCKTES FAHRZEUG AUSPROBIEREN

Riesige Reifen, massig PS unter der Haube, unglaublich lang und breit – das ist doch nichts für eine Frau, oder? Die eine Hälfte der Menschheit glaubte lange Zeit, dass Dinge auf Rädern Männersache sind. Aber das ist natürlich Quatsch. Wer auch immer Lust auf ein rasantes Abenteuer hat, sollte sich nicht davon abhalten lassen. Gut angeschnallt, versteht sich.

Alles fahren, was Räder hat

Schon wenn du es liest, wirst du ganz unruhig vor freudiger Erwartung? Mit dem Quad ins Gelände, mit dem Trike oder in einem Kart über schmale Landstraßen, ein cooler Trip durch die Schluchten einer Großstadt auf einem Segway – das wäre doch was! Oder sind Kettenfahrzeuge eher dein Ding? Auch der Bagger mit der ganz großen Schaufel wartet auf eine gute Fahrerin, die nichts aufhalten kann. Angebote gibt es im Netz: Aussuchen, buchen – und die Männer fluchen!

8. September

ZUGVÖGEL BEOBACHTEN

Sie stehen für den Wechsel der Jahreszeiten, und ihre Abreise und Wiederkehr kündigen Winter und Frühling an: Zugvögel. Sinkende Temperaturen und der damit verbundene Mangel an Nahrung schicken sie auf eine lange Reise in den Süden. Doch der Klimawandel hat Veränderungen gebracht. Nun überwintern viele Vögel in unseren Breiten. Andere sammeln sich und machen sich in Kräfte sparendem Formationsflug auf den Weg in die Sonne.

Zugvögel: die (fast) regelmäßigen Reisenden

Jedes Jahr unterwegs in den Süden sind Brachvogel, Feldlerche, Fitis, Hausrotschwanz, Kiebitz, Kranich, Kuckuck, Mauersegler, Nachtigall, Rauchschwalbe, Schwarzstorch, Singdrossel und viele andere.

Standvögel: Sie bleiben hier

Sie besitzen ein dichtes wärmendes Gefieder, ernähren sich von Nüssen und Beeren und können so unserem Winter trotzen. Zu den Vögeln, die bei uns überwintern, zählen Blaumeise, Kohlmeise, Eichelhäher, Elster, Habicht, Haussperling, Waldkauz, Wildtauben und Zaunkönig.

Beobachte den Himmel und schreib auf, was du siehst:

_____

_____

_____

_____

_____

9. September

WAS BLÜHT DENN IM SEPTEMBER?

Am Morgen gibt es Nebelschwaden, und die Abende werden kühler: Der Herbst kündigt sich an. Aber noch steckt eine Menge Leben im Pflanzenreich, mit der Blütenpracht ist es Anfang September nicht vorbei. Mach einen Spaziergang und schau nach, welche Pflanzen dir begegnen:

Im Garten

Gladiolen, Hortensien und Sommerastern sorgen für einen bunten Garten. Die Kapuzinerkresse mit ihren essbaren Blüten tupft Farben auf so manches Beet. Die Blüten des Mauerpfeffers, auch Fette Henne genannt, sehen noch die Septembersonne. Die Löwenmäulchen blühen schon seit Mai und werden ihre letzten Blüten erst im November verlieren. Und da wären noch Margerite, Sonnenhut, Phlox, die Engelstrompete, das Steinkraut, die Goldrute und die Sonnenblumen, Lilien und Dahlien, aber auch der sehr giftige Blaue Eisenhut, die für einen blütenreichen Garten sorgen. Im Kräuterbeet sind außerdem Thymian, Oregano, Lavendel, Salbei und Weißer Senf in ihrer Blütezeit.

In der wilden Natur

Draußen in Feld, Wald und Wiese blühen noch zahlreiche Pflanzen. Die niedlichen gelb-weißen Gänseblümchen verzaubern die Wiesen. Rainfarn, Jakobs-Kreuzkraut, Königskerze und Hahnenfuß geben Wegrändern und Wiesen gelbe Tupfen. Ackerwinde und Zaunwinde zeigen ihre Blüten in Weiß und Rosa. Kornblume und Wegwarte steuern blaue Farbtöne bei. Hier und da trifft man auf ein kräftiges Rosa von Blutweiderich und Wiesen-Flockenblume, während sich Wilde Möhre und Schafgarbe mit ihren weißen Dolden vornehm zurückhalten.

ZEIT ZUM AUFBRUCH

Oft gibt es im Leben Situationen, die nach einer Veränderung rufen. Kennst du das Gefühl? Jetzt solltest du etwas Neues machen, einen neuen Weg einschlagen! Es kann an dieser Stelle helfen, tatsächlich einen neuen Pfad zu gehen – über das Vergangene nachzudenken, neue Erfahrungen zu machen, eine Pilgerreise anzutreten, Pilger zu sein. Wirf einen besonderen Blick auf die Landschaften eines Lebens!

Plane deine ganz persönliche Pilgerreise

In den nächsten Wochen ist das Wetter gut für eine ganz besondere Wanderung geeignet: Mache eine Pilgerreise durch deine Vergangenheit. Gehe zu Fuß durch das Stadtviertel oder Dorf deiner Kindheit oder statte deiner Universitätsstadt einen Besuch ab. Du kannst es auch als archäologische Forschungsreise betrachten: Gibt es das Herz noch, das ich vor einem Jahrzehnt in den Baum am Spielplatz geritzt habe? Ist das Gartenlokal geblieben, in dem du als Student gesessen hast? Wie sieht die Straße mit den Alleebäumen aus, in der du gewohnt hast?

Tritt in große Fußstapfen

Der bekannteste Pilgerweg ist der spanische Jakobsweg Camino de Santiago, der zum Grab des Apostels Jakobus in Santiago di Compostela in Galizien führt. Er ist nicht der Einzige: Ein Netz von uralten Pilgerwegen, die ebenfalls mit dem Symbol der Jakobsmuschel gekennzeichnet sind und nach Santiago di Compostela führen, erstreckt sich durch Deutschland und Europa. Du kannst auch in den Fußstapfen des heiligen Bonifatius wandeln – suche den Teil eines historischen Pilgerwegs, der vor deiner Haustür vorbeigeht, und nutze ein Stück davon für deine Pilgerreise.

Halte fest, was du bei deiner Wanderung entdeckt hast:

_____

_____

_____

_____

_____

11. September

NATURWUNDER SUCHEN

Es gibt erstaunliche Naturwunder und historische Stätten ganz in deiner Nähe – schau dich nur um, am besten online. Ein paar Beispiele? Wusstest du, dass es in der Eifel Geysire gibt, nämlich den »Brubbel« genannten Kaltwassergeysir in Wallenborn und einen weiteren in Andernach? Dass in der Nähe von Bonn ein Steinkreis zu finden ist? Dass es in Bodetal im Harz Hexen geben soll … Höre dich um und entdecke, was andere seit Langem kennen.

Durch eine Wunderwelt spazieren

Nur kein Stress – du musst nicht zum verbissenen Naturwunder-Touristen werden und weite Strecken zurücklegen. Schon beim Spaziergang findest du möglicherweise dein Wunder am nahe gelegenen Fluss. Es könnte auch sein, dass du einen Baum im Stadtwald mit neuen Augen betrachtest. Oder vielleicht hat sich wunderbarer Weise ein Storch auf dem Dach eines Nachbarhauses niedergelassen.

12. September

RÄTSELHAFTE NACHRICHTEN VERSTECKEN

E-Mails kann jeder, und auch WhatsApp ist allgegenwärtig. Wenn du aber auf besondere Weise Kontakt mit Menschen aufnehmen möchtest, könntest du rätselhafte oder lustige Nachrichten verfassen und sie in Bücher aus der Bibliothek legen. Der September ist dafür die ideale Zeit, und bei Menschen, die dieselben Bücher ausleihen wie du, ist die Wahrscheinlichkeit hoch, zumindest auf jemanden mit ähnlichen Interessen zu stoßen – wenn nicht gar auf einen Seelenverwandten.

Ist da draußen jemand?

Zur Kontaktaufnahme genügt – ganz banal – eine E-Mail-Adresse. Oder vielleicht willst du es ganz spannend machen und gibst die Wegbeschreibung zu einem toten Briefkasten im Stadtpark an – ziemlich spannend, oder? Gegen böse Überraschungen kannst du dich absichern, indem du einen Vertrauten einweist, der immer über den Stand der Kommunikation informiert ist.

13. September

WERDE ZUM GLÜCKSBOTEN

Heute ist Glückskeks-Tag. Du könntest zum Beispiel chinesisch essen gehen und nachschauen, was dir dein Glückskeks verspricht. Du könntest auch selbst Glückskekse verschenken. Aber woher bekommt man dieses besondere Gebäck? Ganz einfach, einhundert Glückskekse kriegt man online schon für 9,99 Euro. Das Glück einfach bestellen!

Glücksmomente frei Haus

Mit Glückskeksen kann man eine Menge anstellen. Heute könntest du zum Beispiel jemandem eine freudige Überraschung bereiten, deinem Partner oder deiner Partnerin, deinen Geschwistern oder Eltern. Bring ihnen einfach einen Glückskeks vorbei. Einen besonderen Grund braucht es dazu nicht, oder? Gemeinsames Auspacken und Lesen ist Ehrensache!

14. September

EINE NEUE STADT WARTET AUF DICH

Perfekte Jahreszeit, genau das richtige Wetter, um eine ganz neue Stadt zu erkunden. Was man dort tun kann? Zum Beispiel historische Gebäude bestaunen, ganz neue Geschäfte durchstöbern, coole Cocktails trinken und irgendwas Verrücktes essen, das zum Geldbeutel passt. Wenn du genug Zeit und Energie aufbringen kannst, warten Großstädte wie Hamburg, Köln, Berlin, Stuttgart oder München auf dich.

Kleiner ist feiner

Statt dich auf den Weg in die klassischen Touristenstädte zu machen, könntest du auch zu einem Besuch in eine nahe gelegene Kreisstadt oder eine Ortschaft mit besonderem Flair aufbrechen. Ob mittelalterlicher Ortskern oder besonderes Warenangebot – es gibt viel zu entdecken. Auch eine Künstlerkolonie könnte dein Ziel werden – Worpswede in der Nähe von Bremen, die Künstlersiedlung Halfmannshof bei Gelsenkirchen, Ahrenshoop an der Ostsee oder das bayerische Murnau.

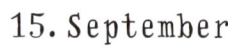

ENDLICH: ES IST QUITTENZEIT

Mitte September – jetzt werden die Quitten geerntet. Quitten? Sind das nicht diese merkwürdigen gelben Früchte, die so lecker aussehen, die man aber nicht essen kann? Richtig, roh sind Quitten ungenießbar, sie schmecken holzig und sehr sauer. Wenn du die Früchte aber richtig zubereitest, kannst du ihr ganz eigenes Aroma, das irgendwo zwischen Apfel und Zitrone liegt, genießen. Ob als Suppe, fruchtige Beilage zu Fleischgerichten, Marmelade, Gelee, Kompott oder süßes Dessert – diese wunderbare Frucht hat vielfältige Möglichkeiten.

Wie wäre es mit einem Quittenstrudel?

Für den **Strudelteig** 250 g Mehl, 1 Ei, 3 Esslöffel Öl, 5 Esslöffel lauwarmes Wasser und $\frac{1}{2}$ Teelöffel Salz gut verrühren, zu einem Teig kneten, daraus eine Kugel formen und diese dann bei Raumtemperatur eine halbe Stunde ruhen lassen.

Währenddessen kannst du die **Füllung** vorbereiten: 1 kg Quitten schälen, mit einer Küchenreibe zerkleinern, 6 Esslöffel Zucker, 50 g fein gehackte Walnüsse, 50 g Mandarinen- oder Sultaninenstückchen, 2 Esslöffel Zitronensaft und 1 Prise Salz gut miteinander vermischen.

Jetzt den Teig mit der Quittenmischung füllen: Dazu den Teig möglichst dünn ausrollen, die halbe Fläche auf ein Tuch legen. Auf die untere Hälfte die Füllung aufbringen, etwa 4 cm breite Ränder stehen lassen. Die seitlichen Ränder umschlagen, das Gebäck mit der zweiten Hälfte des Teigs als Deckel oben verschließen. Vom Tuch aus vorsichtig auf ein mit Backpapier belegtes Backblech rutschen lassen. Den Teig mit Butter bestreichen. Im vorgeheizten Backofen (200 °C) ca. 35 Minuten backen, dabei hin und wieder mit Butter bestreichen. Den fertigen Strudel mit Puderzucker bestreuen.

Guten Appetit – am besten schmeckt dazu Vanillecreme oder Eis.

16. September

DEINE PERSÖNLICHE HITLISTE

»Baker Street« oder »Hotel California«? »Wind of Change« oder »Wonderwall«? »Haus Am See« oder »Fix You«? Wie lange hast du deine CDs oder LPs nicht mehr gehört? Erinnere dich an deine persönlichen Charts der letzten Jahre, und schreibe deine Hitliste auf! Sind es nur neueste Titel oder ist auch einiges davon Old School? Nebeneffekt: So kommst du an eine geniale Wiedergabeliste für deinen MP3-Player oder dein Smartphone.

Die Top Ten deines Lebens

_____

_____

_____

_____

_____

_____

_____

_____

_____

_____

17. September

HIRSCHE RÖHREN HÖREN

Die Hirschbrunft – wer dieses Naturereignis noch nie live erlebt hat, hat keine Vorstellung davon, wie beeindruckend die Stimme eines Tieres klingen kann. Vor dem Hintergrund einer sonst leisen Natur, in Kontrast zu rauschendem Blattwerk und lieblichen Vogelstimmen, verstärkt vielleicht durch die Wände eines engen Tales, macht ein Hirsch in der Brunft eindeutig klar: Das hier ist mein Revier!

Die Könige der Wälder

Hirsche brüllen in dieser Jahreszeit – von Ende September bis Ende Oktober – so markerschütternd laut, dass ihre Stimme viele Kilometer weit zu hören ist. Wenn du einen Hirsch nicht nur röhren hören willst, sondern ihn dabei auch beobachten möchtest, solltest du das zwischen dem frühen Abend und dem Morgengrauen versuchen. Geduld, wetterfeste Kleidung und ein Fernglas oder eine Kamera mit Teleobjektiv sind gute Hilfsmittel.

EIN GROSSES FEST ZU ERNTEDANK PLANEN

Verabschiede den Sommer mit einem großen Fest: Ende September und Anfang Oktober gibt es Getreide, Obst und Gemüse in Hülle und Fülle – keine Selbstverständlichkeit. Lade deine Freunde und die Familie zu einem Termin Anfang Oktober ein – vielleicht am ersten Sonntag im Oktober, dem Erntedankfest –, und genieße die Früchte eines ganzen Jahres. Hier ein paar Vorschläge für die Ausgestaltung. Wenn es eine große Sache werden soll, braucht es etwas Vorlauf …

Erntedank-Frühstück im Garten

Triff dich mit deinen Freunden und Verwandten draußen in der Natur. Stelle eine große Tafel unter Bäumen oder mitten auf einer großen Wiese auf mit allem, was das Jahr zu bieten hat.

Der Erntedank-Umzug

Du kannst dich dem Umzug deiner Gemeinde anschließen (wenn es einen solchen gibt) oder selbst einen veranstalten. Dabei hast du alle Möglichkeiten: Erwachsene und Kinder gehen mit einem Bollerwagen von Haus zu Haus und sammeln Erntedank-Spenden, aus denen am Ende des Umzuges ein großes Festmahl bereitet wird. Eine besonders spontane Einladung zu einem Fest, der viele Nachbarn folgen werden, die vielleicht sonst Ressentiments gegen öffentliche Veranstaltungen hegen.

Ein Freudenfest mit der Familie

Tanzen, lachen, sich verkleiden, Ballspiele und Drachen am Himmel im ersten Herbstwind – besonders Kinder lieben Feste unter freiem Himmel, bei denen etwas passiert. Sorge mit Speisen und Getränken für Spielzeug und Beschäftigungsmöglichkeiten!

19. September

DIE KÜRBISSE SIND REIF

Viele Kürbissorten sind jetzt frisch und preiswert auf dem Markt – es könnte jetzt eine Kürbissuppe geben. Muss es aber nicht, denn der Kürbis ist eine ausgesprochene vielseitige Frucht. Nicht nur der Hokkaido-Suppenkürbis kann schmackhaft zubereitet werden – auch andere Sorten wie etwa der kernarme Butternut-Kürbis mit leichtem Butteraroma. Insgesamt gibt es über 800 Kürbissorten – fast alles ist möglich. Deshalb hier keine konkreten Rezepte, sondern nur Anregungen. Bei allen Tipps gilt: Zur Kürbissorte passendes Rezept raussuchen – oder experimentieren:

Eingelegter Kürbis

Ein bisschen aus der Mode gekommen ist der eingelegte Kürbis – ganz zu Unrecht. Eingelegt in Wasser mit Weinessig, aromatisiert mit Gewürznelken, Ingwer, Zucker und Zimt, entsteht eine geradezu exotische Beilage zu vielen Mahlzeiten.

Kürbis-Nudelsalat

Der Nudelsalat ist nicht nur der Partykönig – Hunderte von Rezepten kursieren unter den Verwandten und Freunden, jeder macht ihn anders, und jeder sagt von seinem Nudelsalat, dass er der beste sei. Du kannst sie alle in den Schatten stellen, wenn du deinen Nudelsalat geschmacklich und optisch mit Kürbisstücken bereicherst.

Kürbis-Bratkartoffeln

Kartoffel und Kürbis vertragen sich gut, es geht aber auch ohne Kartoffeln. Den Kürbis einfach in dünne Scheiben schneiden und in der Pfanne anbraten wie Bratkartoffeln. Herzhafte Beigaben wie Zwiebeln, Speck, aber auch Apfelstücke passen gut dazu.

20. September

EINEN DRACHEN BAUEN UND FLIEGEN LASSEN

Wind gibt es genug im Herbst, und der lässt sich für ein ganz besonderes Vergnügen nutzen: einen Drachen steigen lassen. Das könnte einer aus dem Spielwarenladen oder ein im Internet gekaufter sein. Oder aber auch ein selbst gebauter wie dieser:

Was man braucht, um einen flugfähigen Drachen zu bauen

- 2 biegsame Holzleisten (eine mit den Maßen 85 × 1 × 0,5 cm und eine mit 100 × 1 × 0,5 cm)
- (Zeitungs-)Papier oder Plastikfolie zum Bespannen, zum Beispiel von einem Müllsack
- eine Rolle fester Schnur, etwas Holzleim, den passenden Klebstoff für Papier oder Folie
- ein paar Dinge aus dem Werkzeugkasten, zum Beispiel eine Säge und eine Bohrmaschine. Ein kleiner Handbohrer tut es auch.

Zuerst entsteht das Skelett

Jeweils an den Enden der Holzleisten mit einem Messer oder einer Säge eine 2 mm tiefe Kerbe anbringen. Durch sie verläuft später die Schnur, welche die Bespannung trägt.

In die Leisten Löcher bohren, durch die später die Spann- und Zugschnüre geführt werden: Die lange Leiste bekommt dabei drei etwa 2 mm starke Löcher – eines etwa 15 cm vom oberen Ende, ein weiteres 15 cm vom unteren Ende entfernt. Ein drittes Loch, nur 1 bis 1,5 cm vom unteren Ende entfernt, wird gebraucht, um später den Schwanz des Drachen daran zu befestigen. Die kurze Leiste bekommt nur zwei Löcher, jeweils im Abstand von 1,5 cm von den Enden.

Nun die beiden Leisten wie ein Kreuz übereinanderlegen, und zwar so, dass die kürzere Leiste 30 cm vom oberen Ende der längeren Leiste entfernt liegt. Mit einem Tropfen Holzleim die Leisten miteinander verkleben. Weil eine solche Verbindung besonders stabil sein muss, das Lattenkreuz in der Mitte zusätzlich kreuzweise mit Schnur umwickeln.

Nun muss das Drachenskelett bespannt werden

Zunächst eine Schnur außen herum durch die 2-Millimeter-Kerben führen und fest verknoten. Den so entstandenen Drachenrahmen auf die Folie oder das Papier legen. Dann die Bespannung zuschneiden, rundherum etwa 3 bis 4 cm größer als das Skelett. Die überstehenden Ränder umschlagen und verkleben. Wenn Folie in Gebrauch ist, wirst du einen speziellen Folienkleber benutzen müssen.

Jetzt werden weitere Schnüre angebracht

Eine Spannschnur zwischen den Löchern an der kurzen Seite verleiht dem Drachen eine leichte Wölbung. Eine zweite, etwa 90 cm lange Schnur an den Enden der langen Leiste verknoten. Nicht spannen, sie soll Spiel haben, damit später die Führungsschnur – in der Höhe variabel – daran befestigt werden kann.

Am unteren Ende den Schwanz befestigen

Der Schwanz besteht aus einer 1,5 bis 2 m langen Schnur mit kleinen Papierschleifen. Der Schwanz soll nicht nur hübsch aussehen, sondern gibt dem Drachen auch Stabilität beim Flug. Nun fehlt nur noch die lange Führungsschnur. Sie bestimmt durch ihre Länge, wie hoch dein Drachen fliegen kann.

Und jetzt fliegen lassen

Du weißt, wie man einen Drachen in die Luft bringt? Immer gegen den Wind laufen, nicht zu viel Schnur geben, den Drachen auf Zug halten. Natürlich kann man ihn auch »aus der Hand« starten, wenn man einen Helfer hat, der ihn hält. Guten Flug!

21. September

STILLE AUF DEM FRIEDHOF

Skelette, Zombies und der nackte Horror – so stellen schlechte Filme Friedhöfe dar. Die Wirklichkeit sieht anders aus: Der Trauer wohnt auch eine eigentümliche Schönheit inne. Vielleicht möchtest du einen alten Friedhof als einen Ort innerer Einkehr besuchen, zum Beispiel Sankt Melaten in Köln. In seiner morbiden Schönheit mit seinen großartigen Grabstatuen hat dieser Ort schon viele Menschen fasziniert.

Parks der Stille

Die Gartenkultur eines Parks mit alten Bäumen, dazu beeindruckende Grabdenkmäler und eine Atmosphäre der Ruhe, die aus dem Charisma des Ortes entspringt: Fast jede Stadt hat eine besonders schöne Begräbnisstätte, die es sich zu besuchen lohnt. Ob es nun der Karlsruher Hauptfriedhof, der Nordfriedhof München oder Hamburgs stille Oase, der Friedhof Ohlsdorf, ist: Fotografen, Philosophen und stille Spaziergänger sind gleichermaßen angetan.

22. September

SPORTARENA IN DER KNEIPE

Vielleicht ist dies ein Regentag, aber Regen ist keine Voraussetzung für eine vergnügliche Kneipensportart. Nimm dir heute einfach die Zeit, ein paar Pfeile auf die Darts-Scheibe zu werfen oder Poolbillard zu spielen. Mit ein paar Freunden kannst du auch kickern oder einen Wettstreit am Flipper austragen. Weniger anstrengend sind Knobeln, Skat oder Doppelkopf. Von Sportarten wie Fingerhakeln und Raufen wird außerhalb von Bayern bzw. unterhalb der 1,0-Promille-Grenze zumeist abgeraten. Schuhplatteln hingegen geht immer …

Nur für Siegertypen: die Kneipen-Challenge

Wer sagt denn, dass immer das Sportfernsehen dabei sein muss? Für die Kneipen-Meisterschaft im Kickern finden sich im Nu genügend Teilnehmerinnen und Teilnehmer, schließlich geht es um die Ehre. Und für die Pub-Challenge fliegen die Darts in endlosen Trainingsrunden, natürlich nicht ohne Zielwasser.

23. September

EINE FLASCHENPOST VERSCHICKEN

In Abenteuerromanen und Geschichten von Schiffbrüchigen, die auf einer einsamen Insel landen, reisen Hilferufe in Flaschen durch alle Weltmeere. Diese romantische Art, eine Nachricht zu verschicken, ist heute auf sympathische Weise ineffektiv – kann man doch jeden Menschen auf dem Planeten quasi gedankenschnell über digitale Medien erreichen.

Empfänger total unbekannt

Das Faszinierende an der Flaschenpost ist aber, dass der Zufall als zuständiger Postbote dient – wer wird meine Nachricht erhalten? Werden er oder sie mir antworten und mir sagen, wo und wie sie leben? Schreibe deine Nachricht auf ein schönes Blatt Papier und schicke sie in einer stabilen Glasflasche auf Reisen. Eine Flaschenpost in einer Plastikflasche wäre stillos – Plastikmüll gibt es da draußen genug. Vergiss nicht anzugeben, wohin die Antwort gehen soll …

24. September

IN DER SAUNA ENTSPANNEN

Herbst und Winter stehen vor der Tür. Die Abwehrkräfte sollen gestärkt werden, der Körper alles Schlechte ausschwitzen, die Seele innere Wärme tanken. Körperliche und geistige Erholung stellen sich ein, wohlriechende Kräuter steigern dein Wohlbefinden, und nach der Wärmephase fallen Nervosität und Stress von dir ab. Worauf wartest du noch?

Warum ist die Sauna so gesund?

Die Sauna hat gleich mehrere positive Effekte auf die Gesundheit. So werden Giftstoffe, die sich im Körper gesammelt haben, durch das Schwitzen ausgeschieden, der Körper wird dadurch entschlackt und gereinigt. Eine weitere Wirkung setzt beim Abwehrsystem an: Die Haut erwärmt sich um etwa 3 bis 10 °C, infolge dessen steigt auch die Temperatur im Körperinneren um 1 bis 2 °C – wie bei Fieber. Entsprechend reagieren die Abwehrzellen: Sie werden aktiviert und wehren Krankheitserreger ab.

25. September

DIE PILZSAISON BEGINNT

So langsam wird es Herbst, aber trauere dem Sommer nicht nach. Das Thermometer bleibt im moderaten Bereich – immerhin kannst du nun endlich wieder rausgehen, ohne wegzuschmelzen. Um zum Beispiel einen schönen Spaziergang an einem sonnigen Tag zu unternehmen. Hierbei könnte es sich schon lohnen, die Augen nach ein paar Pilzen offen zu halten!

Pilze, die du sammeln kannst

Wenn du kein erfahrener Pilzsammler bist, schaust du am besten nach Pilzen, die einen Schwamm haben, bestehend aus feinen Röhren. Man könnte sie auch Röhrlinge nennen, und einige davon tragen diese Bezeichnung auch in ihrem Namen. Im Gegensatz zu Pilzen mit Lamellen – auch Blätterpilze genannt – haben sie unter dem Hut ein dickes, weiches Polster. Schwammpilz-Arten sind um einiges leichter auseinanderzuhalten – und es gibt nur eine giftige Art, die leicht zu erkennen ist.

- Pilze, deren Schwamm weiß, gelblich, beige bis bräunlich gefärbt ist und die eine hell- bis dunkelbraune Kappe haben, sind meist **Steinpilze oder Maronen** – oder deren ebenfalls gut essbare, nahe verwandte Arten wie der Butterpilz oder der Birkenröhrling.
- Schwammpilze, die blaue bis blauschwarze Schnitt- oder Druckstellen entwickeln, sind nicht etwa giftig, sondern durchaus essbar.

- Von Schwammpilzen mit rötlicher oder roter Färbung solltest du die Finger lassen – es könnte die einzig giftige Art sein, der **Satansröhrling**: heller Hut, roter Stiel, rötlicher bis roter Schwamm. Isst man den Pilz, so verursacht er schwere Magen- und Darmbeschwerden. Tödliche Vergiftungen sind aber nicht bekannt.
- Wenn du gelbliche Schwammpilze mit Netzmuster auf dem Stiel im Korb hast, könntest du

einen ekelhaft schmeckenden **Gallenröhrling** erwischt haben – gallenbitter, wie der Name schon vermuten lässt. Der ist zwar nicht lebensbedrohlich giftig, kann dir aber eine ganze Pilzmahlzeit verderben.

Wenn du unsicher bist: Experten vor Ort fragen oder auf zur Pilzberatungsstelle. Nur wenn du dir komplett sicher bist, solltest du deine Pilze essen.

Das schnelle Pilzomelett

Du kommst aus dem Wald und bist viel zu hungrig für langes Kochen? Eine Zwiebel zerkleinern, in der Pfanne glasig rösten. Ein paar Schinkenwürfel oder etwas zerkleinerte Salami dazugeben. Pilze säubern, halbieren oder in Scheiben schneiden, in die Pfanne geben und ausreichend stark erhitzen, nach Geschmack mit Pfeffer und Salz würzen. Manche geben auch ein wenig Thymian oder Liebstöckl (Maggikraut) hinzu. In einer kleinen Schüssel 2 bis 3 Eier mit etwas Milch zu Rührei verquirlen, wenn vorhanden, Schnittlauch oder Petersilie zerkleinern und einrühren, in die Pfanne mit den Pilzen geben. Bei mittlerer Hitze das Ei zum Stocken bringen – fertig.

Vorsicht, Gefahr!

Komm bloß nicht auf die Idee, Pilze zu sammeln, die wie Champignons aus dem Supermarkt aussehen! Dabei könntest du einen der schlimmsten Giftpilze erwischen, den weißen **Knollenblätterpilz** – übrigens auch ein Lamellenpilz. Lebensgefährliche Vergiftung droht! Es gibt kein wirksames Gegengift! Immer auch an den Fuchsbandwurm denken, im Wald nichts in den Mund stecken. Pilze vor dem Verzehr immer ausreichend stark erhitzen.

LERNE EINEN ZAUBERTRICK

Bezaubere deine Mitmenschen im wahrsten Sinne des Wortes mit einem verblüffenden Zaubertrick. Alles, was du brauchst, sind eine Untertasse und ein paar Streichhölzer. Frage deine Zuschauer zu Beginn, ob sie schon mal versucht haben, ein Streichholz senkrecht hinzustellen. Lass es jeden, der möchte, ausprobieren, niemand wird es schaffen. Nun du: Nimm ein Streichholz in die Hand, mach ein bisschen Hokuspokus und – tippe den Streichholzkopf unauffällig auf eine Stelle an deiner Hand, die du vorher mit etwas Spucke oder Wasser angefeuchtet hast. Stelle das Streichholz – natürlich mit dem Kopf nach unten – sofort auf die Untertasse. Mit etwas Übung bleibt es senkrecht stehen. Applaus! Noch ein Trick:

Streichholz an Streichholz anzünden

- Befeuchte den Kopf eines Streichholzes mit Wasser, bis er ein wenig aufgeweicht ist.
- Tupfe einen Tropfen Wasser auf die Reibefläche einer Streichholzschachtel.
- Reibe nun sehr vorsichtig mit dem angefeuchteten Streichholz über die feuchte Stelle auf der Streichholzschachtel! Es geht darum, dass sich das Material von der Reibefläche mit dem des Streichholzkopfes vermischt.
- Lass das so behandelte Streichholz in Ruhe trocknen. Es sieht dann fast so aus wie ein ganz normales Streichholz, vielleicht ein wenig dunkler.
- Wenn es richtig gut durchgetrocknet ist, kannst du deinen Trick versuchen: Nimm ein ganz normales Streichholz und reibe damit schwungvoll über den Kopf des behandelten Streichholzes. Wenn du alles richtig gemacht hast und die Sterne für Magier günstig stehen, gehen beide Streichhölzer in Flammen auf.

27. September

KARTOFFELFEUER AUF RUSSISCH

Früher war dies die Jahreszeit der Kartoffelfeuer. Die Kartoffelernte war eine anstrengende Arbeit, die hungrig machte. Wenn alle Kartoffeln auf einem Feld geerntet waren, warf man ein paar davon in das Feuer des Kartoffellaubs – das einfachste aller Rezepte. Entzünde dein eigenes Kartoffelfeuer, und bereite darin Kartoffeln russisch zu: einfach so lange im Feuer liegen lassen, bis die äußere Schale völlig verkohlt ist. Dann die Kartoffeln aus dem Feuer angeln, aufbrechen und genießen.

Wichtig ist die richtige Größe der Kartoffeln

Wenn sie zu klein sind, verbrennen sie fast vollständig, sind sie zu groß, werden sie innen nicht gar. Mittelgroße Kartoffeln eignen sich für diese Zubereitung am besten. Mit ein bisschen Salz und einem Stich Butter schmeckt es noch besser. Mein russischer Nachbar schwört drauf und spült mit Wodka nach … übrigens auch ein Kartoffelprodukt.

28. September

MIT ANDEREN MENSCHEN SINGEN

Ein Chor ist eine tolle Sache. Als Teil einer Gruppe zu singen, zum kollektiven Wohlklang beizutragen, ist ein besonderes Erlebnis. Nein, du musst kein genialer Sänger sein, um deine Stimme dort einzubringen. Der Gesang aller wird dich und deine Stimme tragen. Übrigens: Am 28. September 1928 gaben wirklich großartige Sänger ihr Debüt im Berliner Großen Schauspielhaus: die Comedian Harmonists.

Vielleicht ist auch ein Chor für dich dabei

Viele unserer Mitmenschen schätzen den aktiven Chorgesang: In nahezu jeder Stadt gibt es mittlerweile Amateurchöre, bei deren Zusammentreffen mit Begeisterung gesungen wird – bestimmt auch in deinem Heimatort. Sicher wird man dich dort mit Freude begrüßen. Höhepunkt sind für viele dieser Chorsänger öffentliche Auftritte oder Wettbewerbe – ein Sängerwettstreit für alle, die aus schierem Vergnügen singen.

29. September

EINEN KURZKRIMI ENTSCHLÜSSELN

Heute ist der ideale Krimi-Tag! Denn Donna Leon hat Geburtstag; geboren wurde sie am 28. September 1942 in Montclair, New Jersey. Vielleicht feiert sie ja mit Commissario Brunetti — und mit dir als virtuellem Gast? Bist du ein guter Kriminalist? Dann könntest du dich heute zu einem Krimi-Dinner anmelden, diese gibt es mittlerweile in jeder größeren Stadt. Eignungstest gefällig?

Löse den folgenden Kriminalfall

Du wirst an einem regnerischen Nachmittag im April zu einem Tatort gerufen: trostlose Vorstadtstraße, vor einem abbruchreifen Mietshaus liegen ein alter Hut, ein Schal, eine vergammelte Mohrrübe und zwei Eierkohlen auf einer matschigen Wiese. Im strömenden Regen steht weinend ein kleiner Junge. Hier muss etwas Furchtbares geschehen sein. Nur was? Und wer ist der Täter?

Der Frühling. Hier ist ein Schneemann geschmolzen.

30. September

HERBSTPICKNICK MIT PLÄTZCHEN UND TEE

Genieße die letzten schönen Herbsttage. Auf in die Sonne, dein Körper kann ein letztes bisschen Vitamin D als Wintervorrat produzieren! Stelle dir ein abwechslungsreiches Herbstpicknick zusammen, und suche dir ein besonders schönes Fleckchen Erde, um deinen Proviant, allein oder mit Freunden, bis auf den letzten Krümel aufzuessen. Zeigen die Blätter der Bäume schon Herbstfarben?

Was steht auf der Speisekarte?

Wenn es schon kühler ist, tut Tee in einer großen Thermoskanne gut, dazu ein paar Kekse. Oder herzhafte Snacks, nichts Großes, Fingerfood oder Sandwiches englischer Art, ein paar gekochte Eier mit Maggi oder Muffins aus dem eigenen Backofen mit Schoko oder Bacon & Cheese. Witzig sind auch Menüs auf Bestellung: Lieferservice anrufen, leckere Sachen auswählen und an die Bank links unter der dritten Eiche im Stadtpark liefern lassen.

Oktober

1. Oktober

KERZEN SELBST ZIEHEN

Kerzen bringen ein besonderes Licht in die dunkleren Jahreszeiten. Viele Menschen verbinden es mit Geborgenheit und Gemütlichkeit. Etwas Besonderes sind Kerzen, die du selbst hergestellt hast. Die Herstellung – das sogenannte Kerzenziehen – ist eigentlich ganz einfach. Man taucht einen Docht, etwa aus Baumwolle, in flüssiges Wachs, zieht ihn wieder heraus und lässt das Wachs antrocknen. Dann wiederholt man den Vorgang. Um den Docht herum bildet sich eine Kerze, deren Umfang du selbst festlegen kannst. Je häufiger du den Docht eintauchst, desto dicker wird deine Kerze. Die besten Ergebnisse erzielst du mit Material aus dem Bastelladen: Dort gibt es Paraffinflocken in der gewünschten Farbe und einen Docht mit genau den richtigen Eigenschaften.

So sieht dein Weg zur Kerze aus

- Die Wachsflocken in einem schlanken, hohen Gefäß auf etwa 70 °C erhitzen – am besten in einem Wasserbad. Die Höhe des Gefäßes bestimmt die maximale Länge deiner Kerzen.
- Ein passend zugeschnittenes Stück Docht unten etwas beschweren (mit einem kleinen Metallstückchen, zum Beispiel einer Mutter) und in das flüssige Wachs tauchen.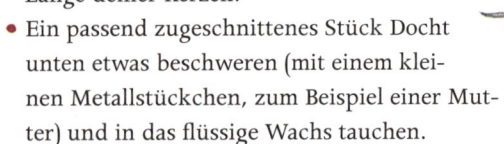
- Den Docht wieder herausziehen und das Wachs trocknen lassen.
- Nun wiederholst du den Tauchvorgang, bis die gewünschte Kerzendicke erreicht ist.
- Den Docht zurechtschneiden, das untere Ende der Kerze gerade schneiden, damit sie stehen oder in einen Kerzenständer gesetzt werden kann.

HOLZFÄLLER SEIN

Das Urbild rustikaler Arbeit: Der muskulöse Mann mit freiem Oberkörper schwingt die Axt und macht aus Baumstämmen gleich bergeweise handliche Holzscheite. Möchtest du das auch versuchen?

Macht es lieber nicht allein! Zum einen kommt man schnell an seine Grenzen, wenn man körperliche Arbeit nicht gewohnt ist. Zum anderen ist die Verletzungsgefahr groß, denn eine Axt ist ein scharfes Werkzeug. Den Umgang mit der Axt erlernen und viele andere Erfahrungen aus dem Holzfällerleben machen, kannst du, wenn du einen Tag als Holzfäller buchst. Arbeitskleidung und weitere Ausrüstung werden gestellt. Fahrten auf dem Allrad-Truck und der Umgang mit Kettensäge und Spaltgerät gehören zum Programm. Ein Tag voller anstrengender Arbeit endet bei einer Holzfällermahlzeit am Lagerfeuer.

Du hast einen anderen, weniger anstrengenden Blick auf das Landleben?

Dann suche einen schönen Landgasthof. Das kann doch nicht schwierig sein, denkst du? Echte Dorfkneipen und Landgasthäuser gehören jedoch zu den aussterbenden Arten, denn Fastfood-Ketten und touristische Ausflugsziele machen ihnen Konkurrenz. In einem echten Landgasthof wird gekocht wie zu Großmutters Zeiten. Es gibt einen Mittagstisch, wo sich Landarbeiter und Handwerker versammeln, das Essen ist deftig, gesund und vor allem preiswert, trotz reichlicher Portionen. Auf der Speisekarte stehen keine Gourmetgerichte, aber Ochsenbäckle mit Spätzle, Flönz mit Himmel un Ääd, Wirsinggemüse mit Speckstreifen oder Reibekuchen. Ein wichtiger Tipp dazu: Nur an die besten Freunde weitersagen, denn sonst stehen bald Touristenbusse vor der Tür.

TIERE IM HERBST BEOBACHTEN

Der Oktober ist ein wunderbarer Monat für Outdoor-Aktivitäten, es ist nicht zu heiß und nicht zu kalt, das Wetter passt großartig. Früher ging man(n) auf die Jagd, und auch du könntest dich jetzt an die Tiere in unserem Land heranpirschen – mit der Kamera. Rehe und Hirsche, Murmeltiere und Eichhörnchen, Hirsche, Wildschweine und Waschbären: Sie alle kannst du irgendwo in den wilden Regionen deiner Heimat antreffen – am besten im Morgengrauen auf einer Waldlichtung oder im letzten Licht der Abenddämmerung, buntes Laub und aufsteigender Nebel inklusive.

Die Safari im Stadtpark

Wenn du keine Zeit für eine lange Ansitzjagd hast – versuche es doch einmal in einem Park, aber zu einer ungewöhnlichen Tageszeit. Auch hier ist in den ersten Sonnenstrahlen des Tages und im Abendlicht mehr zu sehen als während der Stoßzeiten, in denen viele Menschen den Park bevölkern. Tiere, die man tagsüber nicht zu sehen be-

kommt, sind unterwegs wie zum Beispiel Füchse und Fledermäuse, mancherorts auch zugewanderte Arten wie Waschbär und Marderhund. Sogar Wildschweine statten manchem Stadtpark einen Besuch ab. Das bunte Herbstlaub liefert die perfekten Bildhintergründe.

Mit Geduld fette Beute machen

Keine Angst, das wird jetzt keine Anleitung zur Wilderei, sondern nur die Aufforderung, dort etwas mehr Geduld und Mühe zu investieren, wo man sonst nicht ganz genau hinschaut: im Tierpark oder Zoo nämlich. Dort bist du auch von den Jahreszeiten weitgehend unabhängig. Schnappschüsse im Vorübergehen sind die eine Sache. Wenn du dich aber vor einem Gehege zum Beispiel mit Affen oder Raubtieren auf die Lauer legst, erwischst du eventuell genau den Augenblick für das ganz große Bild.

Welche Tiere hast du gesehen? Und wo? Halte es hier zur Erinnerung fest:

_____
_____
_____
_____
_____

4. Oktober

RICHTE DEIN WOHNZIMMER HERBSTLICH EIN

Nicht nur draußen vor der Tür verändert der Herbst ganze Land-schaften. Auch der ambitionierte Innenarchitekt in dir kommt auf die Idee, ein paar Eindrücke der Jahreszeit in die Wohnung oder das Haus zu lassen. Hier ein paar Herbst-Deko-Tipps:

Strohblumen
Etwas in Vergessenheit geraten sind diese nahezu unendlich haltba-ren Blüten des Herbstes, die ursprünglich aus Australien stammen. Sie lassen sich im eigenen Garten aussäen, manchmal bekommt man sie im Gartencenter oder auf einem Wochenmarkt. Ein Strohblumen-Strauß ist ein lebendig-bunter Blickfang bis in den Winter hinein.

Ein herbstlicher Bilderrahmen
Ein einfacher Bilderrahmen wird rundherum mit bunten Blättern unterschiedlicher Baumar-ten beklebt. Mit dem dazu passenden Bild ent-steht ein individuelles Kunstwerk. Auch sehr effektvoll: ein weißer Bilderrahmen mit Passepartout, darin ein einziges buntes Herbstblatt.

Herbstfrüchte
Ein großes Deko-Glas oder eine Glasvase, bis zum Rand gefüllt mit Hagebutten, Nüssen, Eicheln und Kastanien, dazwischen etwas Laub, symbolisiert die Fülle und den Reichtum des Herbstes.

5. Oktober

Eigentlich braucht es keinen Anlass, um Seifenblasen zu machen, aber heute ist ihr Gedenktag. Also los! Was für ein wunderbares, unglaublich zartes Gebilde so eine Seifenblase doch ist! Eine farbig schillernde, nur knapp 1/1000 mm dicke Schicht umhüllt eine Kugel aus Luft. Ja, sie haben ihren eigenen Gedenktag verdient, auch wenn jede einzelne von ihnen nur für wenige Sekunden existiert.

Seifenblasenmischung selbst gemacht

Eine Seifenblasen-Lösung kann man auch selbst herstellen: 500 Milliliter lauwarmes Wasser, 50 Milliliter Neutralseife (aus der Drogerie), 2 gestrichene Esslöffel Tapetenkleister und ein gehäufter Teelöffel Puderzucker miteinander vermischen und über Nacht ruhen lassen. Vor Gebrauch schütteln oder durchrühren! Gute Seifenblasen gelingen mit einem Plastikstrohhalm, wenn man keinen Pustering zur Verfügung hat.

6. Oktober

GEH AUF FANTASIE-REISE

Heute ist das Wetter nicht so, dass du nach draußen gehen möchtest? Doch dein Geist sehnt sich nach Anregung und Erlebnissen? Pen-&-Paper, so heißt die wunderbare Art, von zu Hause aufzubrechen und neue, unbekannte Welten zu erkunden. Unternimm eine Fantasiereise, aber eine besondere: Suche dir Reisegefährten, die dich begleiten und den Kurs deiner Reise mitbestimmen.

Eine gemeinsame Reise im Kopf

Pen-&-Paper (engl. pen = Stift und paper = Papier) ist ein Rollenspiel, bei dem die Mitspieler erzählend ein Abenteuer erleben. Jeder nimmt eine fiktive Heldenrolle ein. Stifte und Papier werden gebraucht, um die Daten der dargestellten Rollen auf Charakterbögen festzuhalten und Notizen zum Spielverlauf zu machen. Wählt ein motivierendes Reiseziel im Reich der Fantasie, und erzählt euch gegenseitig alles über die Erlebnisse, die euch auf eurer Reise begegnen.

7. Oktober

MORGENMUFFELTAG

Was für ein sympathischer Gedenktag! Heute kannst du hemmungslos herummuffeln. Brummel ein Viertelstündchen vor dich hin, bevor du den ersten Fuß unter der Bettdecke hervorgucken lässt. Maunz deine Katze an. Heule mit deinem Hund oder, wenn du keinen hast, bell den gut gelaunten Moderator im Frühstücksfernsehen selbst an. Nicht auszuhalten, der grinsende Typ!

Muffeln mit Erlaubnis macht Spaß

Halte deinem Badezimmer-Spiegel eine Gardinenpredigt und beschwere dich darüber, wie du jeden Morgen aussiehst, weil er sich keine Mühe gibt. Dann müsste es dir langsam besser gehen.

Schreib auf, was dich heute besonders aufregt:

_____

_____

_____

8. Oktober

PUZZLE DICH GLÜCKLICH

Kauf dir ein wunderbares Puzzle, zum Beispiel eines mit dem Bild eines bekannten Kunstwerks. Nimm nicht versehentlich ein zu kleines Puzzle – an einem langen Oktoberabend kann man schon mal ein paar Hundert Teile schaffen. Aber Vorsicht, Suchtgefahr! Es wird dich vielleicht überraschen, aber Puzzlen ist eine tolle Art, sich zu entspannen und ganz nebenbei über vieles nachzudenken.

Meditation mit vielen kleinen Puzzlen als Mantra

Wie findest du nun ein gutes Puzzle? Such dir ein Motiv aus, das dir gefällt, und eine Größe, die dich nicht unter- oder überfordert. Es macht nur Spaß, wenn es nicht so schnell geht, aber auch irgendwann fertig wird. Also, los geht's. Verbringe einige entspannte Nachmittage mit einem schönen Kaffee und deinem Puzzle-Projekt. Kann sein, dass du auf den Geschmack kommst!

9. Oktober

BAU EIN IGELHAUS

Nicht nur du denkst jetzt manchmal an die kalte Jahreszeit: Im Herbst beginnen Igel, sich einen Unterschlupf für den Winter zu suchen. Die kleinen stacheligen Gesellen können deine Hilfe brauchen, um ein sicheres Bett für ihren Winterschlaf zu finden. Die einfachste Art: Lass in deinem Garten einen Laubhaufen liegen! Igel lieben es, sich in Laub, Gestrüpp oder Dornenranken hineinzuwühlen.

Ein Tontopf oder ein Mini-Haus

Du kannst auch einen umgedrehten alten Korb oder einen großen, zerbrochenen Tontopf so auf den Boden legen, dass sie eine Überdachung bilden, und die Gefäße mit Laub auspolstern. Wenn du noch mehr tun möchtest, bau dem Igel aus Ziegelsteinen ein etwa 30 × 40 × 50 cm großes Haus, das ein Dach aus Holz bekommt. Als Einrichtung genügen Stroh oder trockenes Laub – Igel brauchen keine Möbel.

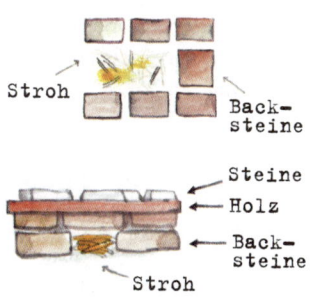

Hungrige Gartenbewohner

Wenn spät im Herbst das Wetter besonders schlecht ist und die Igel Schwierigkeiten haben, ausreichend Nahrung zu finden, kann es sein, dass du einen Igel findest, der eine Einbuchtung hinter dem Kopf, die sogenannte »Hungerlinie«, zeigt. Dann freut sich dieser Gartenmitbewohner, wenn du ihm eine Schale mit Futter hinstellst.

Wichtig: Keine Milch! Igel können Laktose nicht verdauen und bekommen von Milch üblen Durchfall.

Richtig: Katzenfutter, etwas gekochtes Ei oder angebratenes, ungewürztes Hackfleisch ist für Igel eine Delikatesse. Die Futterschale sauber halten, wenn du über mehrere Tage füttern musst.

MIT EICHELN UND KASTANIEN BASTELN

Wie die bunten Blätter zum Herbst gehören Streichhölzer zum Basteln mit Eicheln und Kastanien. Allerdings sind auch Zahnstocher gute Hilfsmittel. Als Werkzeug kann ein kleiner Handbohrer mit passendem Durchmesser helfen. Lustige Augen oder sogar Wackelaugen aus dem Bastelgeschäft lassen die entstehenden Figuren noch lebendiger wirken. Oder man malt die Augen mit Plaka auf: Ein großer kreisrunder Klecks, trocknen lassen, ein kleiner schwarzer Klecks an der richtigen Stelle. Schielende Schafe sehen besonders lustig aus! Alle sonst zur Verfügung stehenden Naturmaterialien sind natürlich auch willkommen.

Einige Bastelanleitungen für lustig aussehende Figuren

- Igel – eine dicke Kastanie, viele Zahnstocher

- Schlange – Kastanien von unterschiedlicher Größe hintereinander
- Schaf – Kastanien, Eichel mit Eichelkäppchen
- Schnecke – zwei Kastanien, direkt miteinander verbunden, zwei Streichhölzer oder Zahnstocher als Fühler
- Baby – eine große, eine kleine Kastanie, vier halbe Zahnstocher oder Streichhölzer, eine halbe Kastanienschale als Wiege
- Ameise – drei Kastanien, sechs Zahnstocher beide in der mittleren Kastanie, zwei Fühler
- Vogel – Kastanie, Eichel, ein kleines Blatt als Schwanz, zwei Blätter als Flügel
- Hirsch – Kastanie, Eichel, zwei kleine, gegabelte Äste als Geweih (sorgfältig aussuchen) oder zwei kleine Eichenblätter (Elch)
- Spinne – eine Kastanie mit acht Beinen

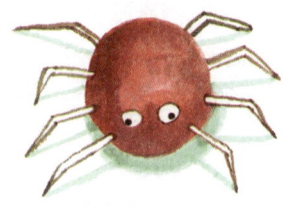

- Raumstation – mehrere Kastanien, viele Zahnstocher, viel Fantasie
- Atomium – neun Kastanien, viele Zahnstocher, Bauplan beim Original in Brüssel abgucken

11. Oktober

ORGANISIERE DEIN EIGENES OKTOBERFEST

Alles, was du brauchst, ist eine blau-weiß karierte Tischdecke, Blasmusik von YouTube, Bierkrüge, bayerisches Bier, Salzbrezeln und, wenn du deine Gäste auch deftig verköstigen möchtest, Weißwürscht, süßen Senf oder – die höchste Steigerungsstufe – Haxen mit Knödeln oder Schweinsbraten. Wenn du deine Gäste darüber hinaus auch noch stilecht bedienen möchtest:

Dirndl oder Lederhose nicht vergessen
Aber nicht nur die richtige Kleidung ist wichtig. Bei deiner Veranstaltung sorgst du für ordentlich zünftige Stimmung, wenn du einen Wettkampf im Fingerhakeln und gegebenenfalls einen weiteren im Schuhplattln organisierst. Weniger anstrengend: ein Jodelkurs – Holleri du dödl di, diri diri dudl dö! – mit Jodeldiplom. Verschicke bajuwarisch gestaltete Einladungskarten an deine Freunde! Oans, zwoa, g'suffa!

12. Oktober

SPIEL EINE RUNDE BOCCIA

Boccia ist ein italienisches Kugelspiel (die Franzosen nennen es Boule), bei dem es darum geht, eine der eigenen vier Spielkugeln möglichst nah an einer Zielkugel zu platzieren. Diese wird Pallino genannt und ist etwas kleiner. Es gibt zwei Wege zu gewinnen: Eine eigene Kugel möglichst nah am Pallino zu landen oder die näher gelegenen gegnerischen Kugeln wegzutitschen.

Spaß von Anfang an!
Boccia-Kugeln aus Plastik oder (etwas teurer) aus Metall gibt es in fast jedem Spielzeugladen für wenig Geld. Profiausrüstung ist teurer, aber du bist ja noch Anfänger. Üben kannst du ganz allein, und wenn du mit anderen zusammenspielst, werden sie dir die Regeln schon erklären – die sind nämlich weitaus komplizierter, als man denken könnte. Im Wettkampf kannst du direkt dabei sein, aber erfahrene Spieler werden besser sein als du. Durchhalten – irgendwann liegt deine Kugel ganz vorn!

13. Oktober

KREIERE DEINEN EIGENEN TEE

Dazu musst du keine Ausbildung als Teeexperte machen, nur ein paar wichtige Entscheidungen treffen. Was soll die Grundlage deiner Teekreation sein? Grüner Tee, weißer Tee oder schwarzer Tee. Nehmen wir an, es soll schwarzer Tee sein – bevorzugst du dann eine milde und blumige Sorte wie Darjeeling oder lieber eine kräftige wie Ceylon-Tee? Die Entscheidung ist gefallen, wenn du deinen Tee aromatisieren möchtest.

Hmm, wie das duftet!

Wer seinem Tee einen speziellen Geschmack verleihen will, sollte eine milde Sorte als Grundlage nehmen. Vanille, Orangenschale oder Zimt? Pfefferminze, Jasmin, Gewürznelke oder Bergamotte wie beim Earl Grey? Pack dein gewünschtes Aroma mit in eine Teedose, damit der Tee es übernimmt. Vor dem Aufgießen kannst du zum Beispiel Zimtstange oder Orangenschale herausnehmen. Viel Spaß beim Experimentieren!

14. Oktober

NIMM EIN WARMES BAD

Kaltes, nasses Oktoberwetter kann einen ziemlich schlechten Einfluss auf die Laune haben. Das beste Rezept gegen zu viel Herbst-Blues: ein warmes, entspannendes Schaumbad! Nimm dir genug Zeit und gönne dir einen richtig schönen Badezusatz – mit einem besonderen Duft oder buntem Schaum. Vielleicht gefallen dir auch ein paar Schwimmkerzen auf dem Wasser und etwas Musik. So oder so: Ein warmes Bad ist Balsam für die geplagte Seele. Mach doch, was du willst, Mistwetter!

Warm baden, aber richtig!

Die eigene Badewanne genügt dir nicht mehr, oder du hast gar keine? In vielen Städten gibt es öffentliche Thermalbäder, in denen du Wärme tanken kannst. Oder besuche doch mal ein türkisches Dampfbad, das Hammam, wo man dir weitere Wohltaten wie ein Ganzkörperpeeling und eine Schaummassage anbietet – nicht ganz billig, aber Seife und Tee gibt es umsonst.

ÜBERRASCHUNGEN
AUS SEIFE, SELBST GEMACHT

Kleine Geschenke aus Seife lassen sich ganz einfach herstellen. Was du brauchst, gibt es einzeln oder im Set zu erwerben: farblose, leicht transparente Roh- oder Glycerinseife, zu kaufen als Block oder in Form von Seifenflocken, Seifenfarbe, Seifenduftöl und geeignete Formen zum Seifengießen, am besten aus Silikon.

Das brauchst du

Du kannst Formen für Engel, Sterne, Herzen, Blüten, Muscheln, Seesterne, Schnecken und alle möglichen weiteren Tierarten, Weihnachtsbäume, Bonbons und in vielen anderen Formen bekommen. Aromaöle für Seifen gibt es in den Duftrichtungen Rose, Vanille, Lavendel, Kokosmilch, Honigmelone, Flieder, Moschus, Mandarine, Apfel, Mandel, Orchidee, Pfirsich, Zitrone, Meereswind und Kamille, um nur einige zu nennen. Manche davon riechen so gut, dass man das Seifenstück am liebsten verspeisen möchte.
Seifenfarben sind natürlich über die gesamte Farbpalette verfügbar. Wähle deine Farbtöne passend zu den Düften, die du verwenden möchtest.

Und so wird es gemacht

Ein ausreichend großes Stück Seife vom Seifenblock abschneiden oder eine ausreichende Menge Seifenflocken in ein Plastikgefäß oder ein Glas geben. Seife in dem Gefäß in der Mikrowelle in ca. 20 Sekunden zum Schmelzen bringen. Wenn die Seife geschmolzen ist, Duftöl und Seifenfarbe einrühren und die flüssige Seife in die Form gießen und abkühlen lassen. Fertig!

16. Oktober

SETZE STRÄUCHER IN DEINEM GARTEN, DAMIT VÖGEL DORT NISTEN KÖNNEN

Du denkst ganz schön vorausschauend, wenn du jetzt Sträucher in deinem Garten pflanzt. Damit baust du nämlich die Wohnungen, welche die Vögel im nächsten Frühjahr für den Nestbau und die Aufzucht ihrer Jungen nutzen können. Mehr noch: Sie können vielen Vogelarten und Insekten auch noch Nahrung bieten. Welche Sträucher sind besonders geeignet und sehen dabei auch noch gut aus in deinem Gartenkonzept?

- Du solltest heimische Sträucher und Gehölze verwenden. Sie passen besser in das Ökosystem als exotische Arten.
- Besonders gute Vogelschutzgehölze sind alle Sträucher mit Dornen, also zum Beispiel Himbeere, Brombeere, Kreuzdorn, Weißdorn, Sanddorn und Schlehe. Auch das Gesträuch wilder Rosen wird von Vögeln geschätzt: All diese Arten haben unseren gefiederten Freunden auch Futter zu bieten, nämlich Beeren.
- Zwar keine stachelige Abwehr, aber Nahrung in Hülle und Fülle liefern zum Beispiel Faulbaum, Holunder, Johannisbeere, die Wilde Birne und der Wilde Apfel.
- Besonders wertvoll für das Zusammenspiel der Arbeiten in deinem Garten sind Pflanzen, die Lebensraum und Nahrung gleichermaßen für Säugetiere, Vögel und Insekten zu bieten haben. Dazu zählen zum Beispiel die Weißdorn-Arten, Vogelbeere und Hasel.

17. Oktober

LADE FREUNDE EIN, DIE WELT DES WEINES ZU ERKUNDEN

Weinproben waren lange Zeit Veranstaltungen, bei denen versucht wurde, nichtsahnenden Bustouristen möglichst viele Flaschen fragwürdige Weine zu verkaufen. Deine Weinprobe hat ganz andere Ziele: Sie soll dir und deinen Gästen einen erhellenden Einblick in die Welt des Weines geben.

Johannis-beere

Weißweine

Weißweine sind von Hause aus nicht immer leichte Weine. Das Angebot reicht von leichten und sehr süffigen Weinen bis zu schweren, aromareichen Tropfen. Die wichtigsten Rebsorten, aus denen Weißweine hergestellt werden:

- Riesling – kräftige Fruchtaromen in Richtung Marille, Pfirsich oder exotische Früchte
- Pinot Gris, Ruländer, Grauer Burgunder – frisch, aromatisch, fruchtig, ein Hauch Apfel
- Chardonnay – kräftig, würzig, leicht rauchig, ein Hauch von Himbeere, Vanille, Rosenblättern oder Walnuss
- Sauvignon Blanc – lebendige Aromen und feines Bouquet von Schwarzen Johannisbeeren, manchmal auch Gras, Spargel, Fenchel

Wal-nuss

Rotweine

Die Palette der Rotweine reicht von leichten Tischweinen bis zu vollmundigen und starken Weinen. Rotweine werden bei Temperaturen von 14 bis 20 °C getrunken. Früher sagte man: bei Zimmertemperatur, aber das waren in diesen Tagen eben die gerade genannten 14 bis 22 °C. Die heutigen Zimmertemperaturen von 22 bis 24 °C sind für Rotwein zu hoch. Die wichtigsten Rebsorten, aus denen Rotweine hergestellt werden:

Pinot
Noir

Roter
Riesling

- Merlot – kraftvolle, warme Aromen, entfernt nach Kräutern, Kakao oder Blaubeere schmeckend
- Pinot Noir, Spätburgunder, Schwarzburgunder – sehr kräftiges Aroma Richtung Erdbeere, Himbeere, Johannisbeere, später Nuss- oder Mandelaroma.
- Cabernet Sauvignon, Bordeaux – kräftiges, etwas raues Aroma, Lakritz, grüner Paprika, schwarze Johannisbeere
- Chianti – leicht herb, würzig, ein wenig Veilchenaroma, Sauerkirschgeschmack

Lakritz

Zimt

Kirsche

Nun bist du vorbereitet auf deinen nächsten Weineinkauf. Suche dir ein paar Flaschen, und veranstalte deine private Weinprobe.

Wein trinken macht hungrig

Wenn du deine Weinprobe mit ein paar Freunden und nicht sonderlich originell abhalten willst, genügen ein paar Snacks zwischendurch, um den kleinen Hunger zu stillen und den Geschmack des letzten Weines zu neutralisieren – für den nächsten Geschmackstest:

- Ein Stückchen Quiche Lorraine, Flammkuchen, Lauchkuchen und Zwiebelkuchen zwischendurch passt gut in die Welt der Weine.
- Ebenso wohlschmeckend zu vielen Weinen sind Blätterteigtaschen, gefüllt mit Spinat, Schafskäse, Hackfleisch oder Frischkäse.
- Käsegebäck oder Käse sollten zum Wein passen. Ein lieblicher Weißwein erschreckt sich geradezu, wenn er mit einem deftigen Blauschimmel konfrontiert wird. Hier wäre ein milder Weichkäse besser. Du findest schon die richtigen Kombinationen.

18. Oktober

SCHICK AUSGEHEN

Geh mal wieder ganz groß aus! Das heißt, wirf dich mal wieder in Schale. Schließlich geht es nicht wie im Sommer mit kurzen Hosen und Sandalen in den Biergarten, sondern schick angezogen in ein gutes Restaurant und danach vielleicht noch in eine angesagte Bar. Der Abendanzug, das elegante Kleid und deine goldene Kreditkarte wollen mal wieder eingesetzt werden. Erfüll ihnen diesen Wunsch – und gönne dir mal wieder so richtig was.

Dressed to kill
Keine Angst, niemand wird umgebracht. So beschreibt es die englische Sprache, wenn sich jemand aufdonnert – was übrigens mit dem italienischen Wort donna für Frau zusammenhängt. Wie wäre es mit einem Candlelight-Dinner in Smoking (kann man leihen) und Cocktailkleid? Einem Besuch in der Oper, dieses Mal nicht in Jeans und Schlabberpullover, sondern voll gepimped im Anzug und bodenlangen Kleid?

19. Oktober

EINE NOSTALGIE-MOTTO-PARTY VERANSTALTEN

Zeit für eine Nostalgie-Motto-Party! Wie wäre es mit den Fünfzigern, die Zeit von Rock 'n' Roll und Petticoats? Denn am 19. Oktober 1959 wurde in Aachen eine der ersten Diskotheken Deutschlands eröffnet, der Scotch-Club. Der erste Hit: »Ein Schiff wird kommen« von Lale Andersen.

Disco, Rasta, Neon-Look?
Es kommt ganz auf das Motto an, das du wählst: David Bowie – hochgegelte Haare und Schulterpolster! AC/DC – alle Männer in kurzen Hosen! Rasta – vegetarische Küche und alle tragen die Nationalfarben von Jamaika. Disco-Fever, Neon-Look, Baywatch-Beach-Party?

Hast du eine Idee für ein Motto? Dann schreib es hier auf:

_____

_____

_____

_____

20. Oktober

GO-KART FAHREN

Auf zur Go-Kart-Bahn! Gleichgültig, wie draußen das Wetter ist, drinnen kannst du im Trockenen wie ein Formel-1-Champion durch die Kurven driften. Es macht, besonders in der Gruppe, irrsinnig Spaß, ist mancherorts aber auch irrsinnig teuer. Preise vergleichen, langfristig buchen. Vielleicht ein Rennen organisieren, es geht um den Max-Mustermann-Pokal oder den Großen Preis vom Kreisverkehr.

Helm auf und los!
Wenn vorhanden, solltest du einen eigenen Helm mitbringen – die Leihhelme sind auf manchen Bahnen eine Zumutung oder du findest keinen wirklich passenden in deiner Größe. Go-Karts kannst du dir in verschiedenen Geschwindigkeiten leihen – falls du Anfänger bist: Was von außen ziemlich langsam aussieht, fühlt sich am Steuer ganz anders an. Starte mit einer ersten vorsichtigen Runde – Profis machen es nicht anders.

21. Oktober

IM CAFÉ FRÜHSTÜCKEN

Vielleicht hast du an diesem Morgen noch das Vergnügen, den goldenen Oktober im Sonnenschein zu betrachten. Möglicherweise ziehen aber auch bereits die Wolken und der dichte Nebel der dunklen Jahreszeit auf. Ob drinnen oder draußen: Ein solcher Tag braucht einen guten Start: Beginne ihn mit einem ganz besonderen Frühstück – zum Beispiel in einem Hotel oder Café mit einem Buffet.

Doppelt guter Start: Frühstück zu zweit
Noch besser kommst du in deinen Tag, wenn dir beim Frühstück jemand gegenübersitzt, den du ganz besonders magst. Mache dieses Ereignis mit einem kleinen Trick zu einer Überraschung: »Kannst du mich gerade mal in die Stadt fahren? Mein Auto springt nicht an.« Dir fällt sicher noch eine bessere Ausrede ein. Oder verschenke einfach ein paar Tage vorher eine Einladung.

GOLDENER WALD-SPAZIERGANG

Es muss nicht heute sein und vielleicht auch nicht morgen, und ganz gleich, wie man es nennt, Indian Summer oder goldener Oktober: Aber es gibt in dieser Jahreszeit immer ein paar Tage, an denen sich das reife Sonnenlicht des späten Sommers und die Farbenpracht des herbstlichen Waldes ein letztes Mal treffen, und wenn du dann zur rechten Zeit am rechten Ort bist, wirst du meinen, dass diese wunderbare Inszenierung nur für dich über die Bühne der Natur geht.

Bilder als Erinnerung mitnehmen

Du kannst versuchen, diese großartigen Augenblicke einzufangen, leuchtende Landschaften zu malen, das Licht auf dem glühenden Laub zu fotografieren. Am besten jedoch speicherst du einen Vorrat an Schönheit für dunkle Herbst- und Wintertage, wenn du die bunten Eindrücke mit allen Poren deines Körpers aufnimmst und in der Abteilung »wertvolle Erinnerungen« speicherst.

Schönheit im Alltag

Oft sind es auch nur kleine helle Momente, die dich überraschen, du biegst auf dem Heimweg um eine Straßenecke und hast ein fast schon kitschiges Postkartenpanorama vor dir: Sonnenlicht, das ein alltägliches Bild verzaubert. Nimm dir die Zeit und die Achtsamkeit, diesen wichtigen Augenblick deines Lebens zu genießen.

> Schreib hier auf, welches Naturbild dir besonders gefallen hat:
>
> _____
> _____
> _____
> _____
> _____

23. Oktober

BODYFLYING –
EINFACH MAL ABHEBEN

Der Aufforderung zu fliegen
kann man nicht ganz einfach
nachkommen. Schon der Schneider von Ulm musste diese Erfahrung machen. Allerdings würde
er heute vermutlich auf wacklige
Flügel verzichten, einmal Bodyflying buchen, über einem 280
km/h schnellen Luftstrom schweben wie ein Vogel oder sich fühlen wie ein Fallschirmspringer im
freien Fall – nur ohne Landung.

Ein Menschheitstraum
wird wahr

Hast du auch Lust abzuheben?
Dann suche nach Bodyflying
oder Skydiving – zwei Namen für
dieselbe Sache. Möglichkeiten
dazu gibt es an einigen Orten in
Deutschland, vielleicht auch in
deiner Umgebung. Genieße das
Gefühl, für ein paar Minuten
wie im freien Fall zu schweben!
Wenn du Einsteiger bist, musst
du damit rechnen, dass auch etwa
50 Euro für deinen ersten Versuch
davonfliegen … Aber was macht
das schon, wenn du doch über
allen Dingen schwebst?

24. Oktober

BESUCH EINE BIBLIOTHEK

Wann warst du zuletzt in einer
Bibliothek? Du erinnerst dich,
das Haus mit den unendlich vielen Büchern. Schau mal wieder
rein, vieles hat sich verändert.
Neben den fast überall verfügbaren neuen Medien – E-Books,
DVDs oder elektronische Zeitschriften – gibt es häufig auch
ein Café mit Charme, Kaffee, Tee
und gutem Leselicht. Wo sonst
triffst du so viele sympathische
Menschen mit Niveau?

Du wirst nicht lange
suchen müssen

In Deutschland gibt es 13.400
Bibliotheken – die eine oder
andere davon sicher auch in
deiner Nähe. Heute, am Tag der
Bibliotheken, den der damalige
Bundespräsident Richard von
Weizsäcker am 24. Oktober 1995
ins Leben gerufen hat, werden
vielerorts Veranstaltungen wie
ein literarisches Frühstück,
Lesungen, Workshops, Ausstellungen und Theateraufführungen
stattfinden. Aber vermutlich bist
du in deiner Bibliothek ohnehin
Stammgast.

25. Oktober

LECKERE PASTA SELBST MACHEN

Heute ist Weltnudeltag! 1995 von internationalen Nudelherstellern ausgerufen, um für ihre Produkte zu werben. Am besten schmecken Nudeln allerdings, wenn man den Teig selbst macht. Probiere es doch mal aus.

Der einfachste Nudelteig der Welt

400 g weißes Mehl (Type 405 oder 550), 4 Eier, 2 Esslöffel Olivenöl und eine Prise Salz in einer Schüssel vermischen, bis eine krümelige Teigmasse entsteht. Den Teig auf einer Arbeitsfläche mit Mehl etwa 10 Minuten durchkneten, bis er gleichmäßig glatt ist und nicht mehr an den Händen klebt. Bei Bedarf etwas Mehl oder Wasser zugeben. Den Teig zu einer Kugel formen und in Klarsichtfolie einpacken. Etwa 30 Minuten ruhen lassen.

Nach der Ruhezeit die Arbeitsfläche mit Mehl bestäuben, den Teig in 3 bis 4 Portionen teilen und die einzelnen Portionen zu dünnen Teigplatten (ca. 2 mm) ausrollen. Die Teigplatte von beiden Seiten mit etwas Mehl bestäuben und mit einem Messer je nach gewünschter Nudelart zerschneiden – lange Streifen für Bandnudeln, kleine Flächen für Tortellini oder andere gefüllte Nudeln. Nudeln auf ein mit Mehl bestäubtes (Geschirr-)Tuch legen und 15 bis 20 Minuten antrocknen lassen.

Die selbst gemachten Nudeln brauchen (in kochendem Salzwasser) nur 3 bis 4 Minuten Kochzeit.

Das einfachste Nudelrezept der Welt

Frisch gekochte Bandnudeln, darüber pro Portion 1 bis 2 Esslöffel feinstes Olivenöl »extra vergine«, geriebener Parmesan-Käse, eine Prise Salz. Fertig!

26. Oktober

ZUR VERNISSAGE

Die Luft ist mit Ästhetik aufgeladen, der Künstler oder die Künstlerin hat hohe Erwartungen an diesen Tag, denn hinter den gezeigten Kunstwerken steckt oft jahrelange Arbeit. Viele der ausgestellten Bilder treffen zum ersten Mal auf Presse, Kritiker und Publikum. Und das Publikum einer Vernissage ist ein besonderes: neugierig, kritisch und manchmal auch ein bisschen allzu sehr an Sekt, Buffet oder Fingerfood interessiert.

Das erste Rendezvous
Immerhin, Kunst und Kunden kommen in Kontakt, der Künstler brennt darauf zu erfahren, wie seine Werke von Kritik und Sammlern aufgenommen werden – und du kannst dabei sein, Neues sehen, den richtigen Leuten die richtigen Fragen stellen und dem aktuellen Zeitgeist nachspüren. Wenn du die richtige Galerie zum richtigen Zeitpunkt besuchst, bist du vielleicht Teil eines Ereignisses, das in die Kunstgeschichte eingeht – ist das nichts?

27. Oktober

INS PLANETARIUM GEHEN

An verregneten Tagen sitzt du oft zu Hause und trauerst den vielen Sommeraktivitäten im Freien nach – die Decke in deiner Wohnung muss nicht nur mal gestrichen werden, sie droht dir auch noch auf den Kopf zu fallen. Vielleicht solltest du heute einen Ort mit einer besonders schönen und interessanten Decke aufsuchen, voller Überraschungen und Wunder: ein Planetarium! Lass dir den Sternenhimmel erklären und alle Sternbilder zeigen!

Sternbild an – Sternbild aus
So ein projiziertes Universum ist aber auch toll! Ganze Schulklassen sind begeistert, wenn während der Vorführung der Große Wagen oder der Himmelsjäger Orion an- und wieder ausgeschaltet wird. Sicher gibt es auch in deiner Nähe so eine lehrreiche Sternenshow – hier kannst du unter der Pracht der Gestirne und ganz wetterunabhängig ein paar unterhaltsame Stunden verbringen.

28. Oktober

EIN SPIELEABEND ZU HAUSE

Die Tage werden kürzer, und die Abende immer länger – und langweiliger. Wenn du einen Spieleabend organisierst, kommt Action in die eigenen vier Wände. Freunde und Familie sind gern dabei, wenn die ganz großen Gefühle locken: um Spielergebnisse fiebern, Bündnisse schließen, Siege feiern und gemeinsam Verluste beweinen, alles gewinnen oder verlieren, ohne einen Schritt vor die Tür zu machen.

Welche Spiele spielen?

- Rommé, Skat und Doppelkopf – Kartenspiele, bei denen Übersicht und Verstand gefragt sind
- Schach, Backgammon oder Mühle – können die grauen Zellen zum Glühen bringen
- Mensch ärgere dich nicht! oder Malefiz – strapazieren die Nerven bis zum Zerreißen
- Twister – verbindet verzweifeltes Bodenturnen mit schadenfrohem Gelächter
- Monopoly – offenbart die finanziellen Talente und den Charakter seiner Mitspieler
- Die Siedler von Catan, Ursuppe und Evo – sind Spiele für Strategen mit Ausdauer
- Stadt, Land, Fluss und Kategorum – verbinden Allgemeinwissen mit schnellem Denken

Ach ja: Du lernst deine Mitmenschen kennen

Der verbissene Kämpfer, dessen Ehrgeiz keine Grenzen kennt, der Rechthaber, der stundenlang diskutiert, der Schummler, der mal schnell ein Feld auf dem Spielplan überspringt, der Langweiler, der für jeden seiner Spielzüge eigens geweckt werden muss … Kanntest du deine Freunde vor dem Spieleabend wirklich?

SCHÖNE BLÄTTER KONSERVIEREN

Natürlich hat der Herbst auch seine schönen Seiten: Besonders sonnige Tage stehen dem Sommer in nichts nach – die vielfältigen, farbenfrohen Blätter strahlen im Licht und schmücken Parks und Wälder und haben ihren ganz eigenen Zauber, der zum Winter hin verloren geht. Aber: Du kannst die Farbenpracht ganz einfach konservieren und in deine Wohnung bringen. Kinder wollen ohnehin was mit Laub machen. Nicht nur sie sind fasziniert von den farbigen Blättern, die jetzt von den Bäumen fallen.

Es gibt viele Möglichkeiten, die Schönheit der Herbstblätter zu erhalten

- in der Mikrowelle trocknen
- in einem Buch pressen
- mit Decoupagekleber behandeln (wird sonst für Bastelarbeiten mit Papier verwendet)
- mit Glycerin behandeln
- zuerst trocknen, dann mit Klarlack oder Haarspray überziehen
- mit Paraffinwachs überziehen
- zwischen Wachspapier pressen

So konservierte Blätter behalten ihre Form und Farbe mehr oder weniger lange (je nach Methode) und sind nicht nur schöne Dekoration, sondern können auch als originelles, ganz persönliches Geschenk überreicht werden. Jetzt kannst du dir einen kleinen Vorrat für die kommenden Wintermonate zulegen.

30. Oktober

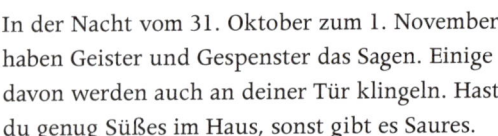

ALLES KLAR
FÜR HALLOWEEN?

In der Nacht vom 31. Oktober zum 1. November
haben Geister und Gespenster das Sagen. Einige
davon werden auch an deiner Tür klingeln. Hast
du genug Süßes im Haus, sonst gibt es Saures.
Oder vielleicht brauchst du ja noch die richtigen Zutaten für deine
eigene Halloween-Party.

Speis und Trank makaber – und selbst gemacht

Halloween ist in unseren Gefilden zwar nicht heimisch, wird aber
definitiv immer beliebter: Kein Wunder, wer schlägt schon einen
Grund aus, sich zu verkleiden, und dann auch noch so scheußlich
schön? Hier einige Ideen für deine eigene, hoffentlich schauerliche
Halloween-Party.

Kirsch-Augapfel-Punsch

Um diesen wunderbar eklig aussehenden, aber dennoch absolut leckeren Punsch für deine Party zu brauen, brauchst du Lychees aus der Dose, die wie dafür gemacht sind, mit einer Blaubeere in der Kernöffnung als erschreckende Glotzaugen durch den Punsch zu schwimmen. Für die blutrote Flüssigkeit mischst du vier Teile Kirschsaft und einen Teil Orangensaft.

Mumien-Mini-Pies und Süßes

Für diese supereinfachen herzhaften Snacks kochst du entweder dein eigenes Chili con/sin Carne nach deinem Spezialrezept oder du kaufst einfach welches aus der Dose. Außerdem brauchst du eine Muffin-Form und Blätterteig. Mit dem flach gerollten Blätterteig füllst du die Muffin-Formen aus, sodass du das Chili darin jeweils wie in eine Schüssel einfüllen kannst. Den restlichen Blätterteig schneidest du in Streifen – das werden die Bandagen der Mumie. Die Streifen legst du über das Chili, aber lass etwas Raum für die Augen, die du nach 20 bis 30 Minuten im Ofen und dem vollständigen Abkühlen der Mumien-Gesichter mit zwei Klecksen saurer Sahne und Erbsen oder schwarzen Bohnen aufbringst.

Für süße Snacks sind deiner Kreativität keine Grenzen gesetzt – Butterkekse in Grabsteinform, Cupcakes mit Fledermausdekor, Kuchen mit weißen Mäusen verziert, du wirst sicher auf tolle Ideen kommen.

31. Oktober

DIE FRÜCHTE VON SCHLEHEN UND SANDDORN ERNTEN

Schlehen, auch Schwarzdorn genannt, und Sanddorn haben eines gemeinsam: Dornen, viele und sehr spitze Dornen. Wer die Früchte dieser Pflanzen ernten möchte – sie reifen um diese Jahreszeit –, um daraus Saft, Gelee oder Marmelade, Likör oder Brotaufstrich zu machen, sollte im wahrsten Sinne des Wortes gewappnet sein: mit dornenfesten Handschuhen.

Die Beeren der Schlehen findet man am ehesten im eigenen Garten, wo sie kalkhaltigen Boden und einen schattigen bis halbschattigen Standort lieben. Der richtige Erntezeitpunkt sind die Tage nach dem ersten Frost. Die Früchte müssen möglichst schnell nach der Ernte verarbeitet werden, da sie sonst matschig werden und verschrumpeln.

Sanddorn wächst auch in der freien Natur, zum Beispiel im Norden auf Dünensand. Eine reiche Ernte wird man aber auch hier nur im eigenen Garten finden, wo die Pflanze meist wegen ihres schönen Aussehens angepflanzt wird. Die Beeren bleiben im Herbst im Regelfall dort, wo sie sind – an der Pflanze. Das liegt unter anderem am Unwissen über die Früchte und ihre Qualitäten für die Vitamin-C-Versorgung, aber auch daran, dass die Ernte der Sanddornbeeren kein Vergnügen ist. Zwischen den Beeren sitzen spitze Dornen, die leichte Handschuhe mühelos durchdringen.

Zwei Tricks, um den stacheligen Sanddorn zu ernten
Schneide die Zweige mit einer Gartenschere ab und benutze eine Gabel, um die Beeren abzustreifen. Oder lege die Zweige komplett in den Tiefkühlschrank. Wenn du sie am Tag darauf herausnimmst, genügt es, sie etwas zu schütteln, und die Beeren fallen ab. Aus diesen Beeren kannst du Sanddornsaft herstellen.

November

1. November

SICH BEIM KARAOKE VERAUSGABEN

Dass du nicht Adele oder Ed Sheeran bist, weißt du vermutlich, aber darin liegt gerade der Reiz der Sache: Verabrede dich mit Freunden zu einem Karaoke-Abend, und lass alle Hemmungen fallen. Wähle dein genialstes Stage Outfit, und performe deinen Song auf der Bühne, als gäbe es kein Morgen. Oder bring mit deinen Freunden als neue Boy- oder Girlie-Group das Pop-Universum ins Wanken! Eine Karaoke-DVD eurer Lieblingssongs mit passender Instrumentalbegleitung kann dabei helfen.

Professionelles Tralala in der Karaoke-Bar

Zeigt euer Können euren Mitmenschen – als Gäste in der Karaoke-Bar. Singt so schön, dass sogar Dieter Bohlen die Tränen kommen! Lasst euch feiern oder lacht euch krank über die Gesänge anderer, vor allem aber über die eigenen stimmlichen Entgleisungen. Und wenn es eigentlich ganz gut klingt – umso besser!

2. November

IM ERLEBNISRESTAURANT SPEISEN

Essen beim Griechen an der Ecke ist eine Sache – Dimitrios grüßt dich persönlich, auch Luigi vom Spaghetti-Palast gegenüber winkt herüber. Und im Biergarten des »Altenbacher Hofs« kennt dich jeder. Aber sollte »zum Essen ausgehen« nicht ein besonderes Erlebnis sein? Mach wieder eines draus. Es gibt viele Möglichkeiten, ungewöhnlich schlemmen zu gehen.

Nicht alltäglich essen

Wie wäre es mit einem Rittermahl in der Burg, Essen bei absoluter Finsternis oder schmausen auf einem Aussichtsturm. Weitere spannende Ideen: Ein Fünf-Gänge-Menü, das von Comedy, Musical, Varieté oder Theater begleitet wird, ein Gourmet-Picknick, das Tiefsee-Mahl unter Wasser oder ein Grusel-Dinner. Altertümlich, aber ungewöhnlich sind auch: ein Seemannsgelage, eine römische Fressorgie oder ein deftiges Bergmannsmenü unter Tage. Du hast die Wahl!

3. November

IM NEBEL
VERLAUFEN

Das Abenteuer wartet
vor deiner Haustür:
Das eigene Haus ist eine
Insel im Nebelmeer, alles
ist anders, kein Weg mehr
gewiss. Macht die Straße dort,
wo sie im Nebel versinkt, noch immer einen Bogen nach rechts? Was
ist der dunkle Schatten, nur ein paar Schritte entfernt? Steht dort
ein Mensch, oder ist es nur ein Busch? Auch die Geräusche klingen
fremd, Stimmen wehen von Ferne herüber.

Als Forscher in der Nebelwelt

Alles, was nah ist, wird größer und wichtiger, die Wanderschuhe an
deinen Füßen, die feinen Wassertropfen auf dem Spinnennetz, die
letzten Blüten von Astern und Königskerzen. Nur wenige Schritte,
und obwohl du noch genau weißt, wo du bist, fällt es dir nicht
schwer, dich in die Rolle eines Verirrten zu denken. Endlose Pfade ins
Ungewisse, keine vertraute Weg-
marke mehr, nur Schatten in
einem Meer aus weißem Nichts …

Gemütliche Heimkehr

Pass auf, dass du dich nicht
wirklich verläufst – zu Hause
warten vielleicht ein heißer Tee
und ein freundlicher Mensch auf
dich, dem du von deinem Nebel-
spaziergang erzählen kannst.

> Schreib auf, wie
> sich dein gewohntes
> Umfeld durch den Nebel
> verändert hat, viel-
> leicht sogar als ein
> Nebelgedicht?
>
> _____
> _____
> _____

4. November

EINMAL INS CASINO

Der November ist ein so langweiliger Monat, da wird man schon mal leichtsinnig … Leg einen bestimmten Geldbetrag fest (zehn, zwanzig oder fünfzig Euro), und nimm einen Freund oder eine Freundin mit ins Spielcasino! Ob Automatenspiel, Black Jack oder Roulette – die Spielregeln dort sind schnell zu begreifen. Wenn du dich nicht vorher schlaumachen kannst: Die Profis vor Ort helfen gern beim Geldausgeben.

Ein bisschen Leichtsinn im Stil der High Society Besonders im Casino sind stilvolles Ambiente und Nervenkitzel garantiert. In Baden-Baden oder Bad Neuenahr spielst du in wahren Palästen – mancherorts nur in Anzug und Krawatte, meine Herren! Auf jeden Fall in gepflegter Kleidung. Wenn das Geld futsch ist, ist Schluss – alle EC- und Kreditkarten zu Hause lassen! Wenn ihr gewinnt: Gratulation! Von Kurzurlaub bis zum Eigenheim ist alles möglich, aber leider nicht sehr wahrscheinlich …

5. November

EIN TAG WIE IM MÄRCHEN

An manchen Novembertagen könnte man an ein Gruselmärchen denken, wenn man nach draußen schaut: Dämmerlicht und Nebelschwaden. Welches Märchen fällt dir da ein? Von einem, der auszog, das Gruseln zu lernen? Du denkst beim Stichwort Märchen lieber an andere Geschichten, an die Sieben Zwerge, den Froschkönig oder den Gestiefelten Kater? Dieser Monat ist genau der richtige, um sie alle zu treffen …

Märchenabend oder Märchenpark? Viele Märchen sind überall in Deutschland leibhaftig geworden, so zum Beispiel im Märchenwald Altenberg in Odenthal, im Märchen-Erlebnispark Marquartstein oder im Magic Park Verden. Besonders Kinder lieben Besuche an solchen Orten. Kein Märchenpark in der Nähe? Wann hast du zum letzten Mal bei einem Glas Wein oder einer Tasse Kakao ein Märchen gelesen oder vorgelesen? Märchenhafte Stimmung garantiert.

6. November

DAS EXPERIMENT: EIN TAG OFFLINE

Es ist nicht leicht, den Weg aus dem Hamsterrad zu finden, denn wir leben in einer nie endenden Folge von Sinnesreizen. Kannst du nichts tun, nichts denken und deine innere Stille ertragen? Das ist einfach, glaubst du? So könnte es gehen: Schalte das Mobiltelefon aus, verzichte auf Musik, Radio und Fernsehen, und setze dich an einen Tisch – leer bis auf ein Blatt Papier und einen Stift.

Lausche deinen Offline-Gedanken

Warte einen Augenblick oder ein paar Minuten, bis du dich ruhig und gelassen fühlst. Nun lausche auf deine Einfälle, Assoziationen und Inspirationen, und notiere alles, was dir in den Sinn kommt, mit einem Stichwort oder einem kurzen Satz. Wenn du einen Gedanken niedergeschrieben hast, hast du ihn freigelassen und er fliegt davon. Lass viele Gedanken fliegen, bis wieder Platz in deinem Kopf ist.

7. November

OHNE HEMMUNGEN: EIN TAG VOLLER LASTER

Man könnte auch von deinen hemmungslosen 24 Stunden sprechen. Heute erlaubst du dir all das, was du dir sonst immer verbietest. Du darfst essen oder trinken, was du willst, endlos lange schlafen, eine Serienfolge nach der andern schauen, über alles oder ohne jeden Grund lachen, hemmungslos herumblödeln, wild durch die Wohnung tanzen und auf alles und jedermann schimpfen (»Es war ein wunderbarer Tag – leider habe ich jetzt keine Freunde mehr.«).

Fast alle Schranken fallen ...

Du darfst alles tun, was keine anderen Menschen in Gefahr bringt. Natürlich sind auch geheime Laster erlaubt, über die du bisher mit niemandem gesprochen hast und die du auch weiter für dich behalten willst. Vermutlich wirst du dich am Ende des Tages besser fühlen. Aber vergiss nicht: Nach 24 Stunden ist Schluss ...

MIT DER LATERNE LAUFEN

Es ist bald wieder so weit, der 11. November ist der St.-Martins-Tag, der Gedenktag für den heiligen St. Martin, den mildtätigen Bischof von Tours, der seinen Mantel verschenkt haben soll. Es gibt eine Reihe von Bräuchen, die diesen Tag zu etwas Besonderem machen können. Laterne laufen kann man aber natürlich auch an einem anderen Tag. Hauptsache: mitmachen und staunen!

Der St.-Martins-Umzug

Für Kinder ein ganz besonderes Ereignis, dürfen sie doch einen Mann im roten Mantel, der auf einem Schimmel reitet – St. Martin – mit einer Laterne durch die Dunkelheit begleiten. Schau doch schon mal in der Abstellkammer nach, ob du die Laterne noch findest, und in deinem Gedächtnis, ob du den Text von »Ich gehe mit meiner Laterne« noch parat hast. Falls nicht, solltest du etwas unternehmen: zum Beispiel eine Laterne kaufen oder basteln und das passende Lied schon einmal üben.

Deine eigene Laterne basteln

Eine Laterne zu basteln geht ganz schnell. Du nimmst eine Käseschachtel und trennst aus der oberen Hälfte den Deckel heraus, sodass ein Ring entsteht. Nun wird ein rechteckiges Stück transparentes Papier zugeschnitten, das ein bisschen länger ist

als der Umfang der Käseschachtel. Der zugeschnittene Schirm wird an den Seiten übereinandergeklebt und in beide Teile der Käseschachtel eingepasst. Ein Teelicht und etwas Draht, das

oder Gebäck. Oft bekommen sie dabei Weckmänner, in Westfalen Stutenkerle genannt, die mancherorts auch schon nach dem Martinszug an die Teilnehmer verteilt werden. Besonders beliebt ist das Lied »Laterne, Laterne«. Kennst du es noch?

man am oberen Ende der Laterne befestigt, und fertig ist die Laterne. Wer will, kann den Schirm natürlich noch verzieren.

Das Singen

Meist ziehen Kinder und Erwachsene in kleinen Gruppen im Anschluss an den Martinszug singend mit ihren Laternen durch die Dörfer und Stadtteile, klingeln an den Haustüren, geben Martinslieder zum besten und bitten um Süßigkeiten, Obst

HÜHNERSUPPE-FÜR-DIE-SEELE-TAG

Hühnersuppe ist nicht nur ein Nahrungsmittel, sondern – wenn man Oma glaubt – auch ein geniales Hausmittel gegen Erkältungen. Wissenschaftler fanden als wirksame Komponenten das das Immunsystem stärkende Zink und den Eiweißstoff Cystein, der die Schleimhäute abschwellen lässt und Entzündungen hemmt – über die wärmende und tröstende Wirkung dieser Suppe hinaus. Du benötigst also keine chemische Keule, um die Erkältung zu bekämpfen. Ein Suppentopf und ein paar gute Zutaten genügen.

Rezept für sechs Portionen leckere Hühnersuppe

- 3 Liter Wasser in einem großen Topf zum Kochen bringen. Ein Suppenhuhn ohne Innereien dazugeben, mit etwas Pfeffer und Salz würzen und etwa 1 bis 1,5 Stunden bei geringer Hitze köcheln lassen. Währenddessen ein Bund Suppengrün waschen, klein schneiden. Eine Zwiebel und ein paar Stängel Petersilie zerkleinern.
- Nach Ablauf der Kochzeit das Huhn aus dem Topf nehmen und zur Seite stellen. Den beim Kochen des Huhns entstandenen Schaum abschöpfen, wenn die Suppe besonders klar werden soll, alles durch ein feines Sieb in einen anderen Topf gießen.
- Suppengrün, Zwiebelstücke und 1 bis 2 Tassen Reis oder Nudeln zugeben. 3 Teelöffel Gemüsebrühe einrühren, dabei abschmecken, damit die Suppe nicht zu salzig wird.
- Das Hühnerfleisch von den Knochen lösen, Haut und Sehnen entfernen, in kleine, mundgerechte Stücke schneiden und in die Brühe geben. Noch einmal kurz erhitzen.
- Fertig! Auf Teller oder in Suppentassen servieren und mit der klein geschnittenen Petersilie bestreuen.

10. November

WAGE EIN FOTOGRAFISCHES EXPERIMENT

Die Nächte sind lang und dunkel, und an manchen Tagen wird es nicht richtig hell – die ideale Zeit für fotografische Experimente. Fotografie bedeutet wörtlich übersetzt »mit Licht schreiben«, und genau das kannst du jetzt tun. Große fotografische Kenntnisse brauchst du nicht – nur eine Kamera, mit der sich brauchbare Fotos machen lassen. Für manches genügt ein Smartphone mit Kamera.

Je dunkler desto besser

Sobald es dunkel geworden ist, kannst du loslegen: Entweder hält jemand die Kamera und drückt den Auslöser oder der Apparat steht auf einem Stativ, und der Selbstauslöser ist aktiviert. Du baust dich mit einer Lichtquelle in einer oder beiden Händen – Taschenlampe, Smartphone, Wunderkerze – vor der Kamera auf und vollführst im Augenblick des Auslösens wilde Bewegungen vor dem Objektiv. Weil automatisch eine lange Belichtungszeit gewählt wird (oder du eine längere Zeit eingestellt hast), hinterlässt deine Aktivität Leuchtspuren auf dem Sensor, es entsteht ein poetisches Fotokunstwerk.

Die Kamera bewegen

Das geht auch umgekehrt: Du »verreißt« im Augenblick des Auslösens die Kamera und schwenkst sie in einem Bogen vor deinem leuchtenden Motiv – zum Beispiel einer Schnellstraße mit Autos oder einem Stadtpanorama. Auch hier bekommst du zufällige, aber oft überraschende Ergebnisse. Besonders mutige und geschickte »Fotografen« werfen die (hoffentlich preiswerte) Kamera mit gestartetem Selbstauslöser (2 Sekunden) in die Luft und fangen sie wieder auf – auch eine Methode, ungewöhnliche Bilder zu erhalten – oder Kameraschrott. Aber ein Fotokünstler muss schon etwas riskieren.

DER KARNEVAL BEGINNT

Am »Elften im Elften« um 11:11 Uhr beginnt traditionell »die fünfte Jahreszeit«, der Karneval. Warum gerade an diesem Tag? Zum einen könnte es mit der Zahlenmystik zusammenhängen, gilt doch die Elf als »närrische Zahl«. Zum anderen steckt vielleicht ein ganz konkretes Datum dahinter: Am Martinstag, dem 11. November, begann früher eine kleine Fastenzeit, und bevor leicht verderbliche Speisen und Getränke schlecht wurden, konsumierte man sie lieber gemeinsam. Anlass genug, vor der anstehenden Fastenzeit noch einmal richtig über die Stränge zu schlagen.

Da geht tierisch was ab

Vielleicht möchtest du in diesem Jahr als Tier gehen – in einem tierischen Ganzkörperkostüm. Das hat – neben dem Showeffekt – einen wichtigen Vorteil für den Straßenkarneval: Es ist kuschelig warm. Solche Kostüme gibt es mittlerweile in vielen Varianten zu kaufen: vom wilden Affen über Biene, Katze, Kakerlake, Hase und Pinguin bis zu Kamel und Zebra für zwei Personen. Natürlich kannst du aber auch selbst tätig werden, wenn du mit Nähmaschine oder Nadel und Faden umgehen kannst.

Lustige Kostümideen

- Grundlage für viele Tiere kann ein einfacher Kapuzenpulli in der richtigen Farbe sein – für den Löwen Beige, für die Biene Gelb, für die Katze Schwarz oder Weiß. Eine Strumpfhose in der passenden Farbe vervollständigt das Kostüm.

- Der Löwe könnte eine Mähne aus Wolle bekommen und Handschuhe mit angeklebten Krallen aus schwarzer Plastikfolie tragen.
- Der Katze werden Ohren aus Filz angenäht und Schnurrhaare unter die Nase gemalt oder aus feinen Plastikstreifen angeklebt.

- Die Biene bekommt schwarze Streifen aus aufgeklebtem Stoff, ein Glas Honig in die Hand und hinten einen Stachel.

Keine Angst, dein Kostüm kann ruhig ein wenig improvisiert aussehen. Du kannst dich auch an exotische Tierarten heranwagen. Schließlich ist die Frage »Sag mal, als was gehst du denn?« der erste Schritt zu einem lustigen Kontakt und vielleicht einer schönen Karnevalsfreundschaft. Über einen Käfer mit zwei Spülbürsten als Fühler oder einen Elefanten, dessen Rüssel aus einem mit Watte gefüllten Socken besteht, muss jeder lachen. Und ist es nicht genau das, was dein Kostüm erreichen soll?

12. November

BESCHENKE EINEN FREMDEN

Du könntest jetzt über deinen eigenen Wohlstand nachdenken und dich fragen, ob du ihn überhaupt verdient hast, voller Schuldgefühle, wie sie dir deine christliche Erziehung geschenkt hat. Oder dich auf den Standpunkt stellen, dass jeder das bekommt, was er verdient hat, wie es etwa der Buddhismus sieht. Alles Karma! Und schließlich gibt es noch die Möglichkeit, dir keinen Kopf zu machen und dich wie ein Kind einfach zu freuen, wenn du mit jemandem teilen kannst.

Teilen macht Spaß — schon vergessen?

Was du an einen Fremden verschenken sollst? Kleidung kann besonders in der kalten Jahreszeit eine echte Hilfe sein. Geld solltest du lieber diskret zustecken, als es feierlich zu überreichen. Oder wähle das wertvollste Geschenk: Zeit. Weißt du eigentlich, wie gerne deine Mitmenschen von sich erzählen, wenn jemand richtig zuhört?

13. November

FLOATING: SCHWERELOS ENTSPANNEN

Warm, dunkel und still ist es beim Floating, was übersetzt heißt: auf dem Wasser schwimmen. Dabei sollst du aber nicht etwa einen Fluss hinuntertreiben, sondern in einem Becken mit konzentriertem, körperwarmem Salzwasser schwerelos schwebend und von Außenreizen abgeschirmt entspannen. DIY? Warmes Wasser in die Badewanne, etliche Kilo Salz dazu, Licht aus? Keine Chance.

Ganz professionell

Floating-Tanks haben häufig die Form einer Muschel, die von innen geschlossen werden kann. Sie leiten den Entspannungsprozess mit besonderer Beleuchtung und akustischer Unterstützung ein. Der Mensch schwebt in Dunkelheit und Stille, manchmal unter einem künstlichen Sternenhimmel. Ohne visuelle und akustische Reize kommt es zu einer tiefen Gelöstheit, weil Gehirn und Nervensystem kaum Informationen zu verarbeiten haben.

14. November

WARM ANZIEHEN UND STERNSCHNUPPEN GUCKEN

Vielleicht glaubst auch du daran, dass Wünsche in Erfüllung gehen, wenn man eine Sternschnuppe sieht. In den kommenden Nächten – besonders in der Nacht vom 17. auf den 18. November – gibt es Sternschnuppen in großer Zahl, die sogenannten Leoniden. Sie tragen diesen Namen, weil sie aus dem Sternbild Löwe zu kommen scheinen. Wissenschaftlich betrachtet, sind sie Bruchstücke des Kometen Tempel-Tuttle, welche die Erdbahn kreuzen und in der Atmosphäre der Erde verglühen.

Eine Nacht für viele Wünsche

Aus romantischer Sicht bedeutet jede einzelne Sternschnuppe, dass einer deiner geheimen Wünsche in Erfüllung gehen könnte – wenn du sofort die Augen schließt und du der oder die Einzige bist, der oder die diese Sternschnuppe gesehen hat. Und leider musst du deinen Wunsch auch für dich behalten, sonst funktioniert der Zauber nicht.

Ein besonderer Höhepunkt

Etwa alle 33 Jahre kreuzt die Erde die Umlaufbahn des Kometen Temple Tuttle, kurz nachdem er das innere Sonnensystem durchquert hatte. Dann kommt es zu einem besonders starken Meteorstrom mit Tausenden von Sternschnuppen pro Stunde. Tempel-Tuttle wurde 1865/66 entdeckt, über die Annäherung an die Sonne in den Jahren 1899 und 1932 liegen keine Berichte vor. Der Komet wurde erst im Jahre 1965 wieder gesichtet, ein weiteres Mal 1998. Immerhin: Der nächste Termin für eine Supernacht der Wünsche ist der November 2031 – schon einmal im Kalender vormerken!

15. November

TAG DER PHILOSOPHIE

Warum sind wir auf der Welt? Sind wir nur zufällig hier, oder gibt es einen Grund für unsere Existenz? Diese und ähnliche Fragen stellen sich Menschen im dunklen Monat November. Antworten gibt die Philosophie, die Geisteswissenschaft der Suchenden. Jeweils der dritte Donnerstag im November ist der Welttag der Philosophie. Auf Großveranstaltungen treffen sich an diesem Tag in vielen Städten der Welt Philosophen mit Wissenschaftlern anderer Disziplinen.

Deine Fragen?

Aber auch Laien wirken bei einem solchen Kongress mit – und so wird daraus ein Tag, an dem Neugierde, Wissen und Weisheit zusammenkommen und zu neuen Erkenntnissen führen.

Worauf suchst du Antworten?

_____

_____

_____

16. November

IM STREICHELZOO

Noch immer sind Tiere die Helden in den Büchern der Kinder. Hasen, Hunde, Bären, Katzen, Kaninchen und Raupen bevölkern ihre Fantasie und begleiten sie bis in das Erwachsenenleben. Seit Mensch und Tier nicht mehr selbstverständlich unter einem Dach wohnen – von Hund und Katze einmal abgesehen –, ist der tatsächliche Kontakt zwischen ihnen zu einem nicht alltäglichen und ganz besonderen Erlebnis geworden.

Für Stadtmenschen immer wichtiger

Große und kleine Ziegen, kuschelige Kaninchen, bockige Schafe und störrische Esel, Damwild, Ponys, Hängebauchschweine und viele Vogelarten warten im Streichelzoo auf deinen Besuch. Weiches Fell, neugierige Nasen und Augen machen nicht nur Kindern Spaß. Und so manches Kind trifft Tiere, die es noch nie gesehen hat, zum Beispiel diese schwarz-weißen Riesenviecher, aus denen unten die Milch herausläuft …

ES GIBT WIEDER FRISCHEN GRÜNKOHL

Lange Zeit galt dieser leckere und deftige Kohl als Arme-Leute-Gemüse. Aber mittlerweile wissen auch Feinschmecker: Was der Spargel für das Frühjahr, ist der Grünkohl für den Winter – ein wohlschmeckendes Saisongemüse. Wobei Grünkohl das ganze Jahr über verfügbar ist, allerdings schmeckt Winter-Grünkohl, geerntet nach einer Frostnacht, weniger streng und hat eine leicht süße Note. Und es steckt viel Gesundes drin: Vitamine, Mineralien, Ballaststoffe und gegen freie Radikale wirksame Antioxidantien. Ein Teller Grünkohl mit Mettwurst oder Kassler, dazu ein paar Salzkartoffeln – schon Großmutter wusste: Das ist das perfekte Gericht für kalte Novembertage.

Winterliches Grünkohl-Rezept

- 2 Zwiebeln würfeln, 1 Scheibe durchwachsenen Speck in grobe Stücke schneiden. Zuerst die Zwiebeln in einem großen Topf in 15 g Schweineschmalz anbraten, etwas später die Speckstücke zugeben.
- Nach und nach 1 kg Grünkohl (frisch oder tiefgefroren) und 4 Mettwürste zugeben, mit 1 Liter Fleischbrühe ablöschen. Dann etwa 2 Stunden bei kleiner Hitze köcheln lassen.
- Mit 2 Esslöffel Haferflocken oder Speisestärke (in Wasser aufgelöst) ganz nach Geschmack etwas andicken. Probieren und mit etwas Salz nachwürzen, falls die Fleischbrühe und die Mettwürste nicht salzig genug waren.
- Mit Salzkartoffeln servieren.

Die moderne Küche kennt auch neue Zubereitungsformen für Grünkohl von der Suppe über den Salat bis hin zu Grünkohl-Chips aus dem Backofen. Wenn dein Interesse an dem krausen Gemüse geweckt ist und du den Geschmack magst, schlag doch einfach mal nach.

18. November

EINEM VORTRAG LAUSCHEN

Dich plagt an Tagen wie diesem der Wissensdurst? Du wolltest schon immer etwas über altenglische Literatur erfahren? Oder lernen, wie man französisch kocht? Na, dann geh das doch an! Besuche einen Vortrag, eine Vorlesung oder einen Kurs zu einem Thema, das dich schon lange interessiert.

Vielfältige Angebote warten auf dich

Vielleicht bietet eine Uni in deiner Stadt offene Veranstaltungen an, ein Volkshochschulkurs trifft dein Thema oder eine Buchhandlung in deiner Nähe organisiert spannende Lesungen. Nicht nur Muskeln können einrosten: Gönn dir ein bisschen Gehirntraining, auch wenn du heute noch nicht weißt, wo du das Gelernte zur Anwendung bringen kannst!

Über welches Thema möchtest du mehr erfahren?

_____

_____

_____

19. November

MELANCHOLISCH SEIN

Der November ist ein melancholischer Monat. Es gibt mehrere Arten, damit umzugehen. Eine davon ist, sich als Opfer der widrigen Umstände resigniert zurückzuziehen und in dumpfe Grübelei zu verfallen. Eine andere, weitaus erträglichere kann es sein, ganz bewusst und in gewisser Weise aktiv in einem Meer voller Melancholie zu schwimmen wie ein Fisch im Ozean.

Orte der Schwermut aufsuchen

Du könntest vorsätzlich melancholische Orte wie Flusswiesen und Alleen im Nebel oder eine Klosterruine aufsuchen und deren Schönheit genießen, wie es die Künstler der Romantik getan haben. Wenn du diese dunklere Seite als einen selbstverständlichen Teil von dir akzeptierst, gehst du gestärkt daraus hervor. Nimm ein paar schöne traurige Bilder mit. Ob du malst oder fotografierst – porträtiere den November und die Menschen darin entweder mit deiner Kamera oder in deinem Gedächtnis …

WOHLIG WARME KIRSCHKERN- KISSEN SELBST GEMACHT

Ganz schön kalt draußen. Da freust du dich sicher über eine Portion Wärme zum Mitnehmen oder zum Genießen zu Hause: ein Kirschkernkissen. Es wärmt noch besser, wenn du es selbst bastelst. Du brauchst ein ausreichend großes Stück festen Stoff – gerne lustig gemustert, Nadel und Faden und bescheidene Nähkünste. Nicht zu vergessen: die Kirschkerne.

Woher die Kerne nehmen?

Hättest du geahnt, dass du sie brauchen könntest, vielleicht hättest du von Juni bis August nicht alle Kirschkerne beim Weitspucken verschwendet. Du müsstest sie heute sorgfältig reinigen – das bleibt dir erspart, wenn du Kirschkerne kaufst. Es gibt sie von preiswert bis super teuer, und sie sind schon gereinigt.

Wie soll dein Kissen aussehen?

Quadratisch oder rechteckig, dreieckig oder rund? Auch die Größe spielt eine Rolle – gut wäre es, wenn es als Mittel gegen kalte Finger problemlos in die Jackentasche passt. Nun das Kissen zuschneiden – zwei Teile oder ein zusammengeklapptes Stück Stoff – und fast ganz zunähen. Durch eine letzte Öffnung die Kirschkerne einfüllen, nicht zu wenige, aber auch nicht zu viele, sonst platzt das Kissen. Die Einfüllöffnung zunähen. Fertig.

Wie wird das Kissen warm?

Aufwärmen kannst du es in der Mikrowelle, aber Vorsicht: ausprobieren. Ein paar Sekunden genügen. Nicht im Gerät vergessen, Brandgefahr! Auch auf einem warmen Heizkörper speichern die Kirschkerne einiges an angenehmer Wärmeenergie.

21. November

BASTLE EINEN
ADVENTSKRANZ

Der evangelische Theologe Johann Hinrich Wichern soll den Adventskranz 1839 erfunden und zum ersten Mal benutzt haben. Sein erster Adventskranz hatte ein Wagenrad als Grundgerüst und zeigte mit 24 Kerzen für die von ihm betreuten Waisenkinder an, wie viele Tage es noch bis zum Weihnachtsfest waren. Vier der Kerzen waren rot – die Adventssonntage –, die übrigen weiß. Wenn du also das Original nachbauen möchtest, mach dich schon mal auf die Suche nach einem Wagenrad. Oder möchtest du es lieber ein wenig kleiner?

Der Mini-Adventskranz

Ein Bagel aus dem Supermarkt oder der Bäckerei wird mit vier kleinen Kerzen (wie man sie für Geburtstagskuchen verwendet) bestückt. Weitere Dekorationshilfen können Schleifen, bunte Zuckerstreusel, glitzernde Foliensterne oder andere Weihnachts-Deko sein. Fertig! Wenn du so ein niedliches Ding verschenkst, wird sich jeder freuen.

Der kreative Adventskranz

Mit deinem Adventskranz kannst du deine ganz individuellen Gefühle und Erinnerungen im Zusammenhang mit dem Weihnachtsfest zum Ausdruck bringen. Macht es dich fröhlich oder nachdenklich? Wähle die entsprechenden Farben. Dominiert die Gemütlichkeit? Sind es die Düfte in dieser Zeit, an die du denken möchtest? So könnte dein Adventskranz aussehen:

- **aromatisch:** mit Zimtstangen, Orangenscheiben und den Gewürzen der Weihnachts-bäckerei
- **durchdacht:** vier unterschied-lich lange Kerzen (lang = 1, die kürzeste = 4) auf einer Art Siegertreppe
- **gärtnerisch:** vier Blumentöpfe mit Moos, aus denen scheinbar Kerzen wachsen
- **japanisch:** vier sehr schlichte Kerzen, angeordnet in einem Bett aus Sand für den Zen-Gar-ten
- **bescheiden:** eine Schale mit Sand, in die du vier Teelichter stellst

- **männlich-alkoholisch:** vier Bierdosen auf einem Tablett, beschriftet (1-2-3-4), Kerzen überflüssig
- **naturnah:** dekoriert mit Vo-gelbeeren, Sanddorn, Schnee-beeren und Hagebutten
- **schmackhaft:** vier Teelichter auf einem Teller mit 24 num-merierten Weihnachtskeksen
- **winterlich:** Kerzen in einer Landschaft aus (vergrößerten) Schneekristallen und Sprüh-schnee

Übrigens: Immer an den Brand-schutz denken!

22. November

ERNTEDANK AUF AMERIKANISCH

Thanksgiving ist die zweite Danksagung an den Reichtum, mit dem uns die Natur im Jahresverlauf beschenkt: Nach dem Erntedankfest im September könntest du heute mit deinen Freunden oder Verwandten Thanksgiving begehen: Das Fest wird am vierten Donnerstag des Monats November begangen und ist eine der ältesten Traditionen auf dem nordamerikanischen Kontinent. Die Pilgerväter sollen erstmals im Herbst 1621 bei Plymouth Rock in Massachusetts zusammen mit den einheimischen Wampanoag-Indianern – die die Pilger später vor einem Hungerwinter bewahrten – ein dreitägiges Erntedankfest gefeiert haben.

Was die Küche hergibt
Zum traditionellen Thanksgiving-Essen gehören ein gebratener und gefüllter Truthahn, Cranberry-Sauce, Kürbis, grüne Erbsen, Mais, Süßkartoffeln und zum Nachtisch Apfel- oder Kürbiskuchen.

23. November

VERANSTALTE EIN WOHNZIMMERKONZERT

Im Online-Medienzeitalter ist spontane musikalische Aktivität meist nur dann nachgefragt, wenn ein YouTube-Clip daraus entstehen kann. Erfreulicher ist es allerdings, wenn die Zuhörer nicht an irgendwelchen Bildschirmen irgendwo in der Welt, sondern in deiner Küche oder in deinem Wohnzimmer sitzen – manche dieser Konzerte werden sogar legendär.

Hol dein Cello aus dem Keller!
Vielleicht ist es auch eine Violine oder eine Gitarre: Pack dein altes Instrument aus und erlebe mit deinen Freunden einen Abend voller Musik – notfalls auch mit improvisierten Instrumenten. Ein ganz besonderes Instrument ist deine Stimme – wann hast du, wann haben deine Freunde zuletzt gesungen? Mit der Musik verhält es sich wie mit dem Essen: Lieber direkt aus dem Topf und nicht aus dem Tiefkühlschrank: Nicht erst konservieren, am besten frisch genießen!

24. November

TINTE HERSTELLEN

Du hast Spaß daran, mit einer Feder oder einem Pinsel zu schreiben? Dann produziere dafür deine eigene Tinte. Auch hier kannst du auf die Natur zurückgreifen, denn du brauchst nur zwei Zutaten: gerbsäurehaltige Pflanzenstoffe und Eisenoxid, also ganz gewöhnlichen Rost. Als pflanzliche Bestandteile eignen sich zerkleinerte Eichenrinde und Eicheln, Kaffee oder Tee, getrocknete Bananenschalen, Brombeerblätter, Apfel- und Birkenrinde und viele andere mehr.

Rätselhafte Verwandlung
Wenn du diese Pflanzenstoffe mit verrosteten Eisenteilen (oder pulverförmiges Eisenoxid) zu etwa gleichen Teilen in ein Glas gibst und mit Wasser bedeckst, verwandelt sich dieses in kurzer Zeit in eine dunkle, graublaue Flüssigkeit, mit der du schreiben kannst. Etwas Essig, Zitronensaft oder Wein beschleunigen den Vorgang. Mehr noch: Auf dem Papier oxidiert deine selbst gemachte Tinte und wird kräftig schwarz.

25. November

BROT SELBST BACKEN

Es gibt wenige Lebensmittel, die so verlockend duften wie frisches Brot, das gerade aus dem Backofen kommt. Ob du dich nun für eine fertige Backmischung entscheidest oder den Teig für dein Brot selbst zusammenstellst und zurechtknetest – in beiden Fällen duftet das fertige Brot unwiderstehlich und sieht auch ausgesprochen appetitlich aus: lockere Scheiben, knusprige Kruste.

Backautomat oder ein ganz gewöhnlicher Backofen?
Für erste Versuche genügt der Backofen. Überlege dir, ob du ein Hefebrot oder eines mit Sauerteig backen möchtest. Die nächste Entscheidung: helles oder dunkles, feines weißes oder Vollkornmehl? Möchtest du ein besonderes Brot backen, vielleicht eines mit Nüssen darin oder sogar ein Früchtebrot? Beginne ganz einfach mit einem Brot mit Trockenhefe – Rezepte findest du zu Tausenden im Netz.

26. November

DEIN ZEITSCHRIFTENLESETAG

Entweder leihst du sie in der Bibliothek oder du machst einen Kioskbesitzer mit einem Großeinkauf glücklich: Besorge dir heute alle Zeitschriften, die dich interessieren, und veranstalte eine Lese- und Blätterorgie mit Kaffee oder Tee und Gebäck! Ja, du darfst auch »Frauenzeitschriften« kaufen, schließlich muss man ja wissen, was in den Königshäusern der Welt passiert und welche Prominentenehe schon wieder den Bach runtergeht.

Zweitnutzung nicht vergessen

Lies so lange, bis alles um dich herum in einem Nebel von Klatsch und Tratsch versunken ist. Spürst du den Erholungseffekt? Und lade jemanden zum Mitlesen ein! Solltest du die Zeitschriften gekauft haben: Verschenke sie »ausgelesen« weiter – du wirst staunen, wer sie alles lesen möchte. Zeitschriften sind ja sooo teuer – und man kann ja nicht jeden Tag zum Friseur oder zum Zahnarzt gehen …

27. November

EINE LUSTIGE PYJAMA-PARTY

Nicht nur Menschen zwischen zehn und fünfzehn Jahren lieben sie: die Pyjama-Party. Die erwachsene Version bringt sogar besonders viel Spaß. Was trägt man zu einem solchen Anlass? Kuschelige Hasen-Einteiler, übergroße Sweatshirts, die besonders süßen Flauschwollsocken von der Oma, selbst der Glitzer-Einhorn-Pyjama ist erlaubt, wenn nicht sogar besonders gern gesehen …

Action, jetzt mal im Schlafzimmer!

Mit der Privatheit ist es vorbei für diesen einen Tag: Das Schlafzimmer ist der aufgeheizte Ort irren Geschehens, es werden ziemlich durchgeknallte Partyspiele wie Flaschendrehen oder Scharade gespielt, eine ausgesprochen unausgewogene Ernährung mit Pizza, Sekt und Süßigkeiten sorgt für eine weitgehend schlaflose Nacht voller traumhafter Geräusche, Bilder und Erlebnisse, die man nicht vergisst.

28. November

EIN ADVENTSKALENDER
ZUM VERSCHENKEN

Jedes der 24 Türchen ist eine kleine Bescherung, auch wenn nur eine Nuss oder ein Stückchen Schokolade dahinter wartet. Den guten alten Adventskalender aus buntem Papier gibt es im Supermarkt zu kaufen, aber selbst gebastelte »Weihnachtsannäherungsanzeiger« sehen etwas anders aus. Hier eine Liste denkbarer Varianten, die in null Komma nichts fertiggestellt sind:

Mögliche Adventskalender
- 24 nummerierte Kartons für kleine oder große Geschenke
- 24 bunte Briefumschläge
- 24 Socken oder Handschuhe an einer Leine
- 24 Kaffeetassen, Eierbecher, Trinkgläser oder Blumentöpfe
- 24 aus Papier gedrehte »Schultüten« oder bunt bemalte Klorollen
- 24 kleine Lebkuchenhäuser zum Aufessen

Mögliche Füllungen
- Badezusätze, Badeschwamm, Duftöle, kleine Parfümproben
- Plätzchen, Lebkuchen, Dominosteine, Marzipankartoffeln
- Bonbons oder Pralinen in Spitzenqualität
- Gedichte, Liebesbriefe in besonderer Form, zum Beispiel auf Post-its
- Kulturgutscheine: Kino, Konzert, Theater, Auktion, Flohmarkt usw.
- Rubbellose und Lottoscheine
- Service-Gutscheine: Rasen mähen, Spülen, Auto waschen, Müll runterbringen, mit dem Hund rausgehen, aufräumen, Blumen gießen …
- verschiedene Sorten Tee
- Wellness-Gutscheine: Sonntagsbrunch, Candle-Light-Dinner, Frühstück im Bett, Fußmassage, Sauna, Rücken kraulen

29. November

BLACK-AND-WHITE-PARTY

Der amerikanische Romanautor
Truman Capote schenkte der
Welt die erste Black-and-White-
Party, und zwar genau an diesem
Tag. Am 28. November 1966 fand
an einem denkwürdigen Ort, im
Plaza Hotel in New York, die erste Feier dieser Art statt. Damals
galt dieselbe Regel wie heute:
Alles soll entweder schwarz oder
weiß sein – von der Einladung
zu diesem Fest über die Tischde-
koration und die Räumlichkeiten
bis hin zur Garderobe der Gäste.

Das Auge isst mit –
in Schwarz-Weiß

Ähnlich strenge ästhetische Regeln gelten für die Speisen oder
das Büffet: weißer Käse, schwarze Oliven, Schwarzbrot und
Weißbrot, weiße und dunkle
Schokolade und auch Schwarz-
wälder Kirschtorte und Lakritz
als Dessert, das alles serviert auf
weißen oder schwarzen Tellern.
Gurkensalat? Viel zu grün! Ketchup? Viel zu rot! Kriegen du
und deine Freunde das hin?

30. November

EINEN GANZEN TAG
SERIEN SCHAUEN

Welche Serien hast du vor ein
paar Jahren gern gesehen? »King
of Queens«? »Hör mal, wer da
hämmert«? »Die Nanny«? »Alf«?
»Mr. Bean«? »Miami Vice«? Die
Fernsehserien der Vergangenheit
sind herrlich nostalgisch. Man
denkt an ihre Darsteller wie an
alte Freunde.

Zu Besuch bei konser-
vierten Freunden

Und keiner von ihnen ist auch
nur eine Spur älter geworden!
Wenn du Glück hast, kannst
du noch ein paar Folgen deiner
Lieblingsserie online oder auf
DVD erwischen – eine gute Möglichkeit, einen Novembertag oder
einen langen Novemberabend zu
verbringen.

Notiere hier, wel-
che Erinnerungen beim
Schauen in dir hochge-
kommen sind:

_____

_____

_____

Dezember

1. Dezember

AUF DEN
WEIHNACHTSMARKT GEHEN

Farben, Düfte, Tannengrün und Lichterschmuck im Dunkeln vor einer mittelalterlichen Häuserzeile, dazu festliche Gesänge – auf einem Weihnachtsmarkt werden die Gefühle rund um diese Festtage förmlich greifbar. Bei Glühwein und gebrannten Mandeln versinkst du in einen Weihnachtstraum. Buden voller wunderschöner Kleinigkeiten helfen dir, Geschenke für Freunde, Verwandte und Bekannte zu finden – von der schönen Holzfigur über Christbaumschmuck und Spielzeug von 8 bis 80 bis zum wertvollen Liebesbeweis.

Weihnachtsmarkt mal anders

Soll dein Besuch auf dem Weihnachtsmarkt etwas Besonderes werden, dann könntest du den japanischen Weihnachtsmarkt in Berlin, den unterirdischen »Mosel-Wein-Nachts-Markt« in den Weinkellern von Traben-Trabach oder einen schwimmenden Weihnachtsmarkt, nämlich den Emdener Engelkemarkt, besuchen.

2. Dezember

SUCHE EINEN
ALTEN FREUND

Denkst du jetzt auch manchmal an vergangene Weihnachtsfeste in den Jahren, also du noch ein Kind warst? Eventuell fällt dir dabei einer deiner Freunde aus dieser Zeit ein, jemand, der dich über Jahre begleitet hat, bis sich eure Wege trennten? Es könnte sein, dass ihm oder ihr im Augenblick dieselben Gedanken durch den Kopf gehen. Es ist heute leichter als früher, jemanden wieder zu finden.

Vergessene Freundschaften wiederbeleben

Wenn deine Suche Erfolg hat, könntest du mit einer Weihnachtskarte den Kontakt wiederherstellen. Oder wenn es eine enge Freundschaft war, erinnerst du dich möglicherweise noch an seine oder ihre Vorlieben und könntest ein kleines Weihnachtsgeschenk aussuchen: Aachener Printen, ein schöner Tee, ein kleines Knobelspiel? Noch ist genug Zeit, es zu besorgen und in einem liebevoll gepackten Paket zu verschicken.

SÜSS UND DURCH-SICHTIG: ZUCKERGLAS

Was wäre die Weihnachtszeit ohne Naschereien aus Zucker? Genau: eine ganz langweilige Angelegenheit. Aus dem süßen weißen Pulver kannst du sogar selbst ganz tolle Weihnachtsdekoration herstellen.

Bunte Zuckerglas-Scheiben

Dazu musst du 500 g Zucker in 100 ml kochendem Wasser auflösen (Vorsicht, heiß!). Wenn du buntes Glas möchtest, kannst du es mit Lebensmittelfarbe färben. Achte nur darauf, dass die Flüssigkeitsmenge 100 ml nicht überschreitet, denn sonst bleibt dein »Glas« nach dem Erkalten flüssig. Wenn der Zucker aufgelöst ist, kannst du etwas von dieser Flüssigkeit in ein flaches Gefäß wie eine Pfanne gießen, das am Boden als Antihaftbeschichtung mit Alufolie ausgekleidet ist. Wenn die Flüssigkeit erkaltet, erstarrt sie zu einer Scheibe in der Form des Gefäßes. Natürlich kannst du aus der hier angegebenen Menge eine große oder mehrere kleinere »Glasscheiben« herstellen.

Zucker und Glas — neu verbunden

Sagt man nicht manchmal, dass eine Schneelandschaft aussieht wie mit Puderzucker überstreut? Witzige gefrostete Windlichter aus so einem Wintertraum bekommst du, wenn du ein geeignetes Glas (ein Teelicht muss hineinpassen) zuerst von innen mit Haarspray aussprühst und danach sofort mit ganz gewöhnlichem Haushaltszucker füllst. Einen Augenblick warten, bis das Haarspray ausgehärtet ist, dann den überschüssigen Zucker herausgießen – fertig! Das Windlicht sieht aus, als käme es geradewegs aus einer eiskalten Frostnacht. Eine Kerze darin leuchtet in einem herrlich diffusen milden Licht.

DIE MAGIE IN DEN KIRSCHZWEIGEN

Es ist ein wenig wie Zauberei: Wenn du heute, am Festtag der heiligen Barbara von Nikomedien, Zweige von einem Baum oder Strauch schneidest und in eine Vase mit Wasser stellst, so kannst du ziemlich sicher sein, dass sie bis zum Heiligen Abend Blüten bekommen werden. Meistens nimmt man dazu Kirschblüten, aber auch Apfel und Forsythie scheinen von der heiligen Barbara gehört zu haben und bringen ein wenig Frühling in den dunklen Monat Dezember.

Was hinter der Tradition der abgeschnittenen Äste steckt

Die Zweige sind durch eine Legende mit der heiligen Barbara verbunden. Sie war eine christliche Märtyrerin des 3. Jahrhunderts, die in Kleinasien lebte. Ihre Lebensgeschichte liest sich wie das Drehbuch zu einem Horrorfilm. Sie wurde auf vielfältige Weise gequält und gefoltert, und schließlich wurde sie von ihrem eigenen Vater enthauptet, weil sie sich weigerte, ihrem christlichen Glauben abzuschwören. Auf dem Weg ins Gefängnis blieb Barbara mit ihrem Gewand an einem Zweig hängen, den sie mitnahm und in ein Gefäß mit Wasser stellte. Genau an dem Tag, an dem ihr Tod beschlossen wurde, erblühte der Zweig auf wundersame Weise.

5. Dezember

EISSTOCKSCHIESSEN

Manche sagen, Eisstockschießen ist das Kegeln für die Wintermonate. Aber die Regeln unterscheiden sich doch erheblich. Boule oder Boccia sind vom Spielablauf her verwandt, man schießt mit sogenannten Stöcken, einem Sportgerät mit Stiel und einer Laufsohle, auf ein Ziel, das »Daube« genannt wird. Aber ansonsten ist natürlich alles anders. Früher ein beliebter Volkssport auf Natureisflächen, gewinnt Eisstockschießen im 21. Jahrhundert immer mehr Fans.

Wo kann man spielen?
Er wird auf Eislaufbahnen und am Rande von Weihnachtsmärkten praktiziert, und so mancher Betriebsausflug findet Spaß an diesem Winter-Mannschaftssport. Es entwickeln sich spannende Wettkämpfe und die nötige Ausrüstung kann geliehen werden. Außer festem Schuhwerk und warmer Winterkleidung benötigt man nichts. Da sag noch einer, im Winter kann man keinen Sport treiben.

6. Dezember

DER NIKOLAUS KOMMT

Es ist einfach toll, wenn der heilige Nikolaus in persona erscheint und seinen Schimmel unter den Tisch stellt. Doch wenn man es sich recht überlegt … welcher Schimmel passt unter einen Tisch? Auf jeden Fall sollte Nikolaus gemeinsam mit Knecht Ruprecht die Tugendhaftigkeit aller Familienmitglieder im letzten Jahr überprüfen, indem er alle ihre Schandtaten in einem großen Buch nachschlägt.

Überrasche Freunde und Verwandte
Verblüffe deine Familie oder Bekannten mit einer Nikolaus-Überraschung – die werden Augen machen, wenn es klingelt und ein Typ im rot-weißen Mantel steht vor der Tür! Irgendjemanden mit einem geeigneten Bart kennst du sicherlich – oder magst du dir nicht selbst einen Bart ankleben? Und auf den Knecht Ruprecht kann man auch verzichten – der hat eh nur miese Stimmung gemacht mit seiner Rute. Hauptsache, es sind Geschenke im Sack des Nikolaus …

7. Dezember

WEIHNACHTS-KEKSE BACKEN

Nicht zu süß und trotzdem lecker: Die folgenden Weihnachtskekse beziehen ihre Süße aus den Zutaten.

Leckere Apfel-Nuss-Kekse (15–20 Stück)

Einen kleinen Apfel schälen, auf einer Reibe zerkleinern, den entstandenen Apfelbrei mit etwas Orangensaft beträufeln, damit die Masse nicht oxidiert und dadurch braun wird. 5 Trockenpflaumen in kleine Stücke schneiden. 250 g Vollkornmehl, 1 gehäufter Teelöffel Backpulver, 50 g fein geriebene Haselnüsse (Walnüsse oder Mandeln gehen auch), 1 Ei und 1 Prise Salz in einer Rührschüssel miteinander mischen. Apfelbrei, Pflaumen, etwas Vanille-Aroma und 150 ml Orangensaft hinzugeben, gut durchrühren. Aus dem so entstandenen zähen Teig kleine Häufchen formen und auf dem Backpapier flachdrücken, sodass Kekse mit 3 bis 4 cm Durchmesser entstehen. Den Backofen auf 180 bis 200 °C vorheizen, Kekse ca. 20 bis 25 Minuten backen. Wenn sie goldbraun aussehen, sind sie richtig.

Das Nuss-Lexikon

Nüsse gehören zum Fest wie der Christbaum und die Weihnachtskekse. Da solltest du vielleicht über die nahrhaften leckeren Kerne ein wenig wissen, die du vielleicht in den Weihnachtstagen in großen Mengen knabbern wirst:

Haselnüsse

Haselnüsse finden sich in Backwaren und Nussschokolade und stecken in Brotaufstrichen, Nougat und Speiseeis. Die heimischen Sorten sind klein und wenig aromatisch, in den Handel kommen Haselnüsse aus Italien, Frankreich, Griechenland, der Türkei und Spanien.

Erdnüsse

Erdnüsse sind Hülsenfrüchte – näher mit der Bohne als mit den Nüssen verwandt. Sie werden zu Ölen verarbeitet, landen in der Erdnussbutter, bereichern die asiatische Küche oder werden weltweit gesalzen oder geröstet weggeknabbert.

Paranüsse

Der bis zu 50 m hohe Paranuss-Baum wächst im Regenwald des Amazonas. Paranüsse ähneln im Geschmack ein wenig der Mandel, dienen als Knabberei oder werden zu Käse gereicht.

Cashewnüsse

Der Cashewbaum wächst in tropischen Regionen, die kompliziert aufgebaute Cashewfrucht enthält den Cashewkern, der zur Zubereitung von Speisen, in Salaten, Saucen und Müslimischungen verwendet wird.

Macadamia-Nüsse

Diese Nuss verdankt ihren Namen dem australischen Naturforscher John Macadam. Die äußerst wohlschmeckenden Macadamia-Nüsse gelten nicht nur als besonders edel, sondern sind – auch wegen ihres schwierigen Anbaus – mit Abstand die teuerste Nusssorte.

Pistazien

Die Pistazie entfaltet ihr volles Aroma geröstet; die dreikantigen, hellgrünen Kerne schmecken aber auch ohne Röstung, pur oder gesalzen. Außerdem verfeinern Pistazien Desserts und Speiseeis, geben Gebäck und Nudelgerichten den letzten Pfiff oder verleihen Salaten eine besondere Note.

Mandeln

Die Frucht des nur etwa 5 m hohen Mandelbaumes schmeckt je nach Sorte süß bis bitter. Süße Mandeln werden zur Herstellung von Marzipan und anderen Süßigkeiten, für Mandellikör, Gebäck und Schokolade verwendet. Gemahlen landen Mandeln in Kuchen und Keksen, besonders in der Weihnachtszeit.

8. Dezember

EINE KUTSCHFAHRT, DIE IST LUSTIG

Die Landschaft und den Aufenthalt an frischer Luft auf beschauliche Weise genießen – wie könntest du das besser als bei einer Fahrt in einer Kutsche? Dieses nostalgische Fortbewegungsmittel ist nämlich keineswegs ausgestorben, sondern, verbunden mit der Liebe zu Pferden, quicklebendig, und das Fahren damit wird sowohl als Sportart als auch als Freizeitvergnügen von vielen Menschen geschätzt.

Wo gibt es Kutschen?

Sicher kannst du irgendwo ganz in deiner Nähe eine Kutsche samt Kutscher mieten. Dabei solltest du dich für die stilvolle Variante entscheiden. Bierselige Planwagenfahrten sind nicht gemeint – eher die Fahrt im gepflegten Einspänner über ländliche Wege. Vergiss nicht die passende Kleidung – wärmend und zum Anlass passend. Adidas-Streifen wirken auf einer nostalgischen Kutsche irgendwie fremd. Dann schon eher Sakko und Reisekleid im Stil des englischen Landadels.

9. Dezember

HEISSE FEUERZANGEN-BOWLE TRINKEN

Jeder glaubt sie zu kennen, die Feuerzangenbowle, aber kaum jemand hat sie je getrunken. Bekannt wurde dieses Getränk, das eigentlich ein Punsch und keine Bowle ist, durch den Roman von Heinrich Spoerl und den Filmklassiker mit Heinz Rühmann in der Hauptrolle, der als Dr. Johannes Pfeiffer eine Art nostalgische Zeitreise in seine Vergangenheit als Schüler unternimmt.

Feuerzangenbowle – wie geht das noch mal?

Die Feuerzange, ein Werkzeug aus dem Kaminbesteck, wird quer über einen Topf mit 2 bis 3 Liter trockenem Rotwein gelegt. Darauf kommt ein Zuckerhut, der mit hochprozentigem Rum getränkt wird. In den Rotwein gehören Zimtstangen, Gewürznelken, Sternanis, Zitronen- und Orangenschale. Der Zuckerhut wird angezündet, der Zucker schmilzt, karamellisiert und tropft in den Rotwein, was den einmaligen Geschmack des Getränks entstehen lässt.

10. Dezember

SCHÖNE WINTERMOTIVE FOTOGRAFIEREN

Manche Hobby-Fotografen finden immer wieder nur dieselben Motive: die Blütenpracht im Frühling, Landschaften im sommerlichen Sonnenlicht und farbige Blätter in den herbstlichen Monaten. Im Winter liegt manche Kamera im Schrank – zu Unrecht. Über die wichtigsten Einstellungen für winterliche Fotografie konntest du schon am 15. Januar nachlesen – hier geht es um winterliche Motive.

Jede Jahreszeit hat ihre Bilder

- Für Schnee und Eis sind die richtige Blende und Belichtungszeit wichtig. Wenn du früh genug aufstehst, bekommst du jungfräuliche Schneelandschaften ohne die Fußspuren deiner Mitmenschen. Oder du machst gerade diese Spuren im Schnee zu deinem Motiv.
- Tolle Ergebnisse erzielst du, wenn du ganz nah rangehst: Makro-Fotos von Eiskristallen und Schneeflocken überraschen in ihrer Vielfalt. Ein passendes Objektiv oder Zwischenringe verhelfen dir zu meisterhaften Bildern.
- Zugegeben, Winterbilder haben häufig etwas Melancholisches. Treibe es doch mal auf die Spitze: Kontrastreiche Schwarz-Weiß-Bilder von Winterlandschaften wirken wie aus einem Filmklassiker oder wie die Illustrationen zu einer russischen Novelle. Mitspieler in deinem Fotoroman können Nebel, Wasser, Wind und Wolken sein.
- Ähnlich sieht es mit Bildern der Großstadt aus. Entweder lässt du dich auf die zurückgenommene Farbigkeit des Winters ein oder fotografierst auch hier schwarz-weiß. Das kann mittlerweile sogar fast jedes Smartphone.
- Ein geniales Wintermotiv: Bäume. Nur in dieser Jahreszeit kannst du ihr filigranes Astwerk und ihre beeindruckenden Silhouetten perfekt abbilden.

11. Dezember

UM EINEN SEE SPAZIEREN

Ist dir auch schon einmal aufgefallen, dass in einer winterlichen Landschaft eine große Ruhe herrscht, dass die wenigen Laute nur gedämpft und fern, wie in Watte gepackt, zu hören sind? Das lauteste Geräusch bei deinem Weg rund um den See könnten deine Schritte oder dein Atem sein, und in manchen Augenblicken meinst du, den Flügelschlag von Vögeln zu hören – oder ist es dein Herzschlag?

Bilder und Geräusche voller Bedeutung

Du legst deinen Weg wie der Hauptdarsteller in einem atmosphärisch aufgeladenen Film zurück. Und da kann es auch schon einmal sein, dass durchdringendes Krächzen von Krähen den Wintertag durchschneidet und eine Spur Horror Movie in dein besonderes Erlebnis Winterspaziergang bringt. Vielleicht liefert aber auch das leise Geräusch der Wellen auf dem See den Soundtrack zu deinem Film, oder ein sanfter Wind flüstert dir Geheimnisse zu.

12. Dezember

KNALLHARTES PAINTBALL SPIELEN

Winterspaziergänge bringen dir nichts? Du brauchst Bewegung, Action, Spannung, ein Gruppenerlebnis und möchtest unbedingt die eine oder andere Heldentat begehen? Dann ist auch mitten im Winter Paintball die richtige Sportart für dich, denn Paintball kannst du outdoor, aber eben auch in der Halle spielen. Du schießt Farbkugeln (»paint« genannt) mit einem Markierer (so nennen sie das Gewehr, damit es nicht so militärisch klingt) auf eine gegnerische Mannschaft.

Siegen oder untergehen!

Mit ein paar gekonnten Treffern sicherst du deinem Team den Sieg – oder ihr geht zusammen in einem großartigen Kampf unter, zu erkennen an vielen farbigen Flecken auf eurer Schutzkleidung, die ihr glücklicherweise vom Paintball-Veranstalter geliehen habt. Gelegenheiten, Paintball zu spielen, gibt es nahezu überall. Auf in den Kampf, Männer! Männer, wieso eigentlich Männer?

13. Dezember

SANTA LUCIA FEIERN

Heute feiert man in Schweden das Luciafest, das auf
die heilige Lucia von Syracus zurückgeht. Sie war
nachts unterwegs, um den Armen Essen zu bringen.
Dazu brauchte sie freie Hände, und deshalb soll sie
Kerzen auf dem Kopf getragen haben. In Schweden
verkleiden sich junge Mädchen als Lichterköniginnen, sie tragen
lange weiße Gewänder mit einem roten Seidenband um die Taille und
grüne Kränze mit (elektrischen) Kerzen auf dem Kopf, die Luciakrone.
Die Lichterköniginnen sollen die längste Nacht des Jahres erhellen.
Gut ein Jahrhundert lang war dies der 13. Dezember. Mit der Ein-
führung des gregorianischen Kalenders in Schweden im Jahr 1752
rutschte die Wintersonnenwende auf den 21. Dezember, nicht aber
das Luciafest.

Der Traum aller Mädchen: einmal Lucia sein

Meist stellt die älteste Tochter einer Familie die Lucia dar. Sie führt
dabei eine kleine Prozession an. Dienerinnen mit Kerzen und Diener,
sogenannte Sternenjungen, folgen ihr. Gemeinsam wecken sie die
Familie mit Gesang und einem ausgiebigen Frühstück, bestehend
aus Safranbrot, Pfefferkuchen und Glögg, schwedischem Glühwein,
den man mit und ohne Alkohol zubereiten kann. Die Feierlichkeiten
werden danach im Kindergarten, in der Schule und bei der Arbeit
fortgesetzt.

Auch bei uns wird gefeiert

In vielen deutschen Großstädten gibt es Feiern zum Luciafest, meist
veranstaltet von schwedischen Organisationen oder Firmen. Du
kannst aber auch dein privates Lichterfest begehen und Verwandte
und Freunde einladen. Zünde eine Kerze an und beginne das Fest bei
einer duftenden warmen Tasse Glögg.

14. Dezember

GEFIEDERTE WINTERGÄSTE ENTDECKEN

Unsere Zugvögel haben sich vor ein paar Wochen auf den Weg in den Süden gemacht – man könnte annehmen, dass der Winter bei uns eine artenärmere Zeit ist als der Sommer. Doch die abgereisten Arten hinterlassen ihren Platz für andere. Die Natur nimmt jetzt Gäste aus dem Norden auf:

Schwärme von **Rotdrosseln** sind vor nördlicher Kälte geflohen und aus Skandinavien, Schottland und Sibirien zu uns gekommen. Hier finden sie in Hecken und Sträuchern ausreichend Nahrung, nämlich wilde Früchte. Drosseln sind etwas kleiner als unsere heimische Singdrossel.

Größere Trupps von **Saatkrähen** und **Dohlen**, manchmal auch ganze Schwärme, versammeln sich, um tagsüber auf Feldern und Wiesen nach Nahrung zu suchen. Nachts versammeln sie sich auf ihren Schlafbäumen, mit recht lautstark gekreischten »Schlafliedern«.

Rotdrossel

Ob auch **Seidenschwänze** zu unseren Wintergästen zählen, hängt davon ab, wie viel Nah-

Seidenschwänze

rung sie in ihrer fernen Heimat finden können, den Fichten- und Birkenwäldern in der nordasiatischen Taiga. Werden die Zeiten dort zu mager, kommen sie nach Mitteleuropa und ernähren sich von Streuobst und Beeren, wobei sie die Früchte von Misteln bevorzugen.

Weitere Wintergäste können **Lachmöwen** sein, die nach keinem festen Plan reisen, aber immer dort zu finden sind, wo ausreichend Nahrung zu finden ist.

Gänsesäger, eine Art von Entenvögeln mit bis in den Norden reichendem Lebensraum, suchen im Winter offene Gewässer mit einem guten Nahrungsangebot – das niederländische IJsselmeer gehört zu ihren Lieblingsorten.

Auch **Singschwäne**, im Sommer Bewohner der Taiga, brauchen im Winter Gewässer ohne geschlossene Eisdecke.

Hingegen wählen die **Bergfinken**, sonst eher Bewohner skandinavischer Birkenwälder, getrieben von der Kälte unsere Gärten und Buchenwälder als Winterquartier.

Gänsesäger

15. Dezember

INS WEIHNACHTSBALLETT

»Der Nussknacker« gehört zu Peter Tschaikowskis am häufigsten aufgeführten Werken. Es erzählt die Geschichte »Nussknacker und Mausekönig« von E. T. A. Hoffmann in getanzter Form: Clara bekommt am Weihnachtsabend einen Nussknacker geschenkt. In der Nacht träumt sie vom Kampf der vom Nussknacker geführten Spielzeugsoldaten gegen das Heer des Mäusekönigs. Der siegreiche Nussknacker verwandelt sich in einen Prinzen und reist mit Clara in das Reich der Süßigkeiten, wo die Zuckerfee ein Fest veranstaltet.

Weihnachtszauber auf der Bühne

Es verwundert nicht, dass »Der Nussknacker« von vielen Opernhäusern meist um die Weihnachtszeit herum aufgeführt wird. Wenn du gemeinsam mit einem lieben Menschen einen verzauberten Abend verbringen möchtest: Kauf zwei Karten, versteck sie in einem Adventskalender oder mache sie zu einem frühen Weihnachtsgeschenk.

16. Dezember

ÜBERRASCHUNGSGESCHENKE

Besorge dir viele identische Verpackungen, zum Beispiel kleine Pappwürfel, die man sich zusammengefaltet zusenden lassen kann, oder viele gleiche Tüten. Fülle nun diese Verpackungen mit kleinen Geschenken. Das können Pralinen und andere Süßigkeiten, kleine Schmuckstücke, Münzen oder kleine Geldscheine, Parfümfläschchen oder Kosmetikproben sein – alles, was hineinpasst, ist richtig.

Spannende Bescherung!

Bei der Bescherung wählen dann die zu Beschenkenden der Reihe nach eines der kleinen Geschenke aus – besonders Kinder haben Spaß daran. Es kann auch mehrere Geschenke pro Person und mehrere Auswahlrunden geben. Beim Auspacken entsteht meist ein riesiges Hallo, weil niemand mit so einem Geschenk gerechnet hat. Weil nicht alles zu jeder oder zu jedem passt, dürfen die Beschenkten untereinander tauschen – eine weitere, ausgesprochen lustige Aktion.

EINEN TANNENBAUM BESORGEN

Es sind nur noch ein paar Tage bis zur Bescherung, und du solltest dich jetzt wirklich beeilen, wenn du noch keinen Tannenbaum gekauft hast. Du kannst dir natürlich auch deinen eigenen Tannenbaum mit Beil oder Säge fällen – viele Baumschulen bieten eine solche Möglichkeit an. Danach noch eine Bratwurst und einen Glühwein am Stand – Holzfällen macht hungrig und durstig –, und der Wintertag ist perfekt für dich, du großartiges Mitglied des weihnachtlichen Waldarbeiter-Teams!

Der kleine Weihnachtsbaumberater

Auf keinen Fall solltest du ohne die wichtigsten Informationen einen Weihnachtsbaum kaufen.

Die Nordmanntanne ist der beliebteste Weihnachtsbaum, weil sie nicht nach zwei Wochen wie blöde nadelt. Angenehm ist es, dass ihre weichen, tiefgrünen Nadeln nicht stechen. Negativ: Die Nordmanntanne ist mit Abstand die teuerste Christkonifere.

Die nordamerikanische Blaufichte wird auch als Edeltanne bezeichnet. Ihr Wuchs ist kräftig, sie kann riesige Mengen Weihnachtsbaumschmuck tragen. Ihre Nadeln duften, stechen aber wie die Hölle. Dafür sind Blaufichten relativ preiswert.

Die Douglasie ist ein eher schwächlicher Weihnachtsbaum, der schweren Schmuck kaum tragen kann. Immerhin sind die Nadeln weich. Außerdem duftet dieser Baum nach Zitrone.

Die echte Edeltanne oder Nobilistanne ist der First-Class-Weihnachtsbaum, noch haltbarer als die Nordmanntanne, aber ähnlich teurer. Ihre weichen, blaugrünen Nadeln duften nach Orangen.

Die Fichte wirft schon nach ein paar Tagen ihre Nadeln ab, Fichtennadeln pieksen wie verrückt. Dafür ist dieser Baum sehr preiswert.

18. Dezember

MIT FACKELN DURCH DIE NACHT WANDERN

Fackelzüge werden gern benutzt, um gegen etwas zu protestieren oder sich für eine Sache besonders einzusetzen – dein Fackelzug in dieser Winternacht könnte das auch leisten, aber unser Vorschlag ist eher privater Natur: Unternimm eine Nachtwanderung mit Fackeln. Du könntest dich in deiner Fantasie um ein paar Hundert Jahre in die Vergangenheit versetzen und dir vorstellen, wie die Menschen damals nachts unterwegs waren.

Im Licht der Vergangenheit

Schau dir die Welt im eingeschränkten Gesichtskreis deiner urtümlichen Beleuchtung an. Stell dir vor, wie bedrohlich die flackernden Schatten in einer Nacht voller Bedrohungen auf deine Vorfahren gewirkt haben müssen. Pass auf, dass du nichts in Brand setzt – schließlich hantierst du mit offenem Feuer. Deine helle und warme neuzeitliche Behausung wird dir nachher umso großartiger vorkommen.

19. Dezember

AM FENSTER TRÄUMEN UND ENTSPANNEN

Nachrichtenflut per WhatsApp, lustige Clips auf dem Tablet, ständig neu aufgehende Fenster am Computer und dann auch noch der Fernseher: alles zusammen eine ständige Reizüberflutung, unter der wir zunehmend leiden. Oft vergessen wird dabei ein Fenster, das deiner Wohnung ein ganz besonderes, sehr beruhigendes Programm zeigt, nämlich das, was gerade draußen in deinem Garten oder auf der Straße vor deinem Haus geschieht.

Es passiert nicht viel

So wenig, dass sogar zuerst Langeweile aufkommt. Aber wenn du diese aushältst, wird Ruhe und Beschaulichkeit daraus – beschaulich, etwas beschauen ... Und wenn du eine Weile die nötige Geduld aufbringst, merkst du womöglich, dass dieses Fenster eines zu deinen eigenen Gedanken und Träumen ist, durch das sich zu schauen lohnt. Am Fenster wegträumen – eine großartige Möglichkeit, deine Zeit zu verbringen.

20. Dezember

ZEIT FÜR DEINEN WUNSCHZETTEL

Wer soll deinen schön gestalteten und wunderbar handgeschriebenen Wunschzettel bekommen? Natürlich nicht die von deinen Freunden und Verwandten, die vom Schenken nichts halten – man schenkt sich ja heutzutage nichts mehr, oder? Aber vielleicht die lieben Mitmenschen, die auch ein Geschenk von dir erwarten können. Und natürlich die offiziell zuständigen Stellen. Ja, du kannst deine und die Weihnachtswünsche deiner Kinder direkt an den Weihnachtsmann schicken:

Anschrift: Weihnachtsmann, 31137 Himmelsthür

Oder: Weihnachtsmann, Weihnachtspostfiliale, 16798 Himmelpfort. Auch das Christkind nimmt diesbezügliche Anfragen gerne entgegen – die Adresse lautet kurz und bündig: Christkind, 51777 Engelskirchen. Auch Wünsche an Christkind, Kirchplatz 3, 97267 Himmelstadt kommen hoffentlich noch rechtzeitig zum Fest an.

21. Dezember

JULFEST FEIERN

Das Julfest fällt auf den kürzesten Tag des Jahres, den Tag der Wintersonnenwende. Es ist der Vorgänger des christlichen Weihnachtsfestes in den skandinavischen Ländern, wo man Weihnachten auch heute noch »jul« oder »jol« nennt. Im Finnischen heißt es »joulu«, in Estland »jõulud«, und sogar im Sylter Friesisch kennt man »Jül« oder »Jööl«. Viele skandinavische Weihnachtsbräuche leiten sich von den Gepflogenheiten des ursprünglich heidnischen Feiertags ab.

Das zweite Weihnachten?
Vielleicht kennst du die kleinen Strohböcke, die auch manchen Weihnachtsbaum schmücken, sogenannte Julböcke. Vermutlich stammen sie von den Böcken ab, die den Wagen des Gottes Thor zogen. Auch Weihnachtsschmuck wie Rosmarin, Misteln und Eibenzweige, alte Zauberpflanzen, haben ihren Ursprung in dieser heidnischen Tradition. Gehören die Bräuche auch zu deiner Weihnachtsdekoration?

22. Dezember

DIE LÄNGSTE NACHT DES JAHRES

Im alten Rom nannte man es »solstitium«, Sonnenstillstand, bei den Kelten »Alban Arthuan«, in unserer Sprache heißt diese bedeutende Veränderung im Jahreslauf Wintersonnenwende. Die Nacht vom 21. auf den 22. Dezember ist die längste Nacht des Jahres. Zu keinem anderen Zeitpunkt siegt die Dunkelheit so nachhaltig gegen das Licht – und zugleich hat sie verloren, denn von nun an werden die Nächte wieder kürzer, und jeden Tag geht die Sonne ein paar Minuten früher auf. Feiere die Wintersonnenwende an einem magischen Ort. Tanze mit Freunden um ein Lagerfeuer, wie es auch die Druiden am Stonehenge in Südengland tun, und freue dich auf den Sieg des Lichtes im kommenden Frühjahr.

Die Faszination der Rauhnächte

Zugleich ist der 21. Dezember der Thomastag, Gedenktag für den Apostel Thomas. Die Nacht zum 21. Dezember, die Thomasnacht, ist dabei die erste und auch eine der bedeutendsten Rauhnächte. Denn in dieser Nacht stehen alle Pforten zum Reich des Bösen offen, und die Wilde Jagd, eine Heerschar von Geistern und Dämonen, beherrschten die Nacht. Früher versuchte man, sich durch eine ganze Reihe von Bräuchen gegen das Böse zu schützen, die Bauern räucherten ihre Ställe mit Weihrauch aus – daher vielleicht der Name Rauhnächte –, und die Glocken läuteten tagelang, um das Böse zu vertreiben. Achte also lieber darauf, dass deine Haustür gut verschlossen ist …

23. Dezember

CHRISTSTOLLEN BACKEN

»Warum hast du denn einen Helm auf?«, will die eine Rosine von der anderen wissen. »Ich muss doch noch in den Stollen!«, lautet die Antwort. Rosinen gehören in der Tat in den Stollen-Klassiker, den Dresdner Stollen. Auf 100 Teile Mehl müssen mindestens 50 Teile Butter, 65 Teile Sultaninen oder Rosinen, 20 Teile Orangeat oder Zitronat und 15 Teile Mandeln kommen. Außerdem wird der Stollen wie Brot ohne Form gebacken – er liegt frei im Backofen. Falls du dich selbst an dem Traditionsgebäck versuchen möchtest, hier das Rezept:

Backanleitung für einen Weihnachtsklassiker

- Schon am Vortag 300 g Rosinen, 50 g Orangeat, 75 g Zitronat und 60 g Mandeln in 200 ml Rum einlegen. Rum mit etwas Wasser verdünnen.
- 250 ml Milch leicht erwärmen, 40 g frische Hefe zugeben, 20 Minuten gehen lassen.
- Die eingelegte Rosinen-Rum-Mischung mit 600 g Mehl, 200 g Butter, 50 g Zucker zu einem Teig verkneten. Zudecken und 1,5 Stunden gehen lassen.
- Aus dem Teig zwei längliche Rollen formen. Jede mit einem Nudelholz in der Mitte vorsichtig etwas platter rollen und eine Hälfte des Teigs zur Mitte hin umschlagen.
- Bei 180 °C im vorgeheizten Backofen etwa eine Stunde lang backen.
- 150 g Butter in einem Topf bei kleiner Hitze schmelzen und anschließend mit einem Backpinsel gleichmäßig über den Stollen verstreichen.
- Den Stollen gleichmäßig mit 50 g Puderzucker bestäuben. Am besten geht das mit einem Sieb.

WEIHNACHTEN MAL GANZ ANDERS

Tannenbaum, trautes Heim, totale Harmonie – für manchen bedeutet Weihnachten Stress pur. Vor dem Fest weglaufen, Weihnachten verreisen? Auf die Idee sind schon viel zu viele andere gekommen. Nein, bleibt zu Hause! Ihr könnt es doch auch ganz locker angehen lassen.

Es beginnt mit dem Weihnachtsmenü

Statt Weihnachtsgans könnt ihr auch mal Fondue essen, Erbsensuppe kochen, gemeinsam Fingerfood kreieren (und aufessen), oder ihr schmiert euch einfach gegenseitig Butterbrote. Auch möglich: Ihr schmeißt den Grill auf Balkon beziehungsweise Veranda an.

Weihnachten unterm Tannenbaum?

Ja, schon, aber wie wäre es, wenn ihr den Baum im Wald lasst und ihn dort oder einen in eurem Garten mit einer Lichterkette schmückt? Die Geschenke werden im Schnee versteckt (in Plastiktüte oder Gefrierbeutel) oder an den Baum gehängt. Die Bescherung endet mit einer Schneeballschlacht …

Spieleabend statt großer Erwartungen

Alle haben Zeit und wollen zusammen etwas erleben. Ideale Voraussetzungen für einen Spieleabend. Karten, Gesellschaftsspiele, Pen-&-Paper oder auch das Wikingerspiel Kubb im verschneiten Garten lassen eine andere Art von weihnachtlicher Freude aufkommen.

Anders schenken

Eine bei Kindern und auf Betriebsweihnachtsfeiern besonders beliebte Art zu schenken ist das Wichteln. Bei der Bescherung wählt jeder zufällig ein Paket aus. So erhält jeder ein Geschenk, wer aber wen beschenkt, bestimmt der Zufall.

Schrottwichteln statt Geschenkewahnsinn

Jeder packt den schrecklichsten Gegenstand ein, den er loswerden möchte. Infrage kommen solche Dinge wie die Fünfzigerjahre-Vase von Tante Hilla, das Brandenburger Tor aus Plastik oder eine Flasche Herbolzheimer Foltertropfen. Jeder wählt auch hier zufällig ein Paket aus und packt es unter der begeisterten Teilnahme aller aus. Spaßpotenzial: gigantisch.

Weihnachten, die amerikanische Variante

Besinnlichkeit ade, wir wollen zusammen Spaß haben! Der bunt gestylte Weihnachtsbaum wird zur Partydekoration, über den Bildschirm flimmert ein alter Weihnachtsfilm, und kitschige amerikanische Weihnachtslieder bilden den Rahmen für deine Weihnachtsparty. Jingle Bells – mitsingen erwünscht! Dazu Punsch oder Glühwein – und die Bescherung findet erst am 25.12. morgens statt, nach einem ausgiebigen Weihnachtsfrühstück, versteht sich.

Weihnachtsengel werden

Warum schließt ihr euch nicht zu einem Team von Weihnachtsengeln zusammen und unternehmt am Weihnachtsabend einen Spaziergang durch die menschenleeren Straßen eurer Stadt? Menschenleer? Von wegen. Ihr solltet ein paar kleine Geschenke bei euch haben, damit ihr den Menschen, die ihr trefft, nicht nur ein frohes Fest wünschen, sondern ihnen auch noch eine kleine Überraschung überreichen könnt.

27. Dezember

BLÖDSINN MIT GEFRORENEM WASSER

Ein Schneeball ist eine Kugel aus Schnee, die mit den Händen zusammengedrückt wird, wobei sie durch Anhaften neuen Schnees immer größer wird – so weiß es das Lexikon. Leider gibt es immer seltener Schnee im Dezember. Sollte er mal wieder in größeren Mengen vom Himmel fallen und solltest du die Gelegenheit bekommen, daraus kleine oder größere Kugeln zu formen, nutze sie! Eine Schneeballschlacht macht nicht nur Kindern Spaß.

Der Schneemann – das Denkmal des Winters
Und wenn der Schnee besonders gut pappt, kannst du auch mal eben schnell einen Schneemann zum Leben erwecken. Einfach mit einer kleinen Kugel beginnen, sie durch den Schnee rollen, bis sie groß genug für den Unterkörper ist. Eine zweite Kugel für den Oberkörper herstellen, einen alten Hut, eine Mohrrübe und zwei Walnüsse für die Augen findest du sicher irgendwo.

28. Dezember

GEISTERAUSFLUG IN EINE RAUHNACHT

Wie du weißt, sind in den Nächten zwischen Weihnachten und Neujahr alle Pforten der Hölle offen. Teufel, Ungeheuer, Geister und Dämonen sollen durch die Nacht streifen. Die Gelegenheit für dich, durch die Dunkelheit zu schleichen und Abenteuer zu erleben. Vielleicht erwischt du ja eine hübsche Hexe oder einen ansehnlichen Naturgeist. Was du an Ausrüstung brauchst? Eine Taschenlampe und ein Mobiltelefon genügen.

Beweisfotos an den Verlag
Und eingefangene Dämonen oder Geister im örtlichen Magiezentrum abliefern. Wenn du dich zwischen den Jahren nachts nicht aus dem Haus traust, solltest du dir zumindest zu Hause auf dem Sofa den einen oder anderen Horrorstreifen oder eine Zombieserie genehmigen – dein Körper braucht das um diese Jahreszeit. Und trau dich mal was: Sendungen mit Dieter Bohlen und Heidi Klum sind allenfalls etwas für Anfänger …

29. Dezember

STERNBILDER SUCHEN

In klaren Winternächten erstrahlt über deinem Kopf ein riesiger Himmel mit einer Vielzahl von Sternen in allen Helligkeitsstufen. Wie du weißt, haben die unterschiedlichen Formationen der Sterne im Laufe der Geschichte Namen erhalten: Es sind die Sternbilder. Nimm eine Sternkarte zur Hand oder suche dir eine im Internet, und schau nach, ob du diese Konstellationen am Himmel finden kannst.

Ein Erfolg ist dir auf jeden Fall garantiert

Der Gürtel des Himmeljägers Orion führt dich mit großer Sicherheit zu diesem Sternbild, das jetzt aufrecht am Südhimmel steht. Eventuell kannst du auch das Wintersechseck mit sechs sehr hellen Sternen, den Stier mit dem Kugelhaufen der Plejaden oder den Großen Hund mit dem hellen Hauptstern Sirius finden. Natürlich darfst du auch alle Sternbilder vergessen und dich einfach in die Tiefen des Weltalls hineinträumen.

30. Dezember

GUMMISTIEFELWEITWURF IM SCHNEE

Morgen ist das Jahr zu Ende, und du kannst dich schon einmal auf das wilde Silvesterfest vorbereiten. Entweder pflegst du deine innige Beziehung zu deinem Sofa oder du treibst Sport, um deine Kondition und Standfestigkeit beim Feiern zu verbessern. Es muss aber nicht immer Joggen sein. Wie wäre es mit Gummistiefelweitwurf im Schnee? Das ist tatsächlich eine Randsportart, die manche Menschen ernsthaft betreiben.

Wer am weitesten wirft, gewinnt

Gemessen wird in Schritten. Der Schnee bietet den Vorteil, dass die Weite präzise ermittelt werden kann – man sieht genau, wo der Gummistiefel im Schnee landete. So um die zwanzig Schritte erzielt ein durchschnittlicher Werfer. Spüre ich Begeisterung auf deiner Seite? Nicht? Wie wäre es mit Unterwasser-Hockey oder Schachboxen? Extrembügeln? Frauentragen? Verflixt, was kann so ein Jahr doch lang werden …

DAS JAHRESENDE FEIERN

Von besinnlich bis wild und laut ist alles möglich. Du könntest Tickets für eine magische Silvesterparty an einem ganz besonderen Ort kaufen – in London an der Themse, im Hamburger Hafen, in deiner Stadt in einem irischen Pub, in der Amsterdamer Altstadt oder am Brandenburger Tor.

Du kannst aber auch selbst eine Party organisieren

Silvester ist ein aktives Fest – ein Festmahl an einer Tafel dürfte deinen Gästen nicht sonderlich gefallen. Sie wollen vermutlich trinken, tanzen und Unsinn machen. Was du also brauchst: einen geeigneten Veranstaltungsort mit viel Platz, eine gute Hausratversicherung, einen DJ mit reichlich geiler Mucke von aktuell bis Oldie, ein Buffet mit abgefahrenem Angebot an Fingerfood, und eine Bar, bestückt mit gut gekühlten Getränken. Mehr nicht. Der Rest kommt von allein.

Das besondere Silvester-Menü

Von Pfadfindern erprobt und auf zahllosen Kindergeburtstagen praktiziert: das Konservendosen-Dinner, auch Aldi-Roulette genannt. Jeder Gast greift sich zu Hause eine Konserve, befreit sie unter Wasser von ihrem Etikett und bringt sie mit zur Party. Dann kann das Geschehen seinen Lauf nehmen: Jeweils drei anonyme Konserven werden geöffnet und ohne weiteres Ansehen des Inhalts zusammen in einen Topf gekippt, gut verrührt und auf Verzehrtemperatur erhitzt. Da treffen Tortellini auf grüne Bohnen und Pfirsiche, Brühwürstchen landen in Spargelcremesuppe mit Lychee-Früchten, und Chili con carne vermählt sich mit Apfelmus und Sauerkraut. Es gilt die alte Regel: Es wird gegessen, was auf den Tisch kommt. Guten Appetit und einen guten Rutsch!